高等职业教育旅游大类系列教材

旅游服务礼仪

主　编　张　艺　欧越男
副主编　王　雪　周可华　黄秀微　徐　斌
参　编　陈丽敏　刘　艳　杨红霞　余一明

京师职教
旅游类—旅游管理专业

北京师范大学出版集团
BEIJING NORMAL UNIVERSITY PUBLISHING GROUP
北京师范大学出版社

图书在版编目（CIP）数据

旅游服务礼仪 / 张艺，欧越男主编 .—北京：北京师范大学出版社，2012.4（2020.11 重印）
（全国高等职业教育旅游管理专业精品系列教材）
ISBN 978-7-303-12492-3

Ⅰ．①旅…　Ⅱ．①张…　②欧…　Ⅲ．①旅游服务－礼仪－高等职业教育－教材　Ⅳ．① F590.63

中国版本图书馆 CIP 数据核字（2011）第 056504 号

营销中心电话　010-58802755　58800035
北师大出版社职业教育分社网　http://zjfs.bnup.com
电子信箱　zhijiao@bnupg.com

出版发行：北京师范大学出版社 www.bnup.com
北京市西城区新街口外大街 12-3 号
邮政编码：100088
印　　刷：北京京师印务有限公司
经　　销：全国新华书店
开　　本：787mm×1092mm　1/16
印　　张：20.75
字　　数：460 千字
版　　次：2012 年 4 月第 1 版
印　　次：2020 年 11 月第 5 次印刷
定　　价：29.80 元

策划编辑：沈　炜　　责任编辑：沈　炜
美术编辑：高　霞　　装帧设计：李　尘
责任校对：李　菡　　责任印制：陈　涛

本书编写委员会

主　编： 张　艺　　广东农工商职业技术学院
欧越男　　广州番禺职业技术学院

副主编： 王　雪　　内蒙古财经学院旅游学院
周可华　　广东农工商职业技术学院
黄秀微　　廊坊师范学院
徐　斌　　江门职业技术学院

参　编： 陈丽敏　　广州市旅游商务职业学校
刘　艳　　河南职业技术学院
杨红霞　　河源职业技术学院
余一明　　广东女子职业技术学校

前 言

《旅游服务礼仪》针对高职高专旅游类专业特点，从旅游业角度出发系统地研究服务礼仪，为旅游企业培养掌握服务礼仪核心知识和核心技能的具有岗位适应能力的高素质应用型人才。

本书按照旅游行业职业岗位群对礼仪素养的要求，参考礼仪执业资格考试的标准，打破章节模式，建立以能力为本位、以岗位技能为目标的全新课程框架，以模块、项目和任务的结构重新构建全书体系，分为知识模块、技能模块、应用模块和拓展模块。知识模块主要介绍礼仪和旅游服务礼仪的基本理论知识；技能模块介绍了旅游服务礼仪的基本技能，如旅游服务基本礼仪、旅游言谈礼仪、旅游服务社交礼仪等；应用模块则把服务礼仪的相关知识和技能运用到旅游业的主要相关岗位，如酒店服务礼仪、旅行社服务礼仪、其他相关旅游企业服务礼仪等，进一步培养学生旅游接待能力和旅游创意能力；拓展模块补充了一些可以培养学生可持续发展能力的礼仪知识和技能，如涉外礼仪、礼仪与禁忌等。四个模块的结合能使学生和旅游从业人员在实际工作中有效地提高旅游服务礼仪水平和更好地胜任旅游相关岗位的一线工作和基层管理工作。

本书的设计注重知识性与实用性的结合，实现“模块内容项目化，项目内容任务化，礼仪知识实践化，实训技能岗位化”。在编写体例上，每个模块由礼仪名言引入、学习目标、模块内容结构作统领，模块后面有模块小结和综合实训操练；模块的项目下则有项目目标、引例、项目相关链接和项目测评；项目下的任务设有任务分析、相关知识、相关实训和思考讨论。书中大量的实际案例、典故、相关实训、相关链接等突出礼仪在生活和工作中的重要性，激发学习者的主观能动性和学习的趣味性；全书知识呈现与图片、图表、图示有效结合，变抽象为具体；实训设计贴近实际，模拟仿真工作情境。本教材可供高职高专院校旅游及相关专业的在校生使用，也可作为旅游服务礼仪的培训教材及旅游从业人员的礼仪参考读物。

本书由张艺制定教材体例、编写大纲、全书修改和统稿。知识模块由黄秀微完成；技能模块由黄秀微、陈丽敏、欧越男共同完成；应用模块由周可华、张艺和徐斌共同完成；拓展模块由王雪、刘艳、周可华、张艺和欧越男共同完成。此外，周可华、徐斌对大纲的编写提供了意见；陈丽敏参与了本书体例的修改。欧越男和周可华参与了知识模块的修改。

本书的主编曾到美国接受过相关的专业培训，有13年的教学经验和一定的企业培训经验；其他编写人员也都是长期从事一线专业教学的双师型素质教师。本书的大部分图片均由编者自行拍摄，其余图片来源于甘孜政务接待网、百度空间、腾讯图片、中国旅游网和广东省旅游局网等；编写过程还参考了许多专家和学者的文献和书籍，在此一并表示感谢！全体编者力求审慎和创新，但由于编者水平有限，如有疏漏，敬请各位专家和读者不吝赐教！

张　艺

2011年春于西雅图

目 录

知识模块

技能模块

应用模块

拓展模块

知识模块

模块一

礼仪概述

礼仪名言引入

美德是精神上的一种宝藏，但是使它生出光彩的则是良好的礼仪。

——约翰·洛克

学习目标

1. 了解礼仪的起源与发展。
2. 掌握礼仪的深刻内涵。
3. 掌握礼仪、礼貌及礼节之间的内涵和相互关系。

模块内容结构

本模块主要从三个方面来论述了礼仪的基本概况，其模块的内容结构如下。

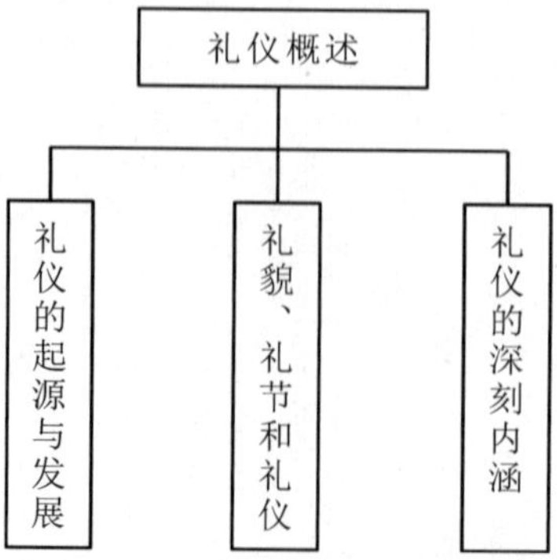

礼仪是社会文明的重要标志。中国作为文明古国，素有“礼仪之邦”的美誉，纵观中国五千年的灿烂历史，中国已形成了丰富多彩的东方文化和礼仪，随着社会的不断发展，社会文明程度的日益提高，礼仪已贯穿于人们的生活、学习和工作等各个方面。懂礼仪、讲礼仪几乎成为每一个人进入社会的“通行证”。

项目一　礼仪的起源与发展

【项目目标】

1. 能简述礼仪的起源与发展历程。

2. 理解礼仪在不同发展阶段的变化。

【引例】

孟子休妻

有一次，孟子的妻子在卧室里休息，因为是独自一个人，便无所顾忌地将两腿叉开坐着(古人称这种坐法为箕踞，箕踞向人是非常不礼貌的)，正巧这时，孟子推门进来，一看见妻子这样坐着，非常生气，于是找到母亲说："我要把我妻子休回娘家去。"孟母问其原因，孟子说："她既不懂礼貌，又没有仪态。"孟子便把刚才的一幕说给孟母听，孟母听完后说："没礼貌的人应该是你，而不是你妻子。《礼记》上曾经这样教育我们，进屋前，要先问一下里面是谁；上厅堂时，要高声说话；为避免看见别人的隐私，进房后，眼睛应向下看。卧室是休息的地方，你不出声、不低头就闯了进去，已经先失了礼，怎么能责备你的妻子没礼貌呢？没礼貌的人应该是你自己呀！"

问题提出：

1. 请问本案例给你的启示是什么？

2. 结合本案列谈谈中国礼仪从古至今发生了哪些变化？

任务一　礼仪的起源

【任务分析】

教师：

1. 准备好上课相关资料，授课时注重自己的礼仪习惯，为学生树立好的榜样。

2. 在进行讲课的过程中，充分调动学生的积极性，探讨礼仪的起源。

学生：

1. 首先学生应结合自己所掌握的知识，勇于阐述自己对礼仪起源的认识。

2. 发现问题及时提问。

【相关知识】

了解礼仪的起源，有利于我们认识礼仪的本质，更好地按照礼仪的规范要求进行社会交往。学者们根据对人类学、历史学、考古学等的研究，对于礼仪的起源，总结了以下几种。

一、礼仪起源于祭祀

祭祀是在原始社会占有统治地位的礼仪，"祭祀"从字面上含义为祭神鬼祀祖先，是尊神敬祖的一种原始宗教活动；而实际上，祭祀是人们按着一定的仪式，向神灵致敬和献礼，其祭祀的对象主要有天神、地神、人鬼。

(一)祭天神、地神

在原始社会，生产力水平极其低下，当时人们的认识水平也非常有限，变幻莫测的自然现象如风雨雷电、山崩地裂、洪涝海啸等对他们构成了极大的威胁。他们渴望认识自然、征服自然，幻想有着超自然体——神的存在，所以他们认为上有天神、下有地神，自然界的一切都是由天神和地神控制着，人们为了向神灵祈祷保佑风调雨顺，多赐福少灾难，于是就出现了各种祭祀活动(见图 1-1-1)。随着社会的发展，人们祭祀的活动也逐渐形成了固定的模式，并形成了相应的礼仪规范。

图 1-1-1　祭天

(二)祭人鬼

《史记·礼书》曾说："上事天，下事地，尊先祖而隆君师，是礼之三本也。"人鬼最开始指的是逝世的祖先，后基本泛指所有的逝世者。从古至今，在我国已形成了在清明节、中元节祭祀祖先的礼仪规范(见图 1-1-2)。

图 1-1-2　黄帝陵祭祖

二、礼仪起源于法庭的规定

英语中的"礼仪"一词来自法语中的 Etiguette，原意是指在法庭上使用的一种通行证，在上面记载着进入法庭时的各项行为守则和规定，用来发给每一进入法庭的人，是为了保证审判活动的顺利进行。后来 Etiguette 一词进入英文，演变为“礼仪”的含义，成为人们交往中应遵循的规矩和准则。

三、礼仪起源于人的欲望和环境矛盾

《荀子·礼论》云：“礼起源于何也？曰：人生而有欲，欲而不得，则不能无求，求而无度量分界，则不能不争。争则乱，乱则穷。先王恶其乱也，故制礼义以分之。”由此可见，正是因为要治理“乱”，才出现了所谓的“礼”，由于人的社会属性，人类必须与周围人群协同生活，为了协调人与人之间的关系，开始出现了一些协调的标准，如把人依照男女、长幼、尊卑等标准分别开来，使其各就其位，各行其职，不至于争乱而带来灾祸。这些标准后来不断地被规范化、制度化、程序化，慢慢地就形成了现在所说的礼仪规范。

四、礼仪起源于风俗习惯

《慎子·佚文》云：“礼从俗。”《荀子·大略》云：“礼以顺人心为本……顺人心者，皆礼也。”这都说明礼仪是从民俗中来的。而这些民俗习惯往往是在社会生活中人们共同认定的，约定俗成的，如人们见面了会不约而同地问好、握手、打招呼、微笑等。当这些交往习惯以文字的形式被记录并同时被人们自觉地遵守后，就逐渐成为人们日常交际交往固定的礼仪。

总之，关于礼仪起源的说法很多，但是其本质相似。礼仪主要产生于人们的交往生活，礼仪的制定正是为了区别秩序等级、和谐人际关系。人们交往的范围、对象不同，礼仪的规定也不同。例如，外交的、民族的、上下级的、老幼的、不同角色间的、不同场合的，其规定都有不同。时代不同，交往手段随之有了变化。例如，有了汽车，就有了乘车位次礼仪，有了电话就有了电话礼仪等。

【相关实训】

	礼仪的起源实训活动
活动内容	结合本项目所讲的内容，8个同学一组，探讨一下西方礼仪的起源，然后小组之间互相交流
活动目的	让学生充分了解礼仪的起源，并明确东西方礼仪的异同
活动形式	学生现场参与
活动步骤	划分小组；小组讨论；进行展示；答案交流
物品准备	根据需要准备相应物品

【思考讨论】

1. 由习俗固化成的礼仪是一种正式的规则吗？为什么？
2. 有人认为礼仪起源于人类关系的协调，你如何看待这一观点？

任务二 礼仪的发展

【任务分析】

教师：

1. 准备好上课相关资料，授课前启发学生思考礼仪的发展演变过程。

2. 要求学生由上课开始养成良好的礼仪习惯，努力纠正平时不良的礼仪习惯。

学生：

1. 学生应积极思考课堂上教师提出的问题，并做好笔记。

2. 发现问题及时提问。

【相关知识】

古人云："中国有礼仪之大，故称夏；有服章之美，故称华。"中国礼仪文化源远流长，并已具备比较完整的礼仪体系。礼仪在其传承沿袭的过程中也不断发生着变革，纵观中国礼仪的发展，其演变主要分为以下六个时期。

一、礼仪的萌芽时期——夏朝(公元前 21 世纪)以前

此时处于原始社会时期，在原始社会，同一氏族的成员在共同的采集、狩猎、饮食生活中形成的习惯性语言和动作，是"礼"的最早萌芽。原始的祭祀礼仪、宗教礼仪等在这个时期已经有了雏形。此外，仰韶文化时期的一些遗址和资料表明当时的人们已经注意尊卑有序、男女有别等礼仪常识。

二、礼仪的形成时期——夏、商、周(公元前 21 世纪—前 771 年)

此时中国从原始社会进入了奴隶社会，阶级对立开始出现，在这一阶段，中国的"礼"也被打上了阶级的烙印。奴隶主为了维护其统治，将原始社会的祭祀等礼仪发展成为奴隶制社会需要的伦理道德规范，人们的尊卑意识开始被强化。特别是《周礼》的出现，标志着礼仪的发展已经相对系统化了。《周礼》又称《周官》，主要讲述周代的典章制度，全面系统地反映了周代的礼仪制度。《周礼》详细介绍了 6 类官名及其职权，其中，春官主管的五礼即吉礼(祭祀的典礼)、嘉礼(冠礼、婚礼及乡饮酒礼)、凶礼(丧葬礼)、宾礼(天子、诸侯的会盟礼)、军礼(阅兵、出师等仪式)，是周代礼仪的重要方面。由此我们也能看出，在这一时期基本的礼仪已经形成。

三、礼仪的变革、发展时期——春秋战国时期(公元前 771—前 221 年)

这一时期，学术界百家争鸣，相继涌现了孔子、孟子、荀子等思想家，他们系统地阐述了礼及礼仪的本质和功能，第一次在理论上全面而深刻地论述了社会等级秩序划分及其意义。孔子所著的《仪礼》详细介绍了有关冠、婚、丧、祭、乡、射、朝、聘八礼及战国以前贵族生活的各种礼节仪式。在这一时期，礼仪制度已成为国礼，民众交往的礼俗也渐渐成为家礼。

四、礼仪的强化时期——秦汉至清末(公元前 221—公元 1911 年)

在这一时期历代的统治者都非常重视礼仪，尤其推崇儒家的"礼治"。汉武帝时期，"罢黜百家，独尊儒术"的思想确立之后，礼仪已将人们的行为纳入了封建道德的轨道，奴隶社会的尊君观念已变为封建社会"君权神授"的理论体系，即皇权是神给的，所以"天不变，道亦不变"，这里"道"指的就是"三纲五常"。"三纲"即君为臣纲，父为子纲，夫为妻纲；"五常"即仁、义、礼、智、信。完整的道德礼仪规范形成了。礼仪在这一时期成为制约人们思想自由的精神枷锁。到了宋代，封建礼仪又进入了一个高峰，"家礼"逐渐兴盛起来，"三从四德"成为这一时期女性的道德礼仪标准。从此，"三从四德"成了套在中国妇女身上的精神枷锁，妇女的地位进一步下降，限制了人们之间交往的平等。明清时期，延续了宋代以来的封建礼仪，并有所强化，礼仪成为统治阶级最重要的统治工具。

五、现代礼仪时期——民国时期(1911—1949 年)

这一时期，民权已经取代君权，自由、平等取代封建等级制度。一些传统的封建礼仪思想也已经逐渐摒弃，并开始接受新的礼仪思想，如从西方传入的握手礼，在这一时期已经开始出现并逐渐普及到了人们的日常生活。

六、当代礼仪时期(1949 年至今)

新中国成立以后，随着新型的社会关系的确立，人民成了国家的主人，标志着中国的礼仪进入了一个崭新的阶段，由此建立起了男女平等、人与人之间互利合作的关系；而尊老爱幼、讲究信誉、以诚待人、礼尚往来等中国传统的礼仪精华也得到了继承和发展，崭新的礼仪局面已经形成。

1978 年党的十一届三中全会以来，改革开放的春风吹遍了祖国大地，中国的礼仪建设进入新的全面复兴时期。广阔的华夏大地再度兴起礼仪文化热，具有优良文化传统的中华民族又掀起了精神文明建设的新高潮，礼仪教育越来越受到人们的重视，五讲四美等文明礼貌活动已逐渐成为人们日常生活的一部分。此外，随着中国国际交往的日益频繁，为了适应涉外工作的开展，中国也开始注意吸收外国礼仪，如国际上通行的女士优先、尊重隐私等礼仪原则已经逐渐融入我国的当代礼仪。

【相关实训】

	礼仪的发展实训活动
活动内容	结合本节课所讲内容，7～8 人一组，小组讨论古代的礼仪
活动目的	让学生更好地了解中国古代的礼仪，并继承古代礼仪的精华
活动形式	学生现场参与
活动步骤	收集资料；进行展示
物品准备	学生可根据自己所讲内容，适当准备道具和服饰等物品

【思考讨论】

结合本节课所讲内容，讨论中国古代礼仪和现代礼仪的异同点。

【项目相关链接】

中西方礼仪观念比较

中华礼仪和西方礼仪都是文明的产物，两者的礼仪原则也有很多的相似之处，如都强调尊重对方、礼让为先、举止得体、谈吐文雅等。但中西方的文化体系是不同的，所以各自的礼仪还存在明显的文化差异。

一、中华礼仪重视内在道德，即心灵美。从古至今，礼仪一直是约束人们日常行为举止的道德规范，从某种程度上讲，礼仪是道德文化的重要组成部分。如果没有内在的德，礼仪也就失去了真正的意义；所以在人与人的交往中，中国人提倡真诚、淳朴。

西方礼仪更注重礼仪外在的细节。如西方一直强调女士优先，那么这种女士优先处处都要表现在细节上，女士上车要为女士拉门，女士就座要为女士拉椅。

二、中国人谦虚、内向。中国人性格一般比较含蓄内向，忍耐力比较强，与人相处也往往比较谨慎、比较谦虚，不愿表现自己太多。喜欢用心去同对方交流，而不喜欢通过过分华丽的外表去赢得他人的好感。

西方人个性比较张扬外向，喜欢表现自己。在社会交往中，强调以个人为单位，将个人的尊严看得神圣不可侵犯。

三、中国注重长幼有序。中国人的传统家庭观念特别强，讲究辈分，长辈具有绝对的权威，强调尊老爱幼的思想。即使是平辈之间的交往，中国人也往往是谦卑自抑，把对方放在比自己尊贵的地位上去对待。

西方人认为人与人没有尊卑之分，人人都是上帝的孩子，是平等的。唯一得到尊重的应该是女性，因为女性哺育了生命，所以在西方处处以女士优先。

四、中国注重礼尚往来。中国人在相互交往中，强调礼尚往来，“来而不往非礼也”，在交往中如果接受了别人的礼物而不予回赠，是很不礼貌的。中国人送礼的名目也非常的繁多，除了重要的节日相互拜访外，平时的婚、丧、嫁、娶、生日等都可以作为送礼的理由。

西方人一般不轻易送礼物给别人，在送礼的形式上也比较简单，无论什么重大的节日他们常见的礼品就是鲜花。

【项目测评】

姓名：　　　　小组名称：　　　　项目组长：　　　　日期：

测评内容	测评标准	标准分值	测评结果(√通过、×未通过)
礼仪的产生	是否掌握礼仪的产生的背景	15分	
礼仪的发展	能够阐述礼仪发展的阶段及特点	15分	
古代礼仪	是否能提炼古代礼仪中的精华	20分	
现代礼仪	现代礼仪的掌握运用情况	20分	
东西方礼仪	东西方礼仪差异掌握情况	30分	
自我评价：	小组评价：	教师评价：	总评：

项目二　礼貌、礼节和礼仪

【项目目标】

1. 掌握礼貌、礼节和礼仪的概念。
2. 明确礼貌、礼节和礼仪三者之间的关系。

【引例】

杨时谦虚礼貌的故事

宋朝的杨时是一个非常热爱学习的学生，一个下雪天的中午，他和同学一起去找理学家程颐老师请教问题；可是程老师正在睡午觉，他俩就站在门外等候。一会儿，天飘起鹅毛大雪，越下越急，为不打扰老师，他俩仍耐心地等候在门外。直到程颐一觉醒来，才赫然发现门外的杨时和他的同学已经变成了两个雪人。

问题提出：

1. 请问本案例给你的启示是什么？

2. 结合本案例谈谈什么是礼貌，在日常生活中如何才能做到懂礼貌、讲礼貌。

任务一　礼貌

【任务分析】

教师：

1. 准备好上课相关资料，授课时注重自己的礼貌、言谈举止，为学生树立榜样。

2. 通过讲述，让学生掌握礼貌的真正含义。

学生：

1. 学生首先应检查自己是否懂礼貌，如有失礼之处则及时修正。

2. 掌握礼貌的内涵。

【相关知识】

一、礼貌的含义

“礼貌”一词，出自《孟子·告子下》：“礼貌未衰，言弗行也，则去之。”礼貌是人与人在相互交往过程中，通过仪容、仪表、言谈举止等相互表示尊重和友好的行为规范。礼貌虽然是人际交往中外在的表现，但它反映了人们内在的文化层次和文明程度。一个人、一个单位、一个国家的礼貌水平如何，往往也代表了这个人、这个单位、这个国家的文化水平、道德水平及文明水平。

二、礼貌的表现形式

礼貌的表现形式主要有礼貌语言和礼貌行为两种。

(一)礼貌语言

中国历来重视礼貌礼仪，至今依然有很多礼貌语言被人们沿用，如“礼即埋也”、“礼尚往来”、“己所不欲，勿施于人”等。古代通常把温和、善良、恭敬、节俭、谦让作为衡量一个人是否懂礼貌的标准。现代，人们则把礼貌语言作为衡量人们是否懂礼貌的标准，例如，文明“十字”，即“您好”、“请”、“谢谢”、“对不起”、“再见”(见图 1-2-1)，当然这些礼貌用语确实是很简单；但是如果连这十个字都不经常说的话，何谈懂礼貌。

图 1-2-1　文明“十字”

(二)礼貌行为

礼貌行为是处在一定社会关系中的人为了表示相互尊重、友好等信息而使用的一种无声语言，如小朋友摔倒了，伸手把他扶起，帮助盲人过路，为老人让座等行为都是礼貌行为(见图 1-2-2)。此外，一个人的仪表、仪容、仪态、微笑、点头、鞠躬、握手、拥抱等行为也属于礼貌行为。

图 1-2-2　礼貌行为

三、礼貌的具体要求

礼貌是一个历史范畴，从古代到现代、从资本主义社会到社会主义社会，从国外到国内，尽管每一个时代的礼貌，因阶级不同、民族不同、国家不同、地域不同会呈现很大差异性和多样性；但是其基本要求是一致的，即相互尊重和友好相处。因此，礼貌的具体要求表现为：尊重他人、语言文明、态度和蔼、举止端庄。

在当今社会，讲礼貌是社会发展的客观要求，它体现了时代的风貌，谁能够恰到好处地做到礼貌待人，谁就能在学习、工作及生活中收获顺利、幸福与快乐。

【相关实训】

	礼貌实训活动
活动内容	收集中国古代有关文明礼貌的佳话，讲给大家听
活动目的	让学生了解学礼貌、讲礼貌的重要意义
活动形式	学生现场完成
活动步骤	收集资料；发表演说
物品准备	根据需要准备相应物品

【思考讨论】

妮妮上小学二年级了，非常聪明，学习成绩也非常的好，可是她就是不怎么讲礼貌，见到爷爷、奶奶、阿姨从来不知道主动问候，出入电梯也是横冲直闯，碰了人也从来不说“对不起”，这让她的父母非常的头疼；但是她的父母也没有太放在心上，以为孩子大了就知道讲礼貌了。有一次，妮妮的妈妈带着她去参加同事的婚礼，菜刚来，妮妮就大喊大叫，当妮妮喜欢吃的水煮虾上来的时候，妮妮干脆把整盘虾端到了自己的跟前，全然不顾及他人，虽然别人都说：“没事，没事，小孩子嘛！”但是妮妮的妈妈还是觉得非常的尴尬。

问题提出：

1. 请问本案例给你什么启示？你遇见过类似的情况吗？
2. 结合本案例，谈谈礼貌的习惯应如何养成？

任务二 礼节

【任务分析】

教师：

1. 准备好上课相关资料，并演示几种日常的礼节，让学生思考什么是礼节。

2. 通过讲述，让学生理解礼节的概念。

学生：

1. 学生首先应总结自己日常常用的礼节有哪些。

2. 结合教师所讲内容，检查自己礼节运用是否得当。

【相关知识】

礼貌和礼节都是人们在相互交往过程中，表示友好、尊重、敬意等情感的行为，从本质上看两者是一致的，但其各自的含义和要求又是不同的。

一、礼节的含义

“礼节”一词出自《荀子·非十二子》：“遇友则修礼节辞让之意。”在礼仪学中，礼节是指人们在社会交往中表示问候、致意、祝愿、致谢、慰问等意愿的各种惯用形式。这种形式往往是约定俗成、相沿成习的。礼节是社会外在文明的组成部分，反映了对人对己的尊重，是人们心灵美的外在化，是礼貌在语言、行为等方面的具体表现。没有礼节，也就无所谓礼貌；有礼貌，则必然伴有一定的礼节。

二、礼节的表现形式

俗话说“十里不同风，百里不同俗”。不同的国家，不同的民族都有各自相应的礼节，而且会呈现自己的鲜明特色。如中国的跪拜、作揖(见图 1-2-3)、点头、握手、致意、微笑；日本、朝鲜的鞠躬；佛教中人的合十；欧美国家的拥抱、贴面、脱帽、吻手、亲吻；南美国家的贴面礼、沐浴礼、箭首礼；非洲国家的蛇环礼；少数国家的碰鼻(见图 1-2-4)、拍肚皮、吻脚趾等，都是礼节的各种不同的表现形式。此外，在日常生活中、见面时人们相互之间问好、打招呼、递名片，在各种场合穿不同的服饰等，这些惯例都可以看做是礼节的表现形式。

图 1-2-3 作揖礼

图 1-2-4 碰鼻礼

三、礼节运用时应注意的问题

礼节作为人与人社会交往惯用的形式往往是约定俗成的，在具体运用时，由于时间、空间或对象的差异，应注意其差别，具体如下。

(一)形式差异

同一种礼节内容由于时间、地域的差异，会有不同的表现形式。如：中国古代人见面通常行作揖的礼节，而现在则行握手礼。同是见面的礼节，中国人见面行握手礼，而西方人则行拥抱礼、亲吻礼，日本人则行鞠躬礼，等等。

(二)文化差异

同一种礼仪形式，在不同的文化背景下有不同的含义。如：在称呼的礼节中，中国大陆称呼“同志”是一种尊称；而在中国香港，“同志”则有同性恋的含义。再如，中国人点头表示同意，摇头表示否定；而在印度、保加利亚等国摇头表示同意，点头表示不同意。

(三)对象差异

同一种礼节，面对不同的对象使用时也应有所差异。如握手礼，同初次见面和久未相识的好朋友握手，时间、方式都应有所不同；男士同男士，男士同女士，女士同女士，握手时礼节要求也应有所不同。

【相关实训】

	礼节实训活动
活动内容	4 人一组，收集相关资料模拟不同国家、不同民族在不同场合下见面的礼节
活动目的	让学生掌握各个国家的常用的礼节，为以后服务打好基础
活动形式	学生现场完成
活动步骤	分组；小组讨论；现场展示；交流体会
物品准备	根据需要准备相应物品，如相机等

【思考讨论】

古时候，孔子拜师于老子，向老子敬茶行拜师礼，老子接茶后孔子将茶壶放在阁几上；但是，壶咀正冲老子，老子将茶扔掉，遂闭门不见。

问题提出：

1. 请问老子将茶扔掉，闭门不见的原因是什么？
2. 结合本案例，谈谈在日常社会交往中我们应注意哪些礼节？

任务三　礼仪

【任务分析】

教师：

1. 复习礼节、礼貌的含义，引导学生思考两者与礼仪的关系。
2. 通过讲述，让学生理解礼仪的含义。

学生：

1. 学生首先应检查自己所学知识是否牢固，积极思考教师提出的问题。
2. 掌握礼仪的概念。

【相关知识】

礼仪与我们前面所提到的礼貌、礼节并称为礼仪学中的“三礼”，三者相互联系，相辅相成。礼貌是人的内在品质，礼节是礼貌的外在表现形式，而礼仪是总称，既包括内在的内容，也包括外在的形式，礼仪在层次上高于礼貌也高于礼节。

一、礼仪的含义

“礼仪”一词出自《诗经》：“献酬交错，礼仪卒度。”礼仪的内容丰富，其内涵的跨度和差异也比较大。在中国古代，礼仪既包含一定的行为规范，又涵盖政治、法律制度。近代以后，礼仪与国家的政治、法律典章等逐渐分离，范围逐渐缩小。到了当代，礼仪则指在社会交往中人们共同遵守的行为规范和准则，是礼貌、礼节和仪式的统称。

二、礼仪的表现形式

根据礼仪运用的对象、范围及使用的目的，礼仪会有不同的表现形式，以下为常见的几种形式。

（一）商务礼仪

商务礼仪是人们在商务活动中所应遵守的礼仪规范。主要包括商务场合中的仪容礼仪、着装礼仪、会面礼仪、接待礼仪、签字礼仪、餐饮礼仪等内容。

（二）旅游服务礼仪

旅游服务礼仪是人们在旅游接待过程中所应遵守的礼仪规范。

（三）社交礼仪

从家庭进入社会，是礼仪行为向大社会的拓展。社交礼仪主要包括日常交往所涉及的方方面面，如见面、介绍、拜访与接待、宴请、馈赠、舞会等。

（四）宗教礼仪

宗教礼仪是宗教活动的重要组成部分，不同的宗教有不同的礼仪形式。常见的有佛教礼仪、基督教礼仪、伊斯兰教礼仪等。

（五）个人礼仪

个人礼仪是指个人在为人处世过程中应注意的礼仪规范。主要包括，个人仪容、仪表、仪态、服饰、言谈举止等方面。

（六）服务礼仪

服务礼仪是服务行业的工作人员在工作交往中，为了表现对客人的尊敬与友好而遵守的一些行为规范。它要求服务人员在服务中要注重仪表、仪容、仪态、语言、操作等规范。

（七）习俗礼仪

不同的国家、不同的民族有不同的风俗习惯，一般来说，习俗礼仪主要包括日常生活礼仪、节庆礼仪、人生礼仪等内容。

（八）国际礼仪

国际礼仪也可叫做涉外礼仪，是指在国际交往中，与外国人交往时所应遵守的行为规范。其基本内容应遵循国际惯例，如社交场合中，强调女士优先。

三、礼仪运用时所应遵循的原则

礼仪作为人们在社会交往中行为规范的准则，其内容涉及社会生活的各个层面，内容丰富、形式多样，因此在运用时必须遵守相应的一些原则，具体如下：

（一）尊重原则

尊重原则，是礼仪运用的根本性原则。掌握了尊重原则，就相当于掌握了礼仪的灵魂。在社会交往中，我们讲礼貌、礼节和礼仪，都是为了表现对交往对象的尊重，人与人之间只有彼此尊重，才能保持比较和谐、愉快的关系。

（二）宽容原则

宽容原则，不仅是人们在日常交际活动中运用礼仪时应注意的原则，也是做人的基本原则。“金无足赤，人无完人”，宽容就是要求我们在为人处世时，宽宏大量、理解他人、容忍他人、体谅他人。当出现矛盾时，应自觉站在对方的角度考虑问题，而不是斤斤计较、咄咄逼人。纵观历史上的名人志士，大多有一颗宽容的心，如蔺相如、楚庄王、齐桓公等。

（三）遵守原则

礼仪是人们共同遵守的约定俗成的一些行为规范，但是这些行为规范并不像法律一样具有法律效应，所以人们应该主动地自觉地去遵守，只有这样，社会的秩序才会更加稳定。如果每一个人不能够严格要求自己去遵守，那么也就没有学习礼仪的必要了。

（四）适度原则

俗话说“礼多人不怪”，但是礼仪在运用的时候应该根据具体的情况，针对不同对象注意把握分寸。如人与人交往时不能太冷淡，但也不能过于热情，过分热情会让人感觉虚伪。

（五）随俗原则

礼仪在运用时必须注意时间、空间、文化背景的差异，坚持入乡随俗的原则，与绝大多数人的做法保持一致。例如，虽然中国见面时习惯于握手礼，但是如果我们到了泰国就行当地的合十礼。

【相关实训】

	礼仪实训活动
活动内容	结合本项目所讲的内容，课后思考自己在日常生活中有如何更为有效地运用礼仪的原则，课上与大家分享
活动目的	让学生更好地学会如何运用礼仪
活动形式	学生课后自己完成
活动步骤	课后注意礼仪原则的运用；总结体会
物品准备	无

【思考讨论】

2010年上海世博会期间，我与好朋友一起去看展会。有一天，在我去厕所的时候，一位焦急的外国女士拦住了我，说道：“先生，您好！我的儿子6岁，去厕所已经很久了，您能帮我看一下吗?”当我进去寻找的时候发现一个小男孩正蹲在地上满头大汗地摆弄着马桶的压水器，我很惊讶地问他：“小朋友，你在干什么呢？你妈妈在外面等你等得很着急了。”只见小男孩回答说：“这马桶抽不出水来，但我必须冲了水才能走，所以我要把它弄好。”

问题提出：

1. 这个案例给你的启示是什么？请谈谈你的感受。

2. 结合本案例谈谈，礼仪在日常的运用中应该注意哪些问题？

【项目相关链接】

国际礼仪通则

国际礼仪是指在国际交往活动中，符合国际惯例，向交往对象表示尊敬和友好的行为规范。国际礼仪通则是指国际礼仪的基本原则，它既是对国际礼仪的高度概括，又是在国际交往中必须遵循的基本准则。

一、维护形象

当一个人以个人身份对外交往时，他不仅代表了个人，也代表着一个国家、一个民族、一个地区、一个城市的形象。因此在国际交往中，每个人都应该时时刻刻注意维护自身的形象，注意自己的仪容、仪表、仪态、言谈举止、待人接物等方面的问题。

二、以右为尊

在国际社会交往中，如果需要将人们分为左右而进行排列时，依照国际礼仪的惯例，应“以右为尊”。即以右为上，以左为下；以右为尊，以左为卑；以右为客，以左为主。无论是国家间的外交活动还是私人交往应酬，凡是需要确定排列顺序时，都按照这一原则。

三、女士优先

“女士优先”，是国际社会公认的一条重要的礼仪原则。它要求，在一切社交场合，每一名成年男子，都有义务主动自觉地去尊重、照顾、保护妇女，并且还要尽心竭力地去为妇女排忧解难。但是“女士优先”的原则主要是适用于社交场合，在公务场合则不强调“女士优先”。

四、遵时守约

遵时守约是国际礼仪的基本原则之一。在国际交往中，信誉无比重要，个人不讲信誉，在社会上就会难以立足；组织不讲信誉，在工作中就会难以有所进展；一个国家不讲信誉，在国际上就会失去尊严。

五、求同存异

由于各国的礼仪和习俗存在一定程度的差异，在交往时“求同存异”是非常必要的。“求同”就是要遵守国际通行的礼仪，取得共识，促进沟通；“存异”就是注重个性，不否定他国的礼仪习俗。

六、尊重隐私

在国际交往中，收入支出、年龄大小、恋爱婚姻、身体状况、个人经历、宗教信仰、家庭住址等都属于个人隐私，在与对方进行交往时应尽可能地回避。

【项目测评】

姓名： 小组名称： 项目组长： 日期：

测评内容	测评标准	标准分值	测评结果(√通过、×未通过)
礼貌、礼节、礼仪概念	自己是否真正理解其内涵	10分	
三礼的关系	能否把握三礼间的关系	10分	

续表

测评内容	测评标准	标准分值	测评结果(√通过、×未通过)
礼貌习惯	礼貌用语及礼貌行为的运用情况	20分	
礼节运用	自己掌握礼节的多少，正确与否，能否灵活运用	30分	
礼仪运用	在日常生活、学习中能否灵活运用礼仪	30分	
自我评价：	小组评价：	教师评价：	总评：

项目三　礼仪的深刻内涵

【项目目标】

1. 了解学习礼仪深刻内涵的重要性。
2. 掌握礼仪的深刻内涵。

【引例】

王女士一家移民到了德国，刚到德国不久，有一次王女士开车去超市，可是车窗却忘记了关上，当王女士逛完超市出来的时候，发现一名警察正在看守着她的车，王女士了解情况后，万分的感谢，可是正当王女士开车要走的时候，警察开出了一张罚单，王女士非常不理解，而警察的解释是："对不起，女士，由于您的疏忽未关车门，给犯罪分子造成了犯罪的机会，破坏了社会秩序，违反了社会公德。"

问题提出：

1. 请问本案例给你的启示是什么？
2. 请结合本案例，谈谈社会公德与礼仪、文化与礼仪存在什么样的关系？

任务一　礼仪与文化

【任务分析】

教师：

1. 准备好上课相关资料，通过案例引导学生思考礼仪与文化的关系。
2. 要求学生在日常生活中观察一些礼仪文化现象。

学生：

1. 记录教师所讲的重点内容。
2. 课后捕捉礼仪文化现象。

【相关知识】

一、文化的概念

人类对文化有许多的解释，一般来说文化有广义和狭义之分，广义上的文化是指一个群体(可以是国家，也可以是民族、企业、家庭)在一定时期内形成的思想、理念、行为、风俗、习惯、代表人物，以及由这个群体整体意识所辐射出来的一切活动。狭义上的文化是指他所受到的教育程度。

二、礼仪与文化

（一）礼仪是文化的重要组成部分

中国自古就有“礼仪之邦”的美誉，中华民族是人类文明的发祥地之一，文化教育传统源远流长，礼仪作为中华民族文化的基础，是中国文化的重要组成部分；所以从某种程度上讲，中国的文化也可以称为礼文化。早在3000多年前的殷周之际，周公就制礼作乐，后来经孔子等人的提倡和完善，礼乐文明成为儒家文化的核心。尽管它在历史的演进过程中发生过一些变化或改进，但它始终对中华传统文化和民族生活产生着深刻影响，如落叶归根、传宗接代等传统思想在中国一直根深蒂固。其实，从客观上说，任何时代、任何民族的礼仪规范都存在这样那样的缺陷或是弊端，我们对此应保持清醒的认识，进行扬弃，使它为社会主义精神文明建设发挥积极作用。

（二）礼仪是文化的表现

礼仪与文化密不可分，礼仪是社会文明的重要标志，几乎包括社会行为和个人行为的方方面面，如何称呼对方，彼此如何站立，如何迎送等都有礼的规定，可以说礼仪是人们生活、工作和学习的重要工具。然而古今中外，礼仪的差异却非常的大，究其根源，造成这种差异主要的原因则是文化。而且，即使是同一个国家、同一个民族、同一个地区，礼仪也会因为交往对象文化层次的不同而有所变化。下面举几个典型的例子。

例1：见面礼仪。在我国熟人见面常用的打招呼方式就是问：“吃了吗?”、“上哪儿啊?”这种问候方式在中国人看来体现了人与人之间的一种亲切感，可是在西方文化背景下这种打招呼的方式会令对方感到唐突、尴尬，是失礼的表现，他们日常打招呼只说一声“Hello”或按时间来分，说声“早上好!”、“下午好!”、“晚上好!”就可以了。

例2：称谓礼仪。在中国，一般只有彼此熟悉且平辈之间才可以“直呼其名”。但在西方，在家庭成员之间，不分长幼尊卑，一般互称姓名或昵称。这在我们中国是不行的，必须分清楚辈分、老幼等关系，否则就会被认为不懂礼貌。

例3：宴请礼仪。在中国，从古至今大多都以左为尊，以男为尊。在宴请客人时，要把地位尊贵的客人安排在左边的上座，挨着男主人，然后依次安排。在西方则是以右为尊，女宾客的席位比男宾客的席位稍高，男士要替位于自己右边的女宾客拉开椅子，以示对女士的尊重。

例4：递接物品礼仪。很多人递接物品时认为左手和右手没什么区分，而在伊斯兰教文化的背景下，用左手递接物品是非常不礼貌的。

（三）文化是礼仪的本质

文化产生于群体，成长于个体间的交往，随着时代的发展而发展。一种文化决定了某一个群体的思想和价值观念，规定了个体行为的方式，形成个体间的交往规范，通过礼仪贯彻该群体的文化，反映该群体文化的本质。文化的发展变化一定将带动礼仪的改变，反过来，礼仪的变化不一定意味着文化的变化。原因是，在群体间的交往过程中，个体会出现偶尔的或更先进的礼仪表现形式，但这种表现形式是更好地体现文化的价值和本质，使文化的本质更加完善。文化的本质在一定时间和条件下是相对静止的，但是可以通过礼仪的修正和改善不断得到完善。

（四）文化与礼仪密不可分

礼仪与文化的关系十分的密切，礼仪就是一种文化。随着社会的发展，礼仪文化受到越来越多企业的重视，很多企业都开始进行礼仪文化建设。如很多企业定期对员工进行礼仪培训，通过礼仪建设提升企业核心竞争力，内塑企业素质，外树企业形象，保证企业健康地成长。此外，无论是涉外企业还是国内企业，随着服务领域的逐渐扩大，业务过程中所需要的交往也逐步增多，涉外企业更是频繁与外国友人进行交流，了解礼仪文化差异，学习不同文化下礼仪的运用就显得尤为重要。礼仪关乎人格，更关乎国格，无论国门内外，除了具备精湛的专业技能和科学的管理水平，还必须了解如何与人相处的法则和规范。这就要求企业自身的礼仪文化建设达到一定的高度，通过礼仪的学习帮助企业顺利地走向全国，走向世界。

【相关实训】

	礼仪与文化实训活动
活动内容	结合本项目所讲的内容，4～6个同学一组，分组模拟与不同文化背景下的交往对象交往的场景，从中体会礼仪与文化的联系
活动目的	让学生掌握抓住对方心理的技巧
活动形式	学生现场参与
活动步骤	划分小组；小组讨论；进行展示；心得交流
物品准备	根据需要准备相应物品

【思考讨论】

酒店的礼仪文化应如何构建？

任务二　礼仪与心理学

【任务分析】

教师：

1. 引导学生思考礼仪与心理学的关系，为讲本节课的内容做好铺垫。
2. 要求学生课后收集礼仪与心理的相关案例材料。

学生：

1. 学生首先明确礼仪与心理学之间关系的重要性。
2. 对于教师所讲的重点内容应有所记录。

【相关知识】

一、心理学的概念

心理学一词来源于希腊文，意思是关于灵魂的科学。随着科学的发展，心理学的对象由灵魂改为心灵。心理学是一门研究人的心理活动规律的科学。心理学研究者主要是通过间接地观察、研究或思考人的心理过程（包括感觉、知觉、注意、记忆、思维、想象和言语等过程）是怎样的，从而得出适用人类的、一般性的规律，继而运用这些规律，更好地服务于人类的生产和实践。

二、礼仪与心理学的关系

任何礼仪都应该在对方的心理上产生愉悦之感。那些教条式的、僵化的礼仪形式未必就是真正的得体行为，事实也证明无法达成最有效的交往效果。因此，任何恰当的礼仪首先要在乎的是他人的情感，发自内心，而又让人愉悦。对一个有教养的人来说，既需要掌握礼仪的基本规范，同时也需要具备洞察他人心理，并体现出从心理上互动的情感特征来。

(一)心理学是礼仪的重要知识基础

礼仪是在人与人的社会交往中产生的，礼仪作为一门综合性较强的社会学科包括社会学、美学、心理学等多个学科的知识内容；其中，礼仪与心理学的关系尤为密切。心理学是研究个体在不同的环境中所表现的行为过程，而礼仪则是研究个体在不同环境中社会交往的行为规范。从心理学的角度上来看，礼仪的实施过程实际上就是交往双方彼此认识、心理交流的过程。交往双方角色认识准确与否将直接导致交往的成功与失败，因此规范人行为的礼仪不仅是一种外在的表现形式，也是内在心理的沟通。

(二)礼仪促进良好心理素质的形成

礼仪与人的心理素质密切相关，学习礼仪使人们养成了自尊、自信、自省、自新的心理素质。这些优良的心理素质可以使人们及时有效地调整自己的心态，调整自己与他人的关系，使自己始终以一种最佳的精神状态立足于社会。

三、心理学在礼仪中的运用

(一)交往对象的“心理礼仪”

你留给对方的第一印象的好坏将很大程度上影响着双方的社交前途是否顺利。心理学家指出：在与陌生人打交道时，这些印象的形成只不过需要短短的 3 分钟。在这短短的 3 分钟里，最初的 45 秒尤为重要。这 45 秒需要注重很多礼仪，比如怎样微笑、握手、对视、行走、打招呼，甚至之前更长时间的怎么着装打扮等，这都是为了给他人留下好的印象。但是，需要注意的是，仅仅遵循礼仪的具体要求是不够的，还要考虑你的交往对象的心理。要想给你的交往对象留下良好的第一印象，重要是要考虑对方的心理，遵循对方的礼仪。

(二)握手的“心理力度”

握手是人与人见面非常常见的礼仪礼节，在学习这一礼节的时候，人们大多比较关注握手的顺序、握手的方式、握手的时间等，但是在运用的时候却很少有人真正关注握手时不同力度给对方的造成的心理印象，据有关研究表明，握手无力会给人留下性格内向、害羞和神经质等不佳印象，而握手有力则会给他人留下真诚、友好的印象。

(三)交谈中眼神的“心理秘密”

人们常说“眼睛是心灵的窗户”，当人们在表达信息的时候，往往自觉不自觉地会用眼睛来表达，也就是用眼睛“说话”；因此如果能把握交谈中眼神的“心理秘密”，必定会使交谈氛围很融洽。交往中，彼此目光的交流会传递很多的信息，一般来说，在双方对视时，较弱小的一方会先将目光垂下，不敢正视对方，所以如果别人和你说话时，眼睛不看着你，只顾忙着手里的事或者东张西望，就可以看出谁是弱势的一方。如果你想表现强硬，你也可以直视对方的眼睛，例如，在谈判中，交谈双方为了占据有利的心理位置，往往都直视对方的眼睛。但是，一般交谈时也不能一直盯着对方的眼睛，那会让人产生压力。

（四）交往中手心向上的“暗示”

据心理学专家测试，在人与人的交往中，手心向上或向下往往能够反映一个人的心理状态，一般来说，保持双手可见且手心向上，表示的是动作者十分真诚地亮出自己的内心。例如，作为领导者在为下属开会时，不喜欢看到下属把手放在桌子下面，因为这样往往会给人戒备心很强的印象。此外手心向上一般也表示和善、顺从之意，例如，生活中我们经常见到当一男一女牵着手走路的时候，常常是男士的手掌向下，而女士顺从地将手心向上紧贴着男士的手心。

由此可见，一个真正懂礼仪的人除了要具备一些基本的礼仪素养和技能之外，还需要具备能洞察交往对象的心理的能力，从而使自己的言行举止符合交往对象的心理特点，促进双方交往的愉悦气氛，取得良好的交往效果。

【相关实训】

	礼仪与心理学实训活动
活动内容	4人一组，模拟与人交往的不同场景，体会心理学在礼仪中的运用，并总结体会
活动目的	让学生掌握心理学在日常礼仪的运用
活动形式	学生课上完成
活动步骤	分组；分组讨论；总结心得体会
物品准备	根据需要准备物品，如相机等

【思考讨论】

小王是一名汽车销售员，工作已有2年多了，虽然小王的业务知识和业务技能都非常的熟练，但是小王的销售业绩并不是十分好，小王感到百思不得其解。终于，有一天，一位好心的客人，指出了小王的缺点，原来造成小王销售业绩不好的主要原因是小王194cm的身高，很多客人觉得和小王站在一起有心理压力，进而选择了其他的销售员。

问题提出：

1. 如果你是小王，请问你如何改变现在的工作状态？
2. 请问，本案例给你的启示是什么？

任务三　礼仪与道德

【任务分析】

教师：

1. 准备好上课相关资料，课前先给同学们讲个礼仪与道德的小故事，为讲本节课的内容做好铺垫。
2. 通过讲述，让学生知道礼仪与道德内在联系。

学生：

1. 学生首先应衡量自己是否是一个有道德的人。
2. 掌握礼仪与道德的内在关系。

【相关知识】

一、道德的概念

道德是调整人与人之间以及人与社会之间关系的行为规范的总称。它在提高人们的精神境界，改善人们的社会关系，培养人们的素质，形成良好的社会风气等方面有特殊作用。道德可分为社会公德、职业道德和伦理道德三个部分。礼仪与道德有非常密切的关系，内在的良好道德品质、文化修养只有通过一定的外在形式表现出来，才能在现实的社会生活中具有实际的意义和作用，离开了一定的外在表现形式的抽象道德理论和思想是空洞和无用的。良好的礼仪能体现人的高尚的道德修养，从而获得他人的尊敬和好感。

二、礼仪与道德

(一)礼仪与社会公德

社会公德是全体公民在社会交往和公共生活中必须共同遵循的行为准则，是社会普遍公认的最基本的行为规范。社会公德水平的高低影响着社会秩序、社会风气、社会凝聚力，是一个社会文明程度的标志。它的突出特点是，在许多不同的国家、地区，社会公德也是相同的。一般来说，社会公德主要包括共同的道德规范、共同的行为准则和人道主义精神。

礼仪与社会公德密不可分，礼仪的内容，基本上包括社会公德的全部，如文明礼貌、助人为乐、爱护公物、保护环境、遵纪守法等。可以说礼仪是社会公德健康发展的完美体现，两者是相辅相成的；没有社会公德的礼仪是虚伪的，没有礼仪的社会公德也是根本不可能的。近几年来，我国出现了很多违反社会公德的一些不文明行为，如在公共场所随地吐痰、乱扔杂物等现象屡见不鲜(见图 1-3-1)，因此为了平衡人们的道德天平，加强礼仪道德教育不失为一种好的举措。

图 1-3-1　不道德行为

(二)礼仪与职业道德

职业道德，就是指各类职员在从事职业活动时所应遵守的各种行为规范的总和，它既是对本职人员在职业活动中行为的要求，又是职业对社会所负的道德责任与义务。职业道德的内容因职业不同而有所差异，但其内容是基本相似的，职业道德总的要求是爱岗敬业、诚实守信、办事公道、服务群众、奉献社会。这五句话是所有行业都应当共同遵守的职业道德准则。良好的职业道德，是社会主义社会中，每一个工作者都应具备的基本素质。

礼仪是一个人思想水平、文化修养、交际能力的外在体现，学习礼仪是完善自我形象的需要，也是加强职业道德修养的需要。一个具有良好礼仪规范的职业者必定会招徕大批的回头客，迎来更多的服务对象；相反，一个礼仪素质低劣的职业者则会使门庭冷落，再好的商品也无人问津。

（三）礼仪与伦理道德

在中国传统文化中，传统伦理道德是重要的组成部分，甚至从某种程度上说，它是中国传统文化的核心。中国传统礼制中的伦理道德主要包括三个方面的内容：一是提倡尊老爱幼；二是实施忠君孝亲、尊卑贵贱的等级制度；三是保持人伦关系。从古至今，一些伦理道德观念一直影响着人们的生活。例如，在儒家的伦理道德中，“义”是处理人际关系的基本道德原则，作为一种调节人与人之间、个人与社会之间关系的特殊行为规范，它为人们确立一个行为选择的价值标准，告诉人们在处理人与人之间、个人与社会之间的关系时，怎样做才是应当的、合理的，怎样做就是不应当的、不合理的。应当的、合理的行为可称为善，反之则称为恶。所以，一些传统正义观念如“见利思义”、“义然后取”、“义以为上”等一直被人们继承和弘扬，而“见利忘义”的观念则被人们所唾弃。

在我们的日常礼仪生活中，应汲取传统伦理道德中的积极进步成分，提倡尊老爱幼、人人平等等。同时，我们也应大胆地摒弃传统伦理道德中消极的因素，如盲目的忠君孝亲、男尊女卑等传统思想。在继承传统伦理道德精华的同时，吸收人类文明一切进步的因素，从而建立起良好的人际关系。

【相关实训】

	礼仪与道德实训活动
活动内容	结合本项目所讲的内容，8 人一组，小组讨论现在社会上的一些不道德行为，并给出合理化建议
活动目的	让学生加强良好道德观念的意识，在生活中注意礼仪和道德的运用
活动形式	学生课后收集资料，课上完成
活动步骤	收集资料；现场讨论；大家交流
物品准备	学生可根据自己所进行展示的内容，准备适当的道具和物品

【思考讨论】

一个中国留美的留学生参加了当地组织的露营旅游，露营的地点是在一片原始森林中的空地，差不多有 100 多个露营的家庭和伙伴，晚上大家支起篝火，炊烟袅袅，像是一个无比热情喧闹的大家庭。人们听着音乐，烤着肉，喝着酒……第二天清晨，当这名留学生醒来的时候，所有的车辆已悄然离开了这里。她发现这里完全没有 100 多辆车、几百口人宿夜的一丁点儿痕迹，地上没有一点废弃的物品，连一张碎纸片、一根吃剩的骨头都没有，那一刻她被感动了。

问题提出：

1. 请问本案例告诉我们什么道理？给你什么启示？

2. 结合本案例，谈谈中国人应该如何加强礼仪道德教育？

【项目相关链接】

礼仪与修养

“修养”是一个含义比较广泛的概念，主要是指一个人长期养成的符合社会要求的为人处世的态度和涵养，以及在思想、理论的知识、技能方面所达到的水平造诣，是一个人综合素质的体现。真正的修养不是做给别人看的，而是发自内心的。修养与习惯紧密相连，良好的习惯久而久之会成为一种自觉的行动，内化为修养。

礼仪与修养是相互渗透、相互补充的，礼仪是个人素养的综合体现，那种举止大方、谈吐文雅、彬彬有礼的风度绝不是装模作样所能装出来的，而是以良好的个人修养为基础。一个缺乏修养的人，无论怎样“包装”自己，也只能给人一种粗俗、肤浅的印象。所以，学习礼仪，懂礼仪，讲礼仪不仅是改善人际关系的行为规范，也是一个人内在修养的外在表现，要想全面提高自己的综合素质，就必须加强礼貌、礼仪的学习，不断提高自己的个人修养。

【项目测评】

姓名： 小组名称： 项目组长： 日期：

测评内容	测评标准	标准分值	测评结果(√通过、×未通过)
与人沟通	是否喜欢与人沟通	10 分	
交谈流畅	与人交谈是否无障碍	10 分	
话题选择	交谈时能否很快找到共同话题	15 分	
语言表达	语言灵活运用能力	15 分	
沟通技巧	知识掌握评价	15 分	
语言幽默	技能掌握评价	15 分	
交谈气氛	知识与技巧综合运用评价	20 分	
自我评价：	小组评价：	教师评价：	总评：

模块小结

本模块主要是从理论的角度，阐述了旅游礼仪和基础理论。中国是“礼仪之邦”，每一个中国人都应该了解礼仪的起源与发展，因此礼仪起源于发展是学习礼仪应具备的常识；礼貌、礼节和礼仪的概念是礼仪学中非常重要的基本概念；能否真正理解礼仪的深刻内涵并灵活运用才是本部分重点学习的内容。

综合实训操练

根据文明礼仪从身边做起的要求，结合校园礼仪，进行日常校园的礼貌语言、礼貌行为及校园礼节的模拟训练。

模块二

旅游服务礼仪概述

礼仪名言引入

人之有礼，犹鱼之有水矣。

——葛洪

学习目标

1. 了解旅游服务礼仪的内涵与特点。
2. 明确学习旅游服务礼仪的重要作用。
3. 掌握并会运用旅游服务礼仪的相关理论。

随着旅游业的蓬勃发展，国际国内交往的日趋频繁，讲究礼仪已经成为人们日常交往的必要环节，而作为"窗口"服务行业的旅游业来说，礼仪更是树立良好形象和提高旅游接待质量的重要保障。因此，为了切实把握各种旅游服务礼仪规范，每一位旅游服务人员都应掌握旅游服务礼仪的基本理论，增加旅游服务礼仪的修养，以便在日常服务工作中熟练地运用礼仪为客人提供更优质的服务。

模块内容结构

本模块主要从三个方面来论述礼仪的基本概况，其模块的内容结构如下。

- 旅游服务礼仪概述
  - 旅游服务礼仪的内涵与特点
  - 旅游服务礼仪的功能与实践意义
  - 旅游服务礼仪的相关理论

项目一　旅游服务礼仪的内涵与特点

【项目目标】

1. 了解旅游服务礼仪的特点。
2. 掌握旅游服务礼仪的内涵。

【引例】

亲情迎宾员

李先生和他72岁的老母亲来到饭店餐厅用餐，刚下车，只见李先生便走到老母亲身旁搀扶着老母亲。原来老母亲的行动不太方便。这一细节被迎宾员小郭看到了，于是她快步走出大门，微笑着来到老母亲面前说道："老奶奶，您慢点，我来搀扶您吧。"到了餐厅前的大门口，小郭立即将旋转门的速度放慢让老人安全地走进了餐厅，进了餐厅小郭还专门为老人安排了一个出入方便的位置，然后微笑着离开了。待李先生及母亲用完餐准备离开的时候，小郭又是细心地把老人送出了餐厅，当老人准备上车时，小郭不仅为老人拉开了车门，又将老人的双腿扶进车里帮老人把大衣掖好，最后将车门轻轻地关上。小郭这一系列服务使李先生及老人非常感动，连连称赞说："你们的服务太好了，下次我们还来这儿。"

问题提出：

1. 在本案例中，迎宾员小郭之所以能给客人留下良好印象的主要原因是什么？
2. 谈谈旅游服务礼仪主要包括哪些内容？如何更好地运用旅游服务礼仪？

任务一　旅游服务礼仪的内涵

【任务分析】

教师：

1. 准备相关案例，让学生判断哪些是属于旅游服务礼仪。
2. 为旅游接待礼仪案例创设情境，对学生进行角色分工，进行场景表演。

学生：

1. 根据教师创设的案例情境进行角色扮演。
2. 对案例进行拓展性学习，了解更多的旅游服务礼仪。

【相关知识】

一、旅游服务礼仪的含义

旅游服务礼仪是指旅游行业中人与人之间相互联系的一种表现形式，是旅游工作者在长期的工作实践和社会生活实践中形成的，是旅游行业内人们交流、交往时所共同遵循的行为规范和准则。旅游服务礼仪不仅是旅游工作者为旅游者提供服务的行为规则，也是旅行游览过程中，旅游工作者与旅游工作者、旅游工作者与旅游者、旅游者与旅游者之间在交往交流中的行为规则。旅游服务礼仪不仅是衡量一个旅游工作者的素质、教养、道德水准高低的标尺，也是衡量一个国家旅游者精神文明素质的重要标志。

在与客人的交往中，旅游工作者能否做到以礼相待，不仅折射出该员工的素质，也关系到旅游企业的声誉。所以，旅游工作者要以高度的责任感，去完成每项接待任务，在旅游接待服务中既要热情友好、谦虚谨慎、尊重客人，也要自尊自爱、把握尺度、嘉言懿行。

二、旅游服务礼仪的内容

在旅游服务工作中，掌握相应的礼仪规范，是旅游服务人员必备的条件之一，一般来说，旅游服务礼仪主要包括以下几个方面的内容。

(一)旅游服务基本礼仪

旅游服务基本礼仪是每一位旅游从业人员都必须掌握的礼仪，主要包括：仪容礼仪、仪态礼仪、仪表礼仪以及言谈礼仪等。

(二)旅游社交礼仪

旅游社交礼仪是指旅游工作人员在社会交往中所应掌握的礼仪。主要包括：见面礼仪、社交中的位次礼仪、日常接待与拜访礼仪、馈赠礼仪、宗教礼仪、民俗礼仪、涉外礼仪等。

(三)旅游技能礼仪

旅游技能礼仪主要体现在旅游饭店、旅行社和旅游商务活动三个主要的旅游接待过程中，主要包括酒店前厅服务礼仪、餐饮服务礼仪、导游服务礼仪、景区景点服务礼仪、导购服务礼仪、会议服务礼仪等方面的内容。

【相关实训】

	案例讨论活动
活动内容	结合本项目所讲的内容，以学习小组为单位，分别举出一个旅游服务礼仪的成功案例，并进行分析
活动目的	让学生理解旅游服务礼仪的实质内容
活动形式	小组讨论
活动步骤	划分小组；小组讨论；分析交流
物品准备	根据需要准备相应物品

【思考讨论】

1. 结合本任务的内容，说说你对旅游服务礼仪的理解。
2. 试着说一下旅游服务礼仪的本质是什么？

任务二 旅游服务礼仪的特点

【任务分析】

教师：

1. 准备相关案例，让学生了解旅游服务礼仪与一般服务礼仪的区别。
2. 创设情境，对学生进行角色分工，进行案例场景表演。

学生：

1. 根据教师创设的案例情境进行角色扮演，从中归纳旅游服务礼仪的特点。
2. 发现问题，及时提问。

【相关知识】

旅游服务礼仪是在旅游服务过程中，旅游服务企业、旅游服务人员和顾客之间相互交往、相互尊重的礼仪规范。旅游从业人员在工作中应该正确认识旅游服务礼仪的特点，从而使服务工作达到预期效果。

一、综合性

旅游服务是一项综合性的服务工作。旅游从业人员要面对游客关于吃、住、行、游、购、娱等方面的各种要求。游客的这些需要涉及各行各业，需要各部门和单位之间的支持与配合。因此，旅游服务工作是一个综合性和复杂性共存的结构体系，其中的各个环节，环环相扣，缺一不可。

二、服务性

旅游业作为第三产业，首先具备了服务性。旅游服务是旅游业最重要的产品，是体现旅游产品质量的重要衡量标准，也是满足游客物质和精神需要的重要因素。因此每一位旅游服务人员必须强化旅游服务意识，不断提升自己的礼仪素养。

三、不可储存性

旅游服务是一种即时性服务，旅游消费和旅游服务是同步进行的、一次性完成的即时服务。客人对服务质量的评价也是即时的、短暂的、一次性的，“日久见人心”在旅游服务中无法应用。

四、灵活性

旅游服务的对象来自五湖四海、四面八方，在个性差异、民族特点、职业区分、地域习俗和国情环境等方面都不尽相同，各自的需求和期望也有差异；但他们都要求获得优质服务，这将直接导致旅游服务的复杂化。因此在运用礼仪时应根据具体情况灵活处理，把原则性和灵活性有机结合起来，才能达到预期效果。

五、涉外性

随着我国旅游业的发展，来到中国旅游的外国友人越来越多，旅游服务对象也逐渐趋于国际化。不同国家、民族、地区都有自己的礼节习惯，这就要求旅游从业人员要不断加强自身礼仪素养的学习，以便能够游刃有余地为各种各样的客人提供最满意、最优质的服务。

【相关实训】

	接力表演活动
活动内容	结合本项目所讲的内容，将学习小组分为吃、住、行、游、购、娱六个单位，以接力棒的形式完成一个旅游团的接待。在六个环节中的任何一环，可设定意外事件，该事件对其后的接待将造成直接影响
活动目的	通过该活动，让学生认识到旅游礼仪的特点
活动形式	小组表演
活动步骤	划分小组；分配任务；接力表演
物品准备	根据需要准备相应物品

【思考讨论】

以本班同学为对象，谈论男女生在旅游接待服务中分别会有哪些不同的要求？

【项目相关链接】

佩蓉"杰奎琳惠特摩尔"礼仪测试

本礼仪测试由佩蓉根据杰奎琳惠特摩尔"礼仪测试"修正而成，并获得对方授权，修正后的"佩蓉礼仪测试"更适合中国人使用。

1. 良好礼仪的核心是(　　)。

A. 确保恰如其分地遵守礼节

B. 确保对方能感受到你的尊重、关心和体贴

C. 确保以行动正确为准则来维持关系

D. 避免在礼仪细节上犯错，从而在商务往来中占据主动

2. 服装依据穿着的场合可以分为几级(　　)。

A. 三级：职业装、周末休闲装、户外运动装

B. 五级：职业装、周末休闲装、酒吧夜总会装、体育锻炼装、户外活动装

C. 六级：职业装、酒吧夜总会装、周末休闲装、体育锻炼装、户外运动装、晚宴舞会装

D. 八级：职业服装、创意行业服装、酒吧夜总会服装、周末休闲装、体育锻炼装、户外活动装、晚宴舞会装、正式黑领结装

3. 袜子的穿着标准是(　　)。

A. 与裤子的颜色相配　　B. 与鞋子的颜色相配

C. 与西服上衣的颜色相配　　D. 与腰带的颜色相配

4. 一般工作场合下，当女士穿凉鞋时(　　)。

A. 应该穿短袜

B. 应该穿长袜

C. 短袜、长袜都不该穿，脚趾甲表面要保持清洁、勿涂色

D. 短袜、长袜都不该穿，脚趾甲的涂色要与服装的颜色统一

5. 成功的第一印象能够(　　)。

A. 在竞争中淘汰掉对手　　B. 使得对方想购买你的产品或者接受你的服务

C. 为商务关系的建立打开第一扇门　D. 确保赢得生意

6. 以下正确使用 E-mail 的是(　　)。

A. 用来讨论一件机密的事情　　B. 用来安排会议日程

C. 用来协商一份合同细则　　D. 用来登广告

7. 商务往来中，当发给对方邮件时，应该避免(　　)。

A. 抄送给其他人

B. 粘贴附件

C. 信件内容要简短

D. 使用符号拼凑的情绪脸谱或其他夸张的卡通图案

8. 以下哪项属于良好的电话礼仪？(　　)

A. 接电话的一方先挂电话

B. 开会时压低声音接电话

C. 开会时拒听来电，并发信告诉对方自己正在开会，不方便接听

D. 与朋友开 Party 时接听一位重要大客户的电话

9. 在西餐厅进餐时，哪类工作人员不需要小费？(　　)

A. 侍酒师　　B. 停车场管理员

C. 餐厅前台接待　　D. 为你服务的服务生

10. 在商务交往中，与客户见面后的跟进是非常重要的，以下不合适的跟进行为是(　　)。

A. 递给对方一个手写的感谢卡

B. 送给对方一件值钱的礼物

C. 送给对方感兴趣的书或者 CD

11. 掌握良好的用餐礼仪非常必要，这是因为(　　)。

A. 与商业同人共同进餐能在业务关系之上建立起社会关系

B. 几乎所有的商业合同都是在饭桌上谈成的

C. 许多高水平的工作面试均是在饭桌上进行的

D. 以上都是

12. 在吃自助餐时，以下哪项比较合适？(　　)

A. 将最贵的放入食盘，并且多多益善

B. 逗留在自选区，与朋友闲聊

C. 一次取 3～5 种食物，而不是将盘子堆得满满的

D. 让朋友插队，以便他们在最后时刻挤进队列

13. 递给对方名片的最好时机是(　　)。

A. 见面后立即递给对方，作为自我介绍的方式

B. 在与对方谈及工作时

C. 仅当对方向你索要名片时；否则，一定不要给对方名片

D. 和对方的谈话慢慢展开时，在你向对方索要名片后

14. 西式工作午餐的主人不应该(　　)。

A. 选择餐馆和地点

B. 埋单

C. 为每个人点餐

D. 小心处理就餐中出现的问题，遇争执时不当众吵闹

15. 如果被西方人邀请去他们家拜访或进餐，通常的做法是(　　)。

A. 带一个小礼品

B. 穿鞋直接进去

C. 进餐前帮助主人排刀叉等餐前准备；餐后帮忙收拾

D. 从进家到离开保持欣赏、有兴趣和感激的态度，并常常表达你这样积极的心态

E. 以上都是

16. 当你和重要的人物用餐的时候，有人致电你的手机，你会(　　)。

A. 两声铃声内接听，并尽快结束通话

B. 不接听，假装是别人的手机在响

C. 向一起用餐的人道歉，并把手机调为静音，优先考虑眼前一起用餐的人
D. 向一起用餐的人表示歉意，离开座位，到洗手间接听
17. 进餐后，餐巾应该(　　)。
A. 简单地折起来放在盘子的右边　B. 简单地折起来放在盘子的左边
C. 简单地折起来放在盘子的中间　D. 很艺术地折叠起来放在椅子上
18. 当别人赞扬你时，你应该(　　)。
A. 表示自己不配这样的赞扬，认为这样做是谦虚的美德
B. 将自己受表扬之处轻描淡写一番，认为这不算什么
C. 微笑并致谢
D. 要求对方再详细描述他对你的赞扬，以确认对方言真意切

【项目测评】

姓名：　　　　小组名称：　　　　项目组长：　　　　日期：

测评内容	测评标准	标准分值	测评结果(√通过、×未通过)
旅游服务礼仪概念	是否真正理解了其内涵	20分	
礼仪与旅游服务礼仪的关系	能否把握两者间的关系	20分	
旅游服务礼仪的内容	掌握旅游服务礼仪的基本内容	30分	
旅游服务礼仪的特点	能否灵活运用	30分	
自我评价：	小组评价：	教师评价：	总评：

项目二　旅游服务礼仪的功能与实践意义

【项目目标】

1. 了解旅游服务礼仪的功能。
2. 掌握旅游服务礼仪的作用。

【引例】

小李是某院校旅游管理专业的学生，她的学习成绩很优秀，各门实训课的成绩也很好，特别是客房的铺床技能尤为优秀，总是做得又快又好。大三寒假，她找到一个假期工的工作。酒店安排给实习生的工作量是每天8间房，小李总是又快又好地做完，但是却从未得到领班的表扬。原因是，每次小李做完酒店安排的工作后，领班总会安排她去帮一些还没有做完的其他专职的老员工；而小李每次都很不愿意，甚至跟领班当面顶撞，所以领班很不喜欢她。

问题提出：

1. 小李得不到领班的认可的深层次原因是什么？
2. 领班的工作方法有何欠缺之处？
3. 小李和领班之间的沟通存在什么问题？

任务一 旅游服务礼仪的功能

【任务分析】

教师：

1. 教师准备 PPT。

2. 引导学生提出对旅游服务礼仪功能的认识与看法。

学生：

1. 根据教师提示并结合个人的经验，分组讨论旅游服务礼仪具备哪些功能。

2. 积极思考教师提出的问题，发现问题及时提问。

【相关知识】

礼仪作为人类的行为规范和准则，之所以受到社会各界的普遍重视，主要是因为礼仪在社会各个方面都发挥着重要作用，既有利于个人，又有利于社会。同样，在旅游活动中旅游礼仪也彰显出它不可替代的功能。

一、沟通功能

人除了睡眠以外，大部分时间都是在与他人进行沟通；而旅游服务行业的服务性质也决定了旅游服务工作人员每天会和不同的服务对象进行沟通交流，旅游活动的吃、住、行、游、购、娱，本身就是属于社交活动，旅游从业人员与旅游者之间需要不断地沟通、交流、协调。通过礼仪，可以告诉我们如何与各类层次不同、性格不同、品质各异的客人进行真诚、礼貌、有效的沟通。可以说，如果交往双方都自觉地遵守礼仪规范，便容易使双方的感情得到沟通，彼此建立好感与信任，从而促成交际的成功。

二、协调功能

人们在交往中，会产生错综复杂的人际关系；此外，由于每个人的文化程度、性别、职业、成长环境等方面的差异，会导致人们在交往中会有不同的角色取向，人们为了维护自己的利益，可能会产生一些矛盾和冲突。从一定意义上说，礼仪是协调人际关系和谐发展的润滑剂，很多时候可以成为化解矛盾的良方。旅游活动是一项综合性的活动，涉及的内容也比较多，容易产生一些旅游纠纷，如果交往之初都能做到以礼相待，则可以拉近双方的距离，旅游工作中通过热情、周到的服务，向游客表示真诚的尊重和友好，使客人产生亲切感、信任感。当客人遇到旅游需求或在旅游中遇到个人困难时，容易实现双方的相互理解和沟通，在一定程度上也可以妥善处理好旅游纠纷。

三、教育功能

礼仪作为一种人们所共同认可的社会规范与程序，会潜移默化地影响和教育人们按照礼仪要求去做，同时通过评价、劝阻、示范等教育形式纠正人们不文明的习惯和不良的行为，倡导人们按照礼仪规范的要求去工作、生活和学习。人们对礼仪的学习，会使社会上形成良好的文明风气，而良好的文明风气会促使人们更加地尊礼学礼。作为旅游从业人员来说，由于其服务对象的广泛性，做好旅游礼仪服务无形中会使礼仪之花处处盛开。

四、维护功能

礼仪是社会文明发展程度的反映和标志，同时礼仪又反作用于社会文明，对社会风尚产生广泛而深远的影响。社会上讲礼仪的人越多，社会便会越和谐安定。从某种意义上说，在维护社会秩序方面，礼仪起着法律所起不到的所用。

五、服务功能

任何礼仪的核心思想都是尊敬他人，“尊敬宾客”是旅游服务行业的服务理念，也是旅游从业人员在工作中时刻都要牢记的。称职的接待服务人员必须做到在服务中注重仪表、仪容、仪态和语言以及操作的规范，发自内心、满腔热忱地向客人提供主动、周到的服务，从而表现出良好的风度和素养。这些礼仪规范和要求，无不都是要为客人提供满意和优质的服务。

【相关实训】

	校园文明礼仪调查
活动内容	结合本项目所讲的内容，将学生分为三个调查小组： 1. 派人抱着文件在公众场合，故意不小心，把文件掉得满地，看有多少人帮忙捡，又有多少人会视而不见地走过 2. 在二十家不同的商店里买东西，统计有几个店员会说谢谢 3. 统计有多少人在开门的时候，会为紧跟在后面的人拉着门
活动目的	让学生认识作为大学生应具备怎样的礼仪素质
活动形式	实地调查
活动步骤	划分小组；实地调查；小组交流；项目总结
物品准备	根据需要准备相应物品

【思考讨论】

1. 中国“90后”年轻人是否有继承和发扬中国的传统礼仪文化的美德，具体有何体现？
2. 结合实际，讨论作为大学生应该如何提升个人的礼仪素养。

任务二　学习旅游服务礼仪的实践意义

【任务分析】

教师：

1. 准备相关案例，帮助学生认识旅游服务礼仪的作用。
2. 创设情境，对学生进行角色分工，进行案例场景表演。

学生：

1. 根据教师创设的案例情境进行角色扮演，从中归纳旅游服务礼仪的作用。
2. 对案例进行拓展性学习，在日常生活中充分发挥旅游服务礼仪的作用。

【相关知识】

古人颜元曾说过：“国尚礼则国昌，家尚礼则家大，身尚礼则身正，身尚礼则心泰。”这说明作为一种社会规范，礼仪在社会生活的方方面面起着非常重要的作用。而对于旅游服务礼仪而言，旅游工作者是否能做到以礼相待，不仅关系到旅游企业的声誉与形象，还影响到旅游企业全体员工的切身利益。所以，旅游工作者要眼观六路耳听八方，时刻做好接待客人的思想准备，让礼仪成为自己的专业素养。

一、有助于完善个人形象

在现代社会，形象对于一个人来说尤为重要，形象的好与坏会直接影响到其生活和工作。形象就像一张名片，与他人交往时起着展示和介绍自己的作用。

个人形象，是一个人仪容、仪态、仪表、举止、谈吐、教养气质的集合，而礼仪在上述几个方面都有严格的礼仪规范；因此学习礼仪无疑会有利于人们更好地设计、维护个人形象，更好地、更充分地展示个人的良好教养和优雅的风度，从而达到美化自己的作用。特别是旅游服务行业的从业人员，拥有良好的形象既是职业的要求，也是对宾客的尊重。

二、有助于塑造组织形象

良好的组织形象是任何组织都想追求的目标，良好组织形象的塑造也处处都需要礼仪。礼仪就是通过员工的仪容、仪表、仪态、言谈举止、礼貌服务等礼仪规范来塑造良好组织形象的。例如，世界有名的希尔顿酒店集团创造了自己的经营服务理念“今天你对客人微笑了吗?”这是每一位员工在上班之前都要对自己说的话，而也正是这样一条理念使希尔顿酒店拥有大量的回头客，塑造了良好的组织形象。

良好的组织形象常常是在不经意间流露并塑造出来的。例如整洁优雅的环境、彬彬有礼的员工、色彩柔和的服饰等，都会给客人留下深刻的美好印象。此外，各种规范化的礼仪还可以激发员工的自豪感、凝聚力。例如，现在很多企业通过统一服饰、统一色彩，塑造良好的社会形象；通过周年纪念、表彰大会等仪式，激发员工对组织的了解与热爱，从而加强组织的凝聚力和向心力。可以说，任何不讲究礼仪的组织，都不可能获得良好的社会形象。

三、有助于改善人际关系

没有社交活动，人类的生活是不可想象的。现代化的社会对人们的社交提出了新的要求，处在社交活动中的每个人必须了解仪表、仪态及礼仪知识在社会交往中的重要作用，一个人只要同他人交往，就不能不讲礼仪。人们在交往时按照礼仪规范的要求去做，就能够恰到好处地表达自己对他人的尊重、友好与善意，增进彼此之间的了解与信任，从而减少不必要的摩擦与矛盾，进而造就和谐、完善的人际关系，取得工作事业的成功。

四、有助于提高旅游服务质量

一个旅游企业的生存与发展、市场与客源，靠的是向客人提供全方位的优质服务。研究表明：在旅游企业硬件设施相同的情况下，影响旅游服务质量的主要因素是服务意识与态度。“客人至上”的服务意识与热情友好、真诚和蔼的服务态度，可以直观地使客人在感官上、精神上产生尊重感、亲切感。因此，讲究礼貌礼节是优良服务态度的关键，而旅游服务质量的高低，将直接关系到我国旅游业在国际上的声誉。服务态度是影响服务质量的主要因素之一。优质的服务态度是使人在感官上，精神上有“亲切感”，有“宾至如归”的感觉。这种情绪的体验，无法直接观察，只能从当事人的言语中去判断。良好的服务态度体现了旅游从业人员的管理水平和服务人员的个人修养。在工作中运用自己的主动、礼貌的服务态度，使客人了解你、理解你、配合你，对你的服务工作认可和满意，那么也就达到了客人对服务质量的要求。

五、有利于促进国际交流

旅游行业是我国对外开放的前沿阵地，近些年，来我国旅游观光的外国人以及回大陆探亲访友的港、澳、台同胞越来越多，我国的旅游业获得了前所未有的繁荣，与此同时，如何提高服务质量并进一步发挥“窗口”作用就具有更加重要的意义。这就要求我们既要继承和发扬我国优良的礼仪传统，有效吸收国际礼仪通行的惯例，用礼仪严格要求自己，使自己的言谈举止、待人接物合乎礼仪规范，也要注重礼仪的实效。

六、有利于传承中国优秀礼仪文化

中华民族，素以“礼仪之邦”著称于世。几千年来，我国各族人民造就了一套独具特色的礼节、仪式、习俗、节令、典章制度等，并为广大人民多所沿袭。所以学好礼仪、用好礼仪不仅是自身良好素质的提高，也是对中国优秀礼仪文化的传承与发扬。特别是在国际交往日益频繁的今天，每一个中国人都应做礼仪文化的讲解员和实践者，使中国“礼仪之邦”的美誉永久流传。

【相关实训】

	校园随意拍活动
活动内容	结合本项目所讲的内容，让学生在校园内随机拍下自己喜欢的人物照，并解说喜欢的理由
活动目的	让学生认识大众的审美观
活动形式	拍照
活动步骤	划分小组；校园拍照；个例交流；项目总结
物品准备	相机或可拍照手机

【思考讨论】

很多中专学校都在推广“礼仪操”，请讨论，大学生是否也应该学习“礼仪操”？

【项目相关链接】

旅游服务礼仪的学习途径和方法

学习旅游服务礼仪，要想取得理想的成绩，应当在学习途径、学习方法等方面多加注意。

一、学习旅游服务礼仪的途径

(1)从书本中学习。学习任何礼仪，首先应加强理论学习，利用图书资料系统全面地学习礼仪知识，明确旅游服务礼仪是礼仪知识在旅游服务行业的应用，并掌握旅游服务礼仪的基本常识。

(2)在社会实践中学习。旅游服务礼仪的实用性比较强，这就要求从业人员应积极参加各种社会实践活动，尤其是与旅游行业相关的实践活动(如旅行社的宣传促销活动、带团活动、酒店接待活动等)，从中进一步学习礼仪，有效地把理论与实践结合起来。

(3)向他人学习。在日常的学习工作中，应积极向老师、同学、社会上有经验的长者学习。

二、学习旅游服务礼仪的方法

(1)理论联系实际。旅游服务礼仪的学习必须坚持知和行的统一，将知识运用于实践。例如，在学过酒店前厅接待礼仪之后，就应该创造一些实践的机会反复正确地使用礼仪规范程序，从而形成良好的习惯，不断提高自己的服务意识和礼仪素质。

(2)自我监督。礼仪的学习最重要的是应用，在平时的学习、生活、工作和社会交往中，我们应处处注意自我检查、自我约束，对于自己错误的行为举止，应及时改正，使之符合礼仪的规范要求。旅游服务的服务对象比较复杂，这就要求从业人员在学习实践中应监督自己的言行举止，培养良好的服务礼仪习惯。

(3)多头并进。旅游服务工作是一项比较复杂的服务工作，涉及的业务知识也比较多，这就要求我们在学习礼仪知识的同时，也要加强多种文化知识的学习，全面提高个人素质，达到秀外慧中，表里如一。

【项目测评】

姓名：　　　　小组名称：　　　　项目组长：　　　　日期：

测评内容	测评标准	标准分值	测评结果(√通过、×未通过)
写一篇旅游服务礼仪功能与实践意义的心得体会	是否能把握礼仪的功能	10分	
	旅游服务礼仪实践意义的拓展	10分	
	旅游服务礼仪学习的个人看法	20分	
	旅游服务礼仪的学习如何提升个人形象、改善人际关系等	30分	
	文字表达能力，知识运用能力	30分	
自我评价：	小组评价：	教师评价：	总评：

项目三　旅游服务礼仪的相关理论

【项目目标】

1. 了解印象管理和双向沟通的含义。
2. 掌握印象管理的技巧。
3. 掌握双向沟通的技巧。

【引例】

小黄是一位刚到旅行社工作的毕业生，刚上班没几天，由于社里业务比较多，导游忙不过来，老总派给了小黄一个去山东的旅游团，而且时间比较紧，小黄是晚上10点拿到的行程单，凌晨两点就得出发。这是小黄第一次带团，心里一点儿底也没有。凌晨两点，由于是半夜，人们都在困意中，小黄什么也没有说，在清点好人数后，旅游车准时出发了，小黄在导游座上也进入了梦乡。“导游，导游，导游，你比我们睡的还香呢，这是到哪里啊？还不给我们介绍介绍?”客人们的叫喊声把小黄从梦中叫醒了，小黄睁眼一看都快9点了，小黄睡眼朦胧地站了起来，由于小黄也是第一次来山东，对于客人的问题也是无法回答，客人显然显得有些不耐烦了，还好旁边的司机帮小黄解了围；但是在接下来的几天的行程中，客人们一直在挑小黄的毛病，无论小黄怎么努力也不能使客人满意。

问题提出：

1. 客人对小黄不满意的主要原因在哪里？如果你是小黄，你会怎么做？
2. 如何给客人留下一个好的印象？当双方有了矛盾，应如何有效地去沟通？

任务一 印象管理

【任务分析】

教师：

1. 以自身为例，阐明希望给别人的印象及努力方式。

2. 举例描述在自己心目中印象深刻的一位人物，并说明原因，引出任务主题。

学生：

1. 通过教师的自我阐述，学会在生活中观察他人，特别是成功的人。

2. 描述自己心目中印象深刻的人物，并讨论第一印象是否影响到之后自己对该人物的看法。

【相关知识】

一、印象管理的含义

印象管理，又称印象整饰，是由心理学家库利、戈夫曼等人提出的，是人们试图管理和控制他人对自己所形成的印象的过程。众所周知，印象在人际交往中有着举足轻重的地位。人们在会面之前常常在仪表方面做些准备，并在会面过程中对自己的言行举止进行适当的调控，以便给对方留下美好的印象。像这种通过自觉调控自己的仪表、体态、言谈等方面，从而间接影响或控制他人的知觉和感受的过程叫印象管理。

在现代社会中，一个不懂得印象管理、过于直率的人常常给人以威胁感和无教养感，人们不喜欢和这样的人待在一起。而适当地运用印象管理则可以调节和润滑人际关系，使人际交往能顺畅地维持下去。比如，我们到朋友家做客时穿戴整齐，带上适当的礼品，并用热情的言语表达对主人的敬意，他们会同样用热情的方式来款待我们。这过程中，印象管理是不可缺少的。

在现实生活中，我们经常会运用到印象管理。如在求职应聘中，第一次与用人单位见面，为了得到自己想要的工作，为了给别人留下好印象获得录取机会，你会尽量把自己最光彩的方面表现给对方看，你会衣着得体、面带微笑、举止大方、谈吐机智……你甚至会投其所好，表现出你就是对方所需要的那种人才。如果你不这样做，则有可能失去许多机会。

二、印象管理的重要性

（一）印象管理是人们适应社会、实现社会期望的有效方法

每个人在社会中都担任着不同的角色，而社会对每一个角色都有不同的期待与规范要求，印象管理是自我对社会知觉效应的利用，规避社会知觉效应给我们带来的消极影响；同时通过社会知觉效应为自己创造积极印象，扬长避短，充分将自己的优势展现给他人，影响别人形成对自己的积极的印象。简单来说，印象管理就是向他人展现自己的优势，从而让他人对自己形成良好印象，谋求自我发展的机会。

（二）印象管理是调节人际关系的重要手段

在日常生活中，由于交往的需要，我们常常希望给对方留下一个好的、恰当的印象，印象管理就促使人主动去维护与塑造自己良好的形象并影响别人的评价。人们会自觉地约束与调节自己的言行、不断地进行自我反省与监控，从而加强人际的互动，保证交往的顺利进行。随着社会文明程度的不断上升，人们对自己与他人在言行举止方面的要求也在不

断提高，不懂得印象管理的人一般被认为是缺乏礼仪教养的表现。

(三)印象管理有利于培养顾客的忠诚度

顾客不是从局部，而是从整体上感受其购买的产品的。因此，企业要获得顾客的支持，赢得顾客的信赖，就必须通过各种情节的设计，如良好的接待环境、彬彬有礼的接待人员等，创建良好的产品购买气氛，让企业在顾客心目中留下美好印象。这不仅可以使顾客获得超额让渡价值，而且还可以在忠诚的顾客群体中产生良好的口碑效应，从而扩展了企业的知名度，并树立了良好的企业社会形象；同时，也增强了企业的品牌竞争力，使企业能够长期获得并保持市场竞争中的优势地位。

三、印象管理在旅游服务中的应用

旅游的工作性质决定了旅游从业人员和陌生人打交道的机会很多，所以旅游服务人员必须注意印象管理作用，争取每次都能给客人留下一个好的印象。第一印象作用最强，持续的时间也长，比以后得到的信息对于事物整个印象产生的作用更强。如果在旅游服务之初就给客人留下了好的印象，那么在后续的服务也容易被客人所认可，反之亦然。那么在旅游服务中，我们应该怎样进行印象管理才能获得期望的效果呢？

(一)按照社会常规装饰自己

人及事物的外表往往最容易被他人所感知，所以我们应该时刻留意修饰外表，特别是旅游从业人员，客人对你第一印象的好与坏会直接决定客人是否会购买你的旅游产品。心理学家分析第一印象时认为，顾客看到卖场外观的最初20秒往往会决定后面80%的行为。因此，第一印象容易在顾客的心理上产生“连锁效应”和“折扣效应”。所谓“连锁效应”是指对他人的行为产生某种印象之后，就会联想到对方的其他行为大概也是类似的。比如说，顾客一旦对企业有了好印象，就会容易对其所有产品、服务、品牌及行为形成好感；反之，则容易形成反感。所谓“折扣效应”，则是根据他人给自己的好与坏印象，反方向地将对方的好与坏行为打折。比如说，当企业给顾客留下好印象时，如果顾客听到有关企业的任何负面信息，顾客都会从直觉上认定企业不可能产生这种不良的行为，也就是说，顾客此时不太会取信于这些负面信息，这就是一种“打折效应”，反之亦然。因此，旅游从业人员能否给顾客留下深刻的第一印象，是抓住并稳定客源非常关键的因素。

(二)适当的自我表现

由于旅游从业人员需要为客人提供面对面的直接服务，这就要求从业人员应注意在服务过程中有意识地表现自己好的方面，使自己给他人留下一个自己期望形成的印象，以便使自己与他人的关系有一个良好的开始，从而使自己的服务得到客人的认可。不少心理学家对如何恰当地表现自己，以便给人留下积极的、深刻的印象做过很多的研究。其中以戴尔·卡耐基在《如何赢得朋友并影响别人》中总结了人们普遍喜欢的6种方法具有很大的实用性。这六种方法是：真诚地对别人感兴趣；微笑；要记住别人的名字；善于聆听；投其所好；以诚待人。

【相关实训】

	印象管理相关实训
活动内容	将学生分组做以下实验，准备30道题目，每组让两个学生都做对30道题中的一半，但是让学生A做对的题目尽量出现在前15题，而让学生B做对的题目尽量出现在后15道题，然后每组其他人员对两个学生进行评价，谁更聪明一些？结果互相交流
活动目的	让学生意识到印象管理的重要性
活动形式	课上完成
活动步骤	划分小组；准备题目；结果交流；分析总结
物品准备	纸张

【思考讨论】

到底谁是英雄

王毅和王洋同是一家酒店的员工。平时，王毅工作认真负责，积极肯干，关心他人，富有爱心，多次被评为优秀员工。王洋对人对事都有些漫不经心，得过且过，表现一般。一天，有消息传来，该酒店的一位王先生见义勇为，跳下湍急的河水，救下一位不慎落水的老人。大家为本酒店出了英雄而高兴，认为那一定是王毅所为。结果，英雄却是王洋，人们若有所思在议论："怎么是他？"

问题提出：

1. 为什么大家对王洋是英雄表示怀疑？
2. 本案例给你的启发是什么？如何加强自己的印象管理？

任务二 双向沟通

【任务分析】

教师：

1. 准备上课相关材料，引导学生思考什么是双向沟通。
2. 让学生模拟双向沟通的场景。
3. 教师现场督察。

学生：

1. 审视匿名纸条的看法是否正确？
2. 思考：你认为自己能给别人留下怎样的印象？
3. 讨论：你对自己的表现满意吗？如果不满意，以后将如何改进？

【相关知识】

一、双向沟通的含义

沟通按照是否进行反馈，可分为单向沟通和双向沟通。双向沟通中，发送者和接受者两者之间的位置不断交换，且发送者是以协商和讨论的姿态面对接受者，信息发出以后还需及时听取反馈意见，必要时双方可进行多次重复商谈，直到双方共同明确和满意为止，如交谈、协商等。

二、双向沟通的重要性

没有沟通，就没有成功的企业，沟通，一直以来都是企业组织实现统一目标的一个重要手段。企业内部良好的沟通文化可以使所有员工真实地感受到沟通的快乐和效率。加强企业内部的沟通管理，既可以使管理层工作更加轻松，也可以使普通员工大幅度提高工作效率，同时还可以增强企业的凝聚力和竞争力，因此我们每个人都应该从战略意义上重视沟通。但是在日常管理中，我们往往误解了其内在意义，通过简单的工作安排、布置、发号施令来实现。安排一项工作，只是简单说明想达到什么效果、什么时间完成等内容，并没有就该工作进行详细的沟通。这样的结果，往往是最终的工作结果，并不是我们想要得到的。所以，在我们日常的管理工作当中，就要逐渐改变这样的行为。从企业经营重大活动的探讨，需要与中层领导的沟通；到各项具体工作的落实，需要各个部门经理与相关实施人的有效沟通，尽量达成更多的共识，消除不必要的误解。这样，才能将企业内部的各项工作完成得最好。

三、双向沟通在旅游服务中的应用

双向沟通是人际交往艺术中最重要的沟通方式。这种沟通方式要求交往双方应当进行彼此之间的积极沟通，而非单方向的。在旅游服务过程中，我们经常需要与客人进行沟通，然而很多服务人员为了表现对客人的恭敬只是按照客人提出的要求去服务，而并不是积极主动地去了解客人真正想要的，所以旅游服务人员要想实现与客人的双向沟通必须注意以下几个方面。

(一)理解服务对象

双向沟通原则首先提出，人是需要理解的。所谓理解，一般是指对人的理解。放在交往中，就是对交往对象的理解，包括对交往对象的身份、职业、性格的理解，也包括对交往对象需求的理解。这里的需求既包括人的一般需求，例如衣食住行等，也包括一些特殊需求，例如在交往中对环境的一些要求，甚至喝咖啡时对放糖量的不同需求等。要使交往顺利进行，就应当对对方的这些需求有所了解和准备。

(二)加强相互理解

在旅游服务中，要实现对交往对象的真正理解，就必须将这种理解完全建立在相互理解的基础上。在一般情况下，交往双方的相互理解，往往是实现交往成功的基本前提。缺少了这种相互理解，交往也会缺少使之融洽的因素。

例如，在提供餐饮服务时，既要明白对方的饮食习惯，尽量投其所好；也需要明白自己有什么，尤其是要让对方及时了解自己有什么没有什么，否则就会让对方感觉很扫兴。例如，本次宴请准备了四种饮料，为了避免双方尴尬，接待时就应该在征求对方意见时采取封闭式提问，例如，“请问您需要什么饮料？我们有柠檬茶、玉米汁、农夫山泉和可口可乐”。这样的问题实际上就限制了对方选择的余地，以免对方提出自己满足不了的要求。

(三)建立沟通渠道

要想在人际交往中实现交往双方真正的相互理解，就必须建立起一种约定俗成的、相对稳定的沟通渠道。即交往双方实现相互理解的一种捷径。没有沟通渠道，就没有相互理解。

例如，为了表达对交往对象的尊重，人们一般会在会客室摆放一束鲜花，并且天天更换。宾主双方对鲜花有着一种共同的理解，认为它是用来向人表示敬意的。达成了这种共识，交往就有了良好的开端。因此，这种摆放鲜花的做法本身就是一种沟通渠道。

沟通渠道是具有一定的地域性的。例如，在国内，人们往往喜欢在会客室摆放菊花。因为我们中国人普遍喜欢菊花的凌风傲雪、风霜高洁，交往对象一般也有如此感觉。然而在一些欧美国家，菊花同时意味着悲哀或不幸；因此，常用于丧葬、扫墓和吊唁。如果我们是接待欧美客人，就应该注意花的选择了。

沟通渠道还有稳定性。即在同一地区，人们对某种事物的看法往往具有相对的稳定性，不会朝三暮四、朝令夕改。否则，就不能称其为沟通渠道。

（四）运用3A法则

每个人都希望自己被人认同、受人欢迎，美国学者布吉林教授等人，提出了3A法则，因为在英语中都以字母A开头，所以叫它3A法则。3A法则，即在人际交往中要接受别人、重视别人、赞美别人，是我们向别人表达善意的一个非常具有可操作性的技巧。

1. Accept(接受对方)

接受对方，即有一颗包容心。对别人的接受过程就是对别人的一种宽容，最好的接受别人的方法就是学会肯定别人的同时尽量淡化自己的优点，注重强调别人的长处。具体要做到接受交往对象的习俗和接受对方的交际礼仪。

2. Appreciate(重视对方)

重视服务对象，是服务人员对于服务对象表示敬重之意的具体化。它主要应当表现为认真对待服务对象，并且主动关心服务对象，要通过为消费者所提供的服务，使对方真切地体验到自己备受服务人员关注、看重，在服务人员眼中自己永远都是非常重要的。

服务人员在工作岗位上要真正做到重视服务对象，首先应当做到目中有人，召之即来，有求必应，有问必答，想对方之所想，急对方之所急，认真满足对方的要求，努力为其提供良好服务。

要做到重视对方，就应做到牢记服务对象的姓名，善用服务对象的尊称和倾听服务对象的要求。

3. Admire(赞美对方)

人类行为学家约翰·杜威曾说："人类本质里最深远的驱策力就是希望具有重要性，希望被赞美。"因此，对于他人的成绩与进步，要肯定，要赞扬，要鼓励。当别人有值得褒奖之处，你应毫不吝啬地给予诚挚的赞许；赞美服务对象，实质上就是对对方的接受与重视，也是对对方的肯定。从某种意义上来说，赞美他人实质上就是赞美自己，就是在赞美自己的虚心、开明、宽厚与容人。

【相关实训】

	记忆游戏
活动内容	准备一组陌生人的相片，考查学生在1分钟内能够记住多少位陌生人的名字及特征
活动目的	让学生掌握记忆的技巧
活动形式	游戏
活动步骤	划分小组；展示相片；结果验证；效果分析
物品准备	相片50张

【思考讨论】

导游员是旅行社的形象代表，请讨论：导游员是否应该统一着装，不同级别的导游员是否可以以制服区别？

【项目相关链接】

角色定位理论

角色定位理论是服务礼仪的基本理论之一，是指服务人员在为服务对象提供服务之前，必须准确地确定双方当时各自扮演什么样的角色，这样所提供的服务才能比较到位和符合服务对象的要求。角色定位理论的实施主要有以下几个步骤。

一、确定角色。角色是描述一个人在某位置或某状态下，被他人期望的行为总和。旅游从业人员的角色期望主要来源于旅游客人，结合旅游服务的特点，我们制定了"顾客至上"的服务理念和相应的服务礼仪规范。这要求旅游服务人员在岗期间，应恪守自己的社会角色，全心全意服务于客人，使客人的旅途活动顺利、愉快。

二、设计形象。从思想上角色准确定位后，为使角色定位更加具体化、明确化，应进行必要的形象设计。首先，应制定旅游服务人员的服务流程及服务礼仪规范；其次，对旅游从业人员的仪容仪表、言谈举止进行规范化，并要求每一个从业人员自觉遵守。

三、特色服务。特色服务是指区别于常规服务。成功的特色服务是建立在准确角色定位基础上的，关键在于能够了解服务对象的特殊需求，并给予适当满足。在旅游服务过程中，旅游从业人员在服务过程中应注意发现服务新亮点，了解客人的特殊需求，建立有别于同行的特色品牌服务。

四、不断调整。旅游服务过程中，随着社会的进步，人们生活水平的提高，旅游从业人员要积极主动地根据客人的所需提供相应的服务，以满足客人日益增长的旅游需求。旅游从业人员应不断充实自己的专业知识和文化知识，提高综合素质，不断提升旅游服务水平以适应社会的需求。

【项目测评】

姓名：　　　　小组名称：　　　　项目组长：　　　　日期：

<table>
<tr><td>测评内容</td><td colspan="2">测评标准</td><td>标准分值</td><td colspan="2">测评结果(√通过、×未通过)</td></tr>
<tr><td>旅游服务礼仪相关理论的认识</td><td colspan="2">学习旅游服务礼仪相关理论的重要性</td><td>10 分</td><td colspan="2"></td></tr>
<tr><td>印象管理理论</td><td colspan="2">印象管理理论掌握运用情况</td><td>30 分</td><td colspan="2"></td></tr>
<tr><td>双向沟通理论</td><td colspan="2">双向沟通理论掌握运用情况</td><td>30 分</td><td colspan="2"></td></tr>
<tr><td>综合运用</td><td colspan="2">服务工作中旅游服务礼仪理论的综合运用能力</td><td>30 分</td><td colspan="2"></td></tr>
<tr><td>自我评价：</td><td>小组评价：</td><td colspan="3">教师评价：</td><td>总评：</td></tr>
</table>

模块小结

本模块主要是从理论的角度，阐述了旅游服务礼仪的含义、特点及相关的理论知识，并讨论了在具体的旅游服务业中学习旅游服务礼仪的重要实践意义。通过本模块的学习，能够加深同学们对自身服务礼仪水平的认识，找到差距，为接下来的学习奠定基础。

综合实训操练

以班级小组为单位，搞一次旅游服务礼仪图片展示活动，要求如下。

1. 图片内容一定要紧密联系旅游服务礼仪相关内容，可以有正面的也可以有负面的。

2. 结合图片内容，以小组为单位讨论目前旅游服务人员的礼仪现状及其需要加强的内容和措施。

技能模块

模块一
旅游服务基本礼仪

礼仪名言引入

端庄的仪表与整洁的服饰就是最好的推荐信。

——原一平

学习目标

1. 学会对仪容进行修饰，懂得正确化职业妆，对发型进行简单的设计。

2. 掌握仪态的表现形式，懂得站姿、坐姿、行姿的规范要求，并能在实践中自觉运用表情语的基本礼仪规范；懂得正确得体的体态语言及表达方式。

3. 学会服饰搭配的原则，懂得职业装的着装礼仪。

模块内容结构

本模块讲的是旅游服务基本礼仪，主要从三个方面来论述，本模块的内容结构如下。

俗话说："三分长相，七分打扮。"旅游服务人员要懂得容貌修饰的技巧，扬长避短，让服务对象赏心悦目，满足个人受尊重的需求。同时旅游服务人员通过适当的体态表现，为服务对象提供服务。当然，"人配衣服，马配鞍"。这句俗语也是适用于旅游服务人员身上的，因为服饰可以反映人的内心审美意识，反映人的交际水平和修养程度。总之，整洁、雅致、和谐、得体的仪容与体态，可以表现出对自己、对他人的尊重。

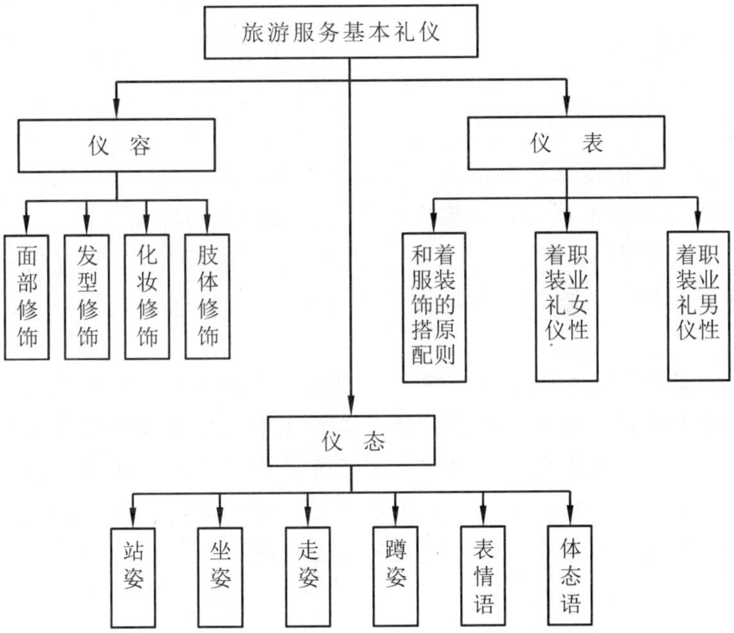
旅游服务基本礼仪
仪容
面部修饰
发型修饰
化妆修饰
肢体修饰
仪表
着装的原则和服饰搭配
职业女性着装礼仪
职业男性着装礼仪
仪态
站姿
坐姿
走姿
蹲姿
表情语
体态语

项目一 仪容

【项目目标】

1. 学会对面部五官的修饰，保证干净与清爽的面容。
2. 掌握发型设计的基本技巧，懂得选择适合自己岗位的发型。
3. 掌握化妆的基本技巧，懂得什么场合适合什么妆容。
4. 学会对手部与腿部的修饰，保证卫生与美观。

【引例】

导游小张在接团的前一天晚上当了她的好朋友小李的伴娘。当天晚上，小张无论从发型、服装、妆容上都博得全场男士和女孩的肯定。由于晚宴结束后已经很晚，小张没有时间去发廊洗发，心想：这么漂亮的发型，我的团友一定很喜欢。于是她只是换了套自认为和发型很称的衣服去接团，谁知团友们都很有意见：我们要去的是中山陵，这么隆重的打扮，对我们的中山先生太不尊重了。于是对她提出了投诉。

问题提出：

1. 案例中，小张做错了哪些事情？
2. 作为旅游服务人员，应该如何以适合的装扮面对宾客？
3. 旅游服务人员应该如何进行形象包装？

任务一 面部修饰

【任务分析】

旅游服务人员对外貌进行适当的修饰十分必要，它既能表示对宾客的尊重，又能体现自尊自爱。但修饰时要淡雅自然，不能浓妆艳抹，以免“喧宾夺主”。

教师：

1. 准备各种规格的洗面奶，让学生认识各类型的洗面奶。
2. 教会学生如何进行日常洗脸清洁。
3. 分步讲解。
4. 强调日常清洁面部的作用。
5. 指导男生面部修饰的标准。

学生：

1. 准备适合自己的洗面奶，包括男生。
2. 对洗脸技巧应做好记录。
3. 男生应掌握剃须的技巧。

【相关知识】

良好的仪表仪容是旅游服务人员的一项基本素质。旅游服务人员工作的特点是直接面向客人并为其服务，客人获得的第一印象常常来源于旅游服务人员的衣着打扮。

面部是一个人的“门脸”，在服务工作中，面部是最容易受到别人注意的地方。正是因为这样，作为旅游服务人员，必须对自己的面部修饰高度重视，认真做好面部的修饰工作，这不仅是工作需要，也是对他人的一种尊重和礼仪。

一般来说，面部修饰主要有两个要求：一是形象要端正；二是平常要勤于修饰。

一、眼部修饰

眼睛是心灵的窗口，被别人注意最多的地方。一个人的眼睛是否有神，往往反映了他的精神状态。旅游服务人员一定要注重眼部的修饰，让眼部焕发出神采奕奕的光彩。眼部修饰的标准是洁净、卫生和美观。

眼部保洁主要指眼部分泌物的及时清除问题。若眼睛患有传染病，应自觉回避社交活动，省得让他人提心吊胆。如感到自己的眉形或眉毛不雅观。可进行必要的修饰。但不提倡文眉，更不要剔去所有眉毛，刻意标新立异。

二、耳部修饰

在洗澡、洗头、洗脸时，注意清洗耳朵。必要时，必须清除耳孔中不洁的分泌物，但不可在他人面前做。耳毛过长时，应对其进行修剪。

三、鼻部修饰

平时应注意保持鼻腔清洁，不要让异物堵塞鼻孔，或是让鼻涕流淌。不要随处吸鼻子、擤鼻涕，更不要在他人面前挖鼻孔。鼻毛过长时应及时进行修剪。

四、嘴部修饰

牙齿洁白，口腔无异味，是修饰上的基本要求。要做好这一点，一要每天定时在饭后刷牙，以去除异味、异物；二要经常采用爽口液、牙签、洗牙等方式方法保护牙齿；三要在重要应酬之前忌食烟、酒、葱、蒜、韭菜、腐乳之类气味刺鼻的东西。

唇间长有胡须，是男子的生理特点。男士若无特殊宗教信仰和民族习惯，最好不要蓄须，并应及时剔去胡须。青年男子最好不要蓄须，否则既稀疏难看，又显得邋里邋遢。

五、面部修饰的注意事项

(1)出门上班前，换装上岗，必要活动前，都要修饰面部。

(2)正确洗脸，洗净后立即用护肤品滋润皮肤。

(3)男生要剃净胡须，剪短鼻毛，不留胡子。

(4)女生可适当化妆，但应以浅妆、淡妆为宜，不能浓妆艳抹，并避免使用气味浓烈的化妆品。

(5)不能当众修饰面部，不能在工作岗位上化妆。

(6)不能借用他人的化妆用具。

六、正确洗脸的手法

温水润湿脸部，用手将适量的清洁剂(洗面奶、碱性小的香皂、洗面膏等)由下颌向上揉，手指向上画圈，手划过鼻翼两侧至眼眶，正反打圈。从颈部至左、右耳根反复多次。

【相关实训】

	问题讨论
活动主题	请为自己“洗脸”
活动目的	让保持清爽的脸部养成一种习惯
活动形式	教师给出三张“脸”：苦脸、油光满面的脸、有胡须的脸。让学习小组讨论如何“洗脸”，以保证以清爽的状态面对宾客
活动步骤	划分小组；小组讨论；小组演示；答案交流

【思考讨论】

怎么为长了青春痘的脸清洁？

任务二　发型修饰

【任务分析】

教师：

1. 准备主题发型的相关视频。

2. 创设情境，以案例分析引导学生认识作为旅游服务人员应该有什么样的发型，才能使宾客更乐意接受。

学生：

1. 根据教师创设的案例情境进行角色扮演，从中归纳发型与服务之间的联系。

2. 认识什么样的发型才是美。

【相关知识】

发型是构成仪容的重要部分。人们在打量人时，通常是从头部开始。恰当的发型会使人容光焕发、充满朝气。旅游服务人员选择发型时除考虑适合自己的脸形、身材、气质等外，重要的是要适合自己的岗位职业特点。掌握梳理自己头发的技术也是做好工作的必要准备。

一、发型修饰的基本知识

（一）脸形与发型设计（见表 1-1-1）

表 1-1-1　脸形与发型的关系

脸形/发型	椭圆形脸	圆形脸	方形脸	长形脸	三角形脸
女	标准脸形，适合任何发型	不要梳两边蓬起来的发型，不留头发	留中发，吹理向内弯曲一下，有曲线美	不宜留长发，适合烫成短发，留头帘	增加额头两侧头发的厚度，头缝不可中分，采用侧分
男	男士头发多以短发为主，能体现活力和干练，以 5～6 厘米长为宜，脸长的不宜留太短的头发，下巴较方的人可以留些鬓发				

（二）体型与发型设计（见表 1-1-2）

表 1-1-2　体型与发型的关系

体型/发型	适中型	高瘦型	矮小型	高大型	短胖型
女	标准体型，适合任何发型	适合留长发、直发以及大波浪的卷发	适合超短发以及盘发	以短直发为宜，也可使用大波浪的卷发	轻便的运动式或将头发盘起，不宜留披肩发
男	中等个头的人什么发型都合适。高瘦体型的应该留分段式或长发，短胖型或瘦小体型的人应该剪短发				

二、旅游服务人员的岗位发型要求

（一）女性

(1)头发的长度不宜长于肩部，长发应扎起来或编起来，也可以盘起后置于工作帽之内。

(2)不允许剪过短的头发，不许剃光头发。

(3)不宜选择极端前卫、新潮发型，应尽可能简约、明快。

(二)男性

(1)头发的长度有严格的规定，不能过长或过短。

(2)按照要求修饰头发时必须做到：前发不过额，侧发不掩耳，后法不触领。

(3)头发长短适宜。选择简约、明快的发型，会使人感到文明而又美观。

三、修饰头发，应注意的问题

(一)净发

不论有无交际活动，平日都要对自己的头发勤于梳洗。对头发勤于梳洗，既有助于保养头发，又有助于消除异味。若是对头发懒于梳洗，弄得自己蓬头垢面，满头汗馊、油味，发屑随处可见，是很败坏个人形象的。

(二)理发

又名头发护理，常见的是修剪头发，简称剪发，令人外观清洁整齐，有美化外形、美容之功用。从社交礼仪和审美的角度看，一个人头发的长短受到若干因素的制约，不可以一味地只讲自由与个性，而不讲规范。

(三)职业对头发的长度影响很大

商界对头发的长度大都有明确的限制，而旅游界也要求其服务人员的发型能够给顾客一种清爽、洁净、能干的印象。

【相关实训】

	情境分析
情境主题	你的发型好“美”
情境内容	小麦修剪了一个“蘑菇头”，但她的刘海儿把她漂亮的眉毛遮住了。今天她带的是“夕阳红”旅游团。团友们见到她的时候，本来慈祥和蔼的态度来了一百八十度的改变。小麦摸不着头脑，你能为她解决难题吗
活动形式	小组角色扮演
活动步骤	小组讨论分工；小组演示；师生互评；答案交流

【思考讨论】

小麦喜欢用发蜡随意改变自己的发型，而作为旅游服务人员，应该以什么样的发型去接待宾客呢？

任务三　化妆修饰

【任务分析】

教师：

1. 准备化妆用具，示范或放相关录像让学生整体感知穿着技巧和化妆步骤，并形成印象。

2. 备齐化妆品的种类，对学生进行实际操作示范，并指导学生练习。

3. 分步讲解，对重点的化妆部位应加以强调。

4. 鼓励学生大胆化妆，并让学生相互化妆以熟悉化妆步骤并对此进行指导。

5. 要求学生每次上课前都对自己化淡妆。

学生：

1. 准备适合自己的化妆用品。

2. 对重点部位的化妆技巧应做好记录。

3. 与同学之间进行现场的化妆技巧的练习。

【相关知识】

俗话说："三分长相，七分打扮。"旅游服务人员要掌握容貌修饰的技巧，扬其长、避其短，让人赏心悦目，满足个人自尊自爱的需要。化妆也是一种礼仪，旅游服务人员上岗前必须化妆；否则，对顾客就是一种失礼的表现。

一、化妆的基本原则

进行化妆前，一定要树立正确的意识，即所谓化妆的原则。共有以下三条。

(一)美化

化妆意在使人变得更加美丽，因此在化妆时要注意适度矫正、修饰得法。在化妆时不要自行其是，任意发挥，寻求新奇，有意无意将自己丑化、怪异化。

(二)自然

化妆既要美化、生动，又要真实、自然。化妆的最高境界，是没有人工美化的痕迹，好似天然的美丽。

(三)协调

高水平的化妆，强调的是其整体效果，所以在化妆时，应努力使妆面与全身、场合、身份协调。

二、学会正确化职业妆

(一)女性

(1)清洁面部后，抹上化妆水，然后涂以湿润护肤乳液。

(2)涂抹眼部护理霜少许(见图 1-1-1)。

(3)选用滋润、亮丽的美容霜或透明的粉底霜，涂抹于脸部和颈部。

(4)涂眼影，画眼线。眼影选择的颜色不宜与肤色反差太大。

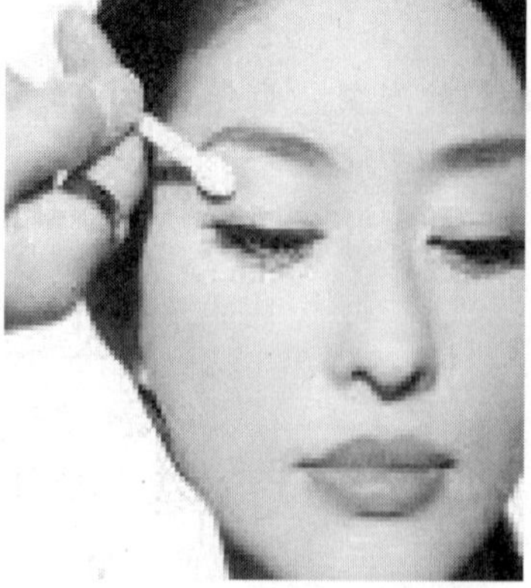

图 1-1-1　眼部化妆

(5)修饰眉毛。眉笔颜色不宜过黑过深，选用棕黑色为好。

(6)涂腮红提亮脸色。白皮肤的人一般以浅桃红、浅玫瑰红为宜；皮肤较黑的人应用浅暗红为好(见图 1-1-2)。

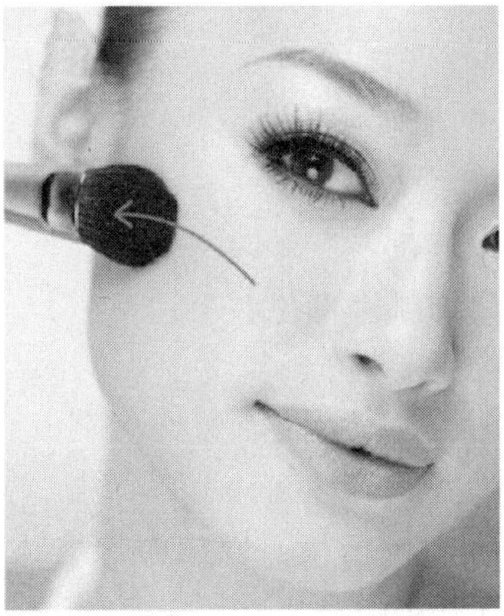

图 1-1-2　腮红上色

(7)口红能起到画龙点睛的作用，颜色以大方稳重为宜。

(二)男性

(1)男性皮肤油性较大，分泌物较多，清洁面部，对男性来讲尤为重要。

(2)修面。旅游服务人员不能蓄须，男性必须每天剃胡须，修整面容。

(3)涂面霜。选用男性面霜，认真涂抹。

(4)改变面色。有些人脸色苍白、暗灰，可在使用面霜中加入少许的口红，涂抹于面部，要令人感到健康、精神。

(5)涂唇膏。男性同样也忌口唇干裂，注意经常使用本色或无色的唇膏，保持唇部油润，以显得朝气蓬勃、精神饱满。

化妆基本程序结束后，要全面地检查，以免有疏忽之处。旅游服务人员在上岗之前，务必认真化好妆，不可草率了事或仓促上阵；否则会被认为是失礼的表现。

【相关实训】

	化妆技巧展示活动
活动内容	结合本项目所讲的内容，以学习小组为单位，选出一个化妆“模特”，其他小组成员在 30 分钟内为“模特”化淡妆，进行现场展示，比一比哪个小组的效果最好
活动目的	让学生掌握化妆技巧
活动形式	真人“模特”展示
活动步骤	划分小组；小组讨论；为“模特”化妆；答案交流
物品准备	教师可以进行拍摄录像，将学生完成任务的过程记录下来，课堂上可以进行分析

【思考讨论】

1. 如果你被邀请参加西式鸡尾酒会，应该怎么化妆？

2. 作为一名导游，在第一次接团时，应该怎么化妆？

任务四 肢体修饰

【任务分析】

教师：

1. 提问：肢体修饰包括哪些部位？

2. 旅游服务人员应该着重修饰哪个部位？

3. 引导学生认识手部修饰的重要性。

学生：

1. 以小组为单位分析讨论，并获得答案。

2. 角色扮演：以小组为单位创设情境，以旅游服务人员不符合肢体修饰礼仪要求为主题，分析情境，从中掌握技巧与知识。

【相关知识】

肢部也就是手臂、腿和脚部。在人际交往中，人的肢体因为动作最多，经常会受到特别的关注。有时，人们对于他人肢体的重视程度，会比对脸部更加重视。

一、手臂的修饰

在人际交往中，上肢往往是人们运用最频繁的身体部位，而且其动作还往往被附加了多种多样的含义。因此，我们要勤洗手、修指甲或是用刷子刷洗，不要满是脏东西，还要保持手润滑细腻，可以经常涂抹护手霜(见图 1-1-3)。而手臂修饰的问题，可以分为手掌、肩臂与汗毛三个方面。

(一)指甲不要过长

手指甲应定期修剪，不要长时间不剪手指甲，否则使其看上去脏兮兮、黑糊糊的，给人不美观、不卫生的印象。修剪手指甲，应令其不超过手指指尖为宜。对于旅游服务人员，指甲应该做到“三天一修剪，每天一检查”。指甲油不能太艳丽，服务对象才能接受。

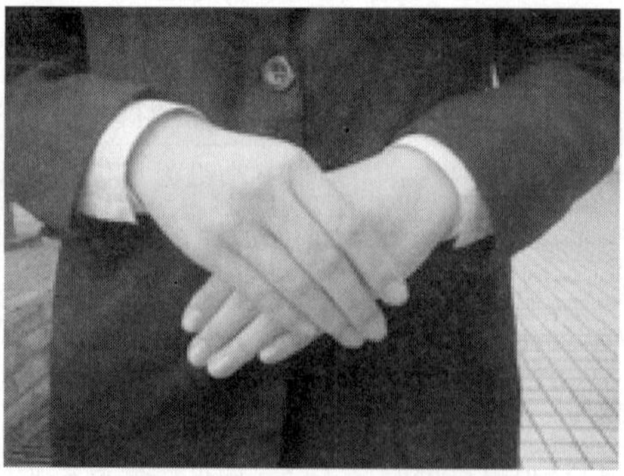

图 1-1-3 手部

(二)肩臂不能刺字或刻画

修饰肩臂，最重要的就是这一条：着装时肩臂的露与不露，应依照具体场合而定。在非常正式的政务、商务、学术、外交活动中，人们的手臂，尤其是肩部，不应当裸露在衣服之外。也就是说在这些场合不宜穿着半袖装或无袖装。非正式场合不限制。

（三）不要腋毛外露

根据现代人着装的具体情况，女士要特别注意这一点。在正式场合，一定不要穿着会令腋毛外露的服装。而在非正式场合，若打算穿着暴露腋窝的服装，则务必先行脱去或剔去腋毛。

二、腿脚的修饰

人们常说："远看头，近看脚。"一个人的下肢尽管不是个人形象的主要代表，但也不能任其自然。千万不要被别人看成"凤凰头，扫帚脚"。在穿鞋前，首先要细心清洁好鞋面、鞋跟、鞋底等地方，做到一尘不染。

我们可以对下肢进行合乎常规的美化。少数女性的腿部也会长出一些腿毛，甚至还会出现腿毛浓密的情况。假如碰上这种情况，又要穿裙子，最好把它去掉，或是选择颜色较深而不透明的袜子。

【相关实训】

	角色扮演
活动主题	你剪指甲了吗
活动目的	通过这个活动让学生养成剪指甲的习惯
活动形式	角色扮演：以小组为单位，创设情境，当挑剔的宾客对你的指甲提出修饰要求时，你应该怎么办
活动步骤	划分小组；小组讨论；答案交流

【思考讨论】

某报社记者吴先生为作一次重要采访，下榻于北京某饭店。经过连续几日的辛苦采访，终于圆满完成任务。吴先生与两位同事打算庆祝一下，当他们来到餐厅，接待他们的是一位五官清秀的服务员，接待服务工作做得很好，可是她面无血色显得无精打采。吴先生一看到她就觉得没了刚才的好心情，仔细留意才发现，原来这位服务员没有化工作淡妆，在餐厅昏黄的灯光下显得病态十足，这又怎能让客人看了有好心情就餐呢？当开始上菜时，吴先生又突然看到传菜员涂的指甲油缺了一块，当下吴先生第一个反应就是"不知是不是掉入我的菜里了"？但为了不惊扰其他客人用餐，吴先生没有将他的怀疑说出来。但这顿饭吃得吴先生心里总不舒服。最后，他们唤柜台内服务员结账，而服务员却一直对着反光玻璃墙面修饰自己的妆容，丝毫没注意到客人的需要，到本次用餐结束，吴先生对该饭店的服务十分不满。

问题提出：

该案例说明了什么？

【项目相关链接】

酒店行业对职场礼仪最关注

酒店行业对职场礼仪尤为关注，求职者给面试官的第一印象甚至能决定是否被录用。香格里拉大酒店 HR 培训经理李慧菊说，如果条件相当的两个人参加香格里拉大酒店最后的面试，一个人身着正装，举止彬彬有礼；另一个则穿着休闲服、牛仔裤，不修边幅。谁能获得面试官青睐，得到录用通知呢？答案显而易见。

第一，职场礼仪首先表现在良好的个人习惯上。要注意个人卫生，清洁牙齿、手要保持干净，手指甲一定不能太长。

第二，着装最好是正装。遵循“三色原理”和“三一律”：全身颜色应控制在三种颜色之内，男士的鞋子、皮带、公文包为同一颜色。男士袜子与裤子同色，女士穿肉色丝袜。女生最好化淡妆，表示一种对他人的尊重；但化妆要自然、美化、协调、得法、避人，不要当面化妆。

第三，要有良好的体态。女士站立要呈丁字步，双手叠加或自然下垂。男士站立两腿自然分开，不超过肩宽，双手自然下垂。坐时要坐椅子三分之二的位置，挺直腰身，目光平视。女生双腿一定要并拢，双手叠加放于膝盖上。行走要昂首挺胸，面带微笑地自然迈步，给人一种自信的感觉。

第四，用语言展示礼仪。语速不要太快，要对别人的谈话表示出兴趣，做一个好的聆听者，不要打断别人的谈话或插嘴。适当的肢体语言也是一种好的对话，微笑必不可少。

另外，员工良好的服务意识也很重要。

广州富力君悦大酒店总经理姚俊博认为，应聘者应该热忱、大方、得体。态度要积极，愿意帮助宾客，有良好的服务意识。为了检验应聘者是否真的有“服务意识”，还会设定具体的场景，看应聘者的反应和应对措施。

做酒店餐饮业还要注重与顾客的沟通、交流，因此应聘者谈吐是否自然、亲切，给人的感觉是否舒服，是否有很好的沟通艺术，这些都是考察的因素。

（资料来源：http：//www.canyin168.com/glyy/yg/ygpx/fwly/201008/23445.html）

【项目测评】

姓名： 小组名称： 项目组长： 日期：

测评内容	测评标准	标准分值	测评结果（√通过、×未通过）
脸部修饰	脸部干净、清爽、自信，能掌握洗脸的基本方法	20 分	
发型修饰	发型得体，能突出个人特征	15 分	
化妆修饰	妆容标准，能掌握化妆的基本技巧	25 分	
肢体修饰	能经常修剪指甲	10 分	
	袜子的搭配合理	5 分	
综合运用能力	仪容整体效果好	25 分	
自我评价：	小组评价：	教师评价：	总评：

项目二　仪态

【项目目标】

1. 学会典雅的站姿，掌握站姿的技巧，纠正不良站姿。
2. 学会正确的坐姿，掌握坐姿的方法，纠正不良坐姿。
3. 学会优美的步态，掌握不同场合下的走姿方式。
4. 学会优雅的蹲姿，掌握蹲姿的技巧。
5. 能运用表情语进行岗位服务，掌握微笑服务的技巧。
6. 能运用体态语进行沟通与服务，掌握介绍礼、握手礼、鞠躬礼、交换名片的礼仪。
7. 营造体态美，培养良好的仪态修养，进一步增强学生的行业素质和美的意识。

【引例】

仪态，指的是人身体所呈现的姿态。举止是一种无声的语言。旅游服务员应加强体态训练，充分发挥无声语言的作用，用优雅的举止来表示对客人的尊敬、欢迎，从而体现优质服务的真正内涵。

曾任美国总统的老布什，能够坐上总统的宝座，成为美国“第一公民”，与他的仪态表现分不开。在1988年的总统选举中，布什的对手杜卡基斯，猛烈抨击布什是里根的影子，没有独立的政见。而当时布什在选民中的形象也的确不佳，在民意测验中一度落后于杜卡基斯10多个百分点。不料两个月以后，布什以光彩照人的形象扭转了劣势，反而领先10多个百分点，创造了奇迹。原来布什有个毛病，他的演讲不太好，嗓音又尖又细，手势及手臂动作总显得很死板，身体动作不美。后来布什接受了专家的指导，纠正了尖细的嗓音、生硬的手势和不够灵活的摆动手臂的动作，并且在以后的竞选中，布什竭力表现出强烈的自我意识，改变了原来人们对他的评价。终于获得了最后的胜利。

问题提出：

1. 仪态能否反映一个人的素质修养？为什么？
2. 作为旅游服务人员，仪态能否影响你的服务质量？为什么？
3. 你能分清仪态的禁忌和适用的场合吗？

任务一　站姿

【任务分析】

教师：

1. 准备站姿训练视频。
2. 重点指导标准站姿的操作要求，单独对每个学生进行指导，并提出建议。
3. 示范不同的手位和脚位的站姿。
4. 组织学生分小组进行练习与考核。

学生：

1. 按标准站姿的要求进行对照练习，有难题及时提问。
2. 熟练掌握不同脚位和手位的站姿。

【相关知识】

人的体态美，是由优美的形体姿态来体现的，而优美的姿态又是以标准的站姿为基点的。站姿作为一切动作的基础，应该得到重视和有效的训练。

俗话说："站如松。"松树笔直，不断地向上生长，形容人的身躯像松树一样挺拔、伟岸、高耸。要想达到如此效果，必须按照标准站姿的动作严加训练。站立是生活中最基本的一种举止。正确健美的站姿给人以挺拔、舒展俊美、精力充沛、积极进取、充满自信的感觉。

一、标准站姿要领

(1)双脚跟靠紧，腿直立，髋部上提，重心在两脚之间。

(2)躯干挺直，收腹、挺胸、提臀，立直腰部。

(3)双肩放松稍向下压，手臂自然下垂于身体两侧。

(4)拔颈，头正，眼睛平视，面带微笑，略收下颚。

(5)头顶上悬，整体感觉是顶天立地。

图 1-2-1　标准站姿

二、不同手位、脚位的站姿

表 1-2-1　手位与脚位表

手　位	标准式	握手式	单背式	背手式
要　求	两手自然下垂于身体两侧	两手相握于腹前。右手搭在左手上，拇指藏于虎口之中	单臂后置于尾臀部，另一臂下垂	双手后背，左手上、右手下，放置于臀部
脚　位	并列	"V"形	小"丁"字形	"Ⅱ"形
要　求	脚跟靠拢	脚尖分成"V"字形	脚跟靠拢，"丁"字形	男士双脚平行打开，小于肩宽

图 1-2-2　标准并列式

图 1-2-3　标准“V”形

图 1-2-4　握手“丁”字形

图 1-2-5　背手“Ⅱ”形

三、练习站姿基本方式

站姿要经常地练习，才能养成良好的习惯，见表 1-2-2。

表 1-2-2　站姿训练表

方　式	要　　求
顶书练习法	头顶书本，膝盖夹紧一张纸，练习颈的力量。每天坚持训练 30 分钟
靠墙练习法	后脚跟、小腿、臀、双肩、后脑勺都要紧贴墙壁，时间 30 分钟
音乐练习法	听音乐 4/4 拍，做四拍慢吸、四拍慢呼练习，保持深呼吸状态 做 4/8 拍，上体正直，收腹，挺胸，拔背，头正。站立时两腿并拢两脚分别站成不同的脚型

图 1-2-6　站姿音乐练习法

四、错误的站姿

(1)女性两脚之间分得太开站立，站着内八字或外八字，工作时东倒西歪，不雅观。

(2)耸肩勾背或者倚墙靠桌、手扶椅背等站姿，这些将破坏自己和饭店的形象。

(3)站立时做小动作，如摆弄衣服、发辫、咬手指、玩打火机、香烟盒等，这些不仅显得拘谨，给人以缺乏自信的感觉，而且有失仪态的庄重。

(4)将双手插在裤袋里或交叉在胸前、双手叉腰等站姿，被认为是不礼貌的。

五、如何纠正不良站姿

(1)利用健身训练的徒手、器械的联系，改善身体的柔韧性和协调性。

(2)经常进行有氧运动，增强支撑身体各部分肌群的力量，使体态轻盈、精力旺盛。

(3)激发起自我展示的意识，提高自我约束能力。

【相关实训】

	站姿训练
活动内容	以小组为单位进行站姿练习，每个同学必须演示，其他同学进行评价，最后选出最高分的同学进行班级比赛。前三名的小组加分
活动目的	使学生掌握标准站姿的技巧
活动形式	小组展示与个人考核相结合
活动步骤	划分小组；小组练习；教师指导；相互交流
物品准备	教师可以进行拍摄录像，将学生完成任务的过程记录下来，课堂上可以进行分析

【思考讨论】

1. 礼仪小姐在服务剪彩仪式时，应该怎么站立？

2. 作为一名导游，在车上进行沿途景点讲解时，应怎么站立？

任务二　坐姿

【任务分析】

教师：

1. 准备坐姿训练视频。

2. 重点指导标准坐姿的操作要求，单独对每个学生进行指导，并提出建议。

3. 示范不同脚位的坐姿。

4. 组织学生分小组进行练习与考核。

学生：

1. 按标准坐姿的要求进行对照练习，有难题及时提问。

2. 熟练掌握不同脚位的坐姿。

3. 掌握不同场合的坐姿。

【相关知识】

俗话说“坐如钟”，形容人们的坐姿像钟一样沉稳、端庄。正确的坐姿给人一种优雅、安静、庄重的印象。坐也是日常仪态的主要内容之一。符合礼仪规范的坐姿能传达出自信练达、积极热情、尊重他人的信息和良好风范。

一、标准坐姿要领

(1)脚跟紧靠、两膝并拢。双腿坐或侧坐，大小腿之间保持90度角。

(2)坐在椅上，坐椅面的三分之二，背部直立，与椅背保持平行或轻靠。

(3)收腹、立腰、挺胸，上体自然挺直。

(4)双肩平正放松，双臂自然弯曲，双手放在膝上，也可放在椅子或沙发的扶手上，掌心向下。

(5)头要正，眼睛平视，面带微笑，略收下颌。

(6)起立或落座时要轻而稳。落座时，右脚向后退半步，同时女士手拂裙摆、男式手提西裤线。

二、不同脚位的坐姿

表 1-2-3　坐姿脚位表

性别	脚位		要求
女士	垂直式		脚跟靠紧，脚尖靠紧，双膝并拢，上体挺直，两手扶膝坐正。适用于正式场合，给人以真诚的印象
	前伸式		左脚向前伸出，全脚着地，小腿与地面的夹角不得小于 45 度；右脚跟上，右脚内侧脚弓部靠在左脚脚跟处，全脚着地，脚尖不可上翘
	斜放式	左斜放	在基本坐姿的基础上，左脚向左平移一步，左脚内侧着地；右脚左移，右脚内侧中部靠于左脚脚跟处，脚掌着地，脚跟提起；双腿靠拢斜放
		右斜放	在基本坐姿的基础上，右脚向右平移一步，右脚掌内侧着地；左脚右移，左脚侧重靠于左脚脚跟处，脚掌着地，脚跟提起；双脚靠拢斜放
	交叉式	前伸	左小腿向前伸出 45 度，右小腿跟上；右脚在上与左脚相交叉于关节处；膝部可略微分开
		左斜放	左脚向左平移，左脚掌及脚跟内侧着地；右脚在上与左脚相交，右脚掌外侧着地，脚跟提起，两脚交叉于踝关节处；双小腿呈斜放，两腿靠拢
		右斜放	右脚向右平移，右脚掌及脚跟内侧着地；左脚在上与右脚相交，左脚掌外侧着地，脚跟提起，两脚交叉于踝关节；双小腿呈斜放，两腿靠拢
	交叠式		左右小腿内收，脚尖向下；在小腿起支撑作用，右腿交叠于左腿上；交叠的两个腿紧靠呈一条直线；此坐姿适用于坐高脚凳椅的场合
	点地式	后点地	两脚后收；脚掌着地，脚跟相靠提起，双脚并拢；此坐姿适于凳底下有空间的场合
		左侧点地	双脚向左伸出；左脚跟靠于右脚内侧中部，左脚掌内侧着地；右脚脚跟提起，脚掌着地；双腿两膝并拢
		右侧点地	两脚向右伸出；右脚脚跟靠于左脚内侧中部，右脚掌内侧着地；左脚脚跟提起，脚掌着地；双脚两膝并拢；此坐姿适于女士坐较低的凳椅时
	开并式		两脚外移分开，两脚间距不得超出肩宽；两脚尖略向外，两膝并拢；两脚呈下开上之态；此坐姿适用于在坐低矮的凳椅或在不引人注意的场合较多使用
	曲伸式		右脚后收，脚掌着地，右脚呈后曲状；左脚前伸，全脚着地，左脚呈前伸状；两脚前后在一条直线上；膝部靠拢

续表

性别	脚　位	要　求
男士	开膝抬手式	在基本坐姿的基础上，双脚向外平移，两脚间距离不得超过肩宽；小腿垂直于地面，两膝分开；两手合握于腹前
	前伸式	双脚前伸并拢，小腿与地面的夹角不得小于 45 度
	交叉式	与女士的前伸式相同
	交叠式	与女士相同
	点地式	与女士的后点地式相同
	曲伸式	与女士相同

图 1-2-7　交叠式

图 1-2-8　曲伸式

图 1-2-9　左侧点地式

图 1-2-10　右斜放式

图 1-2-11　左斜放式

图 1-2-12　前后式

图 1-2-13　交叉式

图 1-2-14　开并式

图 1-2-15　点地式

图 1-2-16　前后式

图 1-2-17　开膝抬手式

图 1-2-18　标准式

三、坐姿的注意事项

(1)双脚交叉式坐姿也适用于坐低矮凳子时。但需注意，无论是前伸交叉式，还是左右斜放交叉式坐姿，都不得将双脚伸得太远。

(2)无论哪种坐姿，一般不要坐满。

(3)如与德高望重的长辈、上级等谈话，为表示尊重和敬意，可坐凳面的1/3。

(4)如坐宽大的椅子或沙发，不可满坐，也不可坐得太靠里面，坐满2/3即可，否则，小腿靠着椅子边或沙发边会有失雅观。

(5)若坐得太少太靠边，会给人随时都会离开的印象。

(6)坐立时，腿部不可上下抖动、半躺半坐、跷二郎腿，会给人以放肆、无教养的印象。

(7)入座时保持上体平直，不要耸肩、含胸驼背、前俯后仰，避免给人以委靡不振的印象。

四、常见的不良坐姿

(1)双腿不宜叉开过大。无论是大腿叉开还是小腿叉开，都是很不雅观。

(2)架腿方式欠妥。如将一条小腿架在另一条大腿上，即是所谓的二郎腿。

(3)双腿不宜过分伸张。

【相关实训】

	坐姿训练
活动内容	入座和起座练习
活动目的	“入座”作为坐的“序幕”，“起座”作为坐的“尾声”，直接影响坐姿是否优美，通过该训练使学生掌握标准坐姿的技巧，认识坐姿的重要性
活动形式	小组现场展示
活动步骤	1. 从容大方地走到座位前，自然转身，背对座位，双腿并拢，右脚退半步，轻松自如地坐下 2. 右脚与左脚并齐，身体挺直，呈基本坐姿状 3. 女子入座时若穿的是裙装，应用手从后往前轻轻把裙子拢一下，并顺势坐下，不要等坐下后再整理衣裙 4. 起座时，右脚向后收半步，用点力蹬地站起，再收回左脚与右脚靠拢。起身时，动作不要太迅猛 根据以上要求先划分小组；小组练习；教师指导；相互交流展示
教师准备	教师可以进行拍摄录像，将学生完成任务的过程记录下来，课堂上可以进行分析

【思考讨论】

什么是优雅的坐姿？以小组为单位进行坐姿练习，每个同学必须演示，其他同学进行评价，最后选出最高分的同学进行班级比赛。

任务三 走姿

【任务分析】

教师：

1. 准备行走训练视频。
2. 重点指导标准走姿的操作要求，单独对每个学生进行指导，并提出建议。
3. 示范优美的走姿。
4. 组织学生分小组进行练习与考核。

学生：

1. 按标准走姿的要求进行对照练习，有难题及时提问。
2. 熟练掌握优美的走姿。
3. 掌握不同场合的走姿。

【相关知识】

俗话说"行如风"，比喻人的行走步态应该像春风一样轻盈、敏捷，呈现出一种朝气蓬勃、积极向上的精神状态，也体现出一个人良好的气质与风度。因此，协调稳健、轻松敏捷的走姿会给人动态之美，表现朝气蓬勃、积极向上的精神状态。从事旅游服务工作的人员，非常有必要对走姿加以训练。

一、标准走姿的规范(见图 1-2-19 和图 1-2-20)

(1)以端正的站立姿态为基础，重心平行地向前移动。

(2)收腹、挺胸、提臀，立直腰部，上体稍前倾。

(3)两臂伸直放松，前后自然摆臂，松肩拔颈。

(4)脚尖稍向外，脚跟先着地，依靠后腿将身体重心过渡到前脚掌，使身体前移。

(5)注意步幅、步调、步速。

图 1-2-19 男士标准走姿

图 1-2-20 女士标准走姿

二、不同情境时的走姿

表 1-2-4　不同情境的走姿表

情　境	要　　求
与人告别	应先向后退三步，再转身离去。退步时脚轻擦地面，不要高抬小腿，后退步幅要小。转身时要身先转，头稍后一些再转
引导宾客	引宾时，要尽量走在宾客的左侧前方，整个身体半转向宾客方向，左肩稍前，右肩稍后，保持两三步的距离。遇到上下楼梯、拐弯、进门时，要伸出左手示意，提示客人先上
前行中转弯	要在距所转方向远侧的一脚落地后，立即以该脚掌为轴，转过全身，然后迈出另一脚。向左拐时，要右脚在前时转身；向右拐时，要左脚在前时转身
穿西装	要注意挺拔，保持后背平直，两腿立直，走路步幅可稍大些，手背放松伸直摆动。另外，注意行走时不要晃动肩部。女子髋部不要左右摆动
穿旗袍	身体挺拔，挺胸，下颌微收，不要塌腰撅臀。走路的幅度不宜过大，两脚跟前后走在一条直线上，脚尖稍向外。两肩放松，两臂体侧摆动。总之，穿旗袍的举止应体现东方女性的柔和、含蓄、妩媚、典雅风格
穿套裙	除体现挺拔、大方的特点之外，还应表现出轻盈、敏捷、活泼、灵活的女性特有风格。步幅不宜过大，走路速度可稍快
穿长裙	要平稳，步幅可稍大。转动时，要注意头和身体协调配合，尽量不使头左右转动过快，注意调整头、胸、髋三轴的角度。走路时可一手提长裙，注意不要踩在裙边上
穿高跟鞋	身体重心前移时，要保持身体平衡。直立膝盖和腰部，收紧腹部和臀部，挺胸稍抬头。迈步时幅度切勿过大，膝盖不能太弯，脚尖稍分开
穿平跟鞋	脚跟先着地，注意脚跟到脚掌的过渡，用力要均匀适度。步幅可稍大，尤其要注意身体挺拔、收腹、提髋。行进时脚掌不要用力过度

三、走姿的注意事项

(1)走路时不可弯腰驼背，不可大摇大摆或左右摇晃。脚尖外八字或内八字，脚拖在地上走，或者两手插在裤袋内等不良习惯都应及时纠正。

(2)行走在走廊、通道、楼梯时应靠右行走，见客人要主动问好。两人行走，不要拉手搭肩；多人行走，不要横排成行，要礼让宾客。

(3)遇到十分紧迫的事，可加快步伐，但不可慌张奔跑。手提重物需超过行走在前面的客人时，应先向客人致歉，在征得宾客同意后方可超前走；并注意从客人的一侧通过，如有两位客人并列时，不能在其中间穿过。

(4)行走时，不得吸烟、吃东西、吹口哨、整理衣服或做其他的小动作。

【相关实训】

	走姿训练
活动内容	引导宾客进入房间

续表

	走姿训练
活动目的	训练走姿的引导步、后退步、前行转身步
活动形式	小组创设情境进行现场展示
活动步骤	1. 小组讨论情境，确定任务表现的形式 2. 小组练习情境中的走姿，充分体现走姿的引导步、后退步、前行转身步 3. 小组展示情境与评价 4. 教师指导与总结
教师准备	教师可以进行拍摄录像，将学生完成任务的过程记录下来，课堂上可以进行分析

【思考讨论】

请穿高跟鞋进行直线走姿训练。

要求：

1. 头顶一本书。
2. 在地面上放一根绳子，尽量沿直线走路。

任务四 蹲姿

【任务分析】

教师：

1. 准备蹲姿训练视频。
2. 重点指导标准蹲姿的操作要求，单独对每个学生进行指导，并提出建议。
3. 示范美丽大方的蹲姿。
4. 组织学生分小组进行练习与考核。

学生：

1. 按标准蹲姿的要求进行对照练习，有难题及时提问。
2. 熟练掌握美丽大方的蹲姿。
3. 掌握不同形式的蹲姿。

【相关知识】

英国的培根曾说过："相貌的美高于色泽的美，而秀雅合适的动作美，又高于相貌美，这是美的精华。"讲究行为举止礼仪的人，同样应当讲究蹲姿。

一、标准蹲姿的要求

下蹲时，两腿合理支撑身体，避免滑倒或摔倒。使头、胸、膝关节不在一个角度上，从而使蹲姿显得优美(见图 1-2-21)。

图 1-2-21　标准蹲姿

二、不同形式的蹲姿

表 1-2-5　蹲姿表

形　式	要　　求
高低式	左脚在前，右脚在后向下蹲去，左小腿垂直于地面，全脚掌着地，大腿靠紧，右脚跟提起，前脚掌着地，左膝高于右膝，臀部向下，上身稍向前倾，以左脚为支撑身体的主要支点
交叉式	下蹲时右脚在前，左脚在后，右小腿垂直于地面，前脚着地，左脚在后与右脚交叉重叠，左膝向后面伸向右侧，左脚跟抬起，脚掌着地，两脚前后靠紧，合理支撑身体

图 1-2-22　交叉式蹲姿

三、低处拾物的要求

当你拾捡掉落地下的东西或取放低处物品时，最好走近物品，上体正直，双腿下蹲。这样既可轻松自如地达到目的，又能展示你优美的体态。那种直腿下腰翘臀或双腿下蹲的取捡物姿势都是不可取的。

【相关实训】

	蹲姿训练
活动内容	下蹲拾物练习
活动目的	使学生掌握美丽大方的蹲姿
活动形式	小组创设情境进行现场展示
活动步骤	1. 小组讨论情境，确定任务表现的形式 2. 小组练习情境中的蹲姿 3. 小组展示情境与评价 4. 教师指导与总结
教师准备	教师可以进行拍摄录像，将学生完成任务的过程记录下来，课堂上可以进行分析

【思考讨论】

1. 上楼或下楼时，我们经常要运用到脚部，请展示上下楼梯的规范。
2. 作为旅游服务人员经常有机会带旅客搭乘轿车。请展示搭乘轿车的规范。

任务五 表情语

【任务分析】

教师：

1. 准备注视与微笑训练的视频。
2. 重点指导注视的方式，单独对每个学生进行指导，并提出建议。
3. 指导学生学会“三度”微笑的尺度与应用的场合。
4. 组织学生分小组进行练习与考核。

学生：

1. 掌握正确的眼神注视礼仪。
2. 掌握正确的“三度”微笑礼仪。
3. 体会运用微笑和眼神进行交流的好处。

【相关知识】

印度诗人泰戈尔说：“一旦学会了眼睛的语言，表情的变化将是无穷无尽的。”可见眼神在传情达意方面起着多大的作用。本任务将告诉你如何用表情语言来表达你的服务意图，更能让客人领会并接受你的表达方式。

一、旅游服务中的注视语

眼神对心灵信息的反映，主要是靠瞳孔的变化和眼睛注视的方式来实现的（见图 1-2-23）。

表 1-2-6　注视语的类型

类　型	注视的位置	适用的场合	注意事项与作用
公务注视	以对方双眼为底线、以额头为顶点的三角形区域内	多用于洽谈、磋商、谈判等场合	若一直注视这个区域，会给人严肃、认真的感觉，使对方时刻感觉你是在谈正事
社交注视	以对方双眼为底线、以唇心为顶角过渡到三角形区域内	用于各种社交场合	这种注视令人感到舒服，有礼貌，能够营造一种和缓的社交气氛
亲密注视	在对方双眼或双眼到胸部之间的区域内	用于亲人之间、恋人之间的注视行为	体现亲密无间的感情

旅游从业人员一般采用社交注视方式，有时也可以根据岗位的需要采用公务注视方式，但不采用亲密注视方式。

二、注视语的含义

在旅游服务过程中，旅游服务人员还要懂得控制注视的方向和注视的时间，以确保你和宾客之间和谐的关系，更有利于你处理服务过程中的各种事务。注视时间过长，会令人感到不自在；注视时间太短，甚至不看对方，会使人感到受漠视。这两种行为都是非常失礼的，都不利于情感的交流，在交往时一定要避免发生。

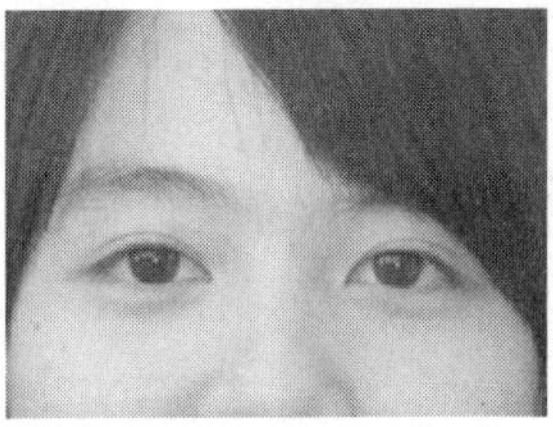

图 1-2-23　眼神

表 1-2-7　注视语的含义

注视语	眼神的方向与含义	注视的时间
俯视	目光向下注视对方，用来表达爱护、宽容之意	在交谈过程中，目光连续接触的时间一般为 1 秒钟左右。较长时间的目光接触会引起生理上和精神上的紧张，大多数人倾向于避开这种接触，把目光移开
平视	目光与对方的目光约在同一高度接触，用来表达平等、公正、自信、坦率等语义	
仰视	目光向上注视对方，用来表达尊敬、崇拜、期待的语义	
斜视	视线斜行，用来表达怀疑、疑问的语义	
扫视	目光一侧扫视，用来表达兴趣、喜欢或轻视、敌意态度的语义。表示兴趣、喜欢时，伴有微笑，眉毛上扬；表示轻视、敌意时，伴有皱眉，嘴角下撇	

三、旅游服务中的微笑语

行为分析专家认为，在人际交往中给人的各种刺激中，视觉印象占 75%，包括表情、态度，特别是微笑；谈吐印象占 16%，包括谈吐文雅，语言谦逊，有文化教养等；味觉印象占 16%，包括香甜可口；嗅觉印象占 3%，包括芳香、舒畅，富有吸引力和魅力等；触觉印象占 3%，包括和谐、温暖和综合性多方面的感觉。在旅游服务中，发自内心的微笑将会使你的服务工作变得轻松、有趣。可见，微笑是服务人员必须具备的接待表情。在旅游业中特别提倡微笑服务，微笑的情绪有着强烈的感染性，微笑服务是满足旅游者精神需求的主要方式，要使旅游者在积极的情绪状态下进行旅游活动，最有效的方法是微笑。

图 1-2-24　微笑

四、微笑语的作用

(1)微笑能迅速缩小彼此间的心理距离，使旅游者在心理上产生亲近感、安全感和愉悦感。

(2)微笑可以使旅游者感到受欢迎、受尊重。

(3)微笑有助于个人树立良好的形象，培养良好的气质。

表 1-2-8　“三度”微笑

微笑的形式	要　　求
“一度”微笑	面对刚刚接触的宾客或朋友，嘴角轻微向上提即可
“二度”微笑	嘴巴合着，嘴唇张开，露出八颗牙齿
“三度”微笑	张开嘴巴哈哈大笑(见图 1-2-25)

图 1-2-25　“三度”微笑

五、练习微笑的方法

表 1-2-9　微笑训练表

方　法	要　　求
对镜训练法	对着镜子微笑，找出自己最满意的笑容，不断强化训练，从不习惯到习惯
情绪记忆法	将生活中最好的情绪存储在记忆中，当工作需要时，即调动最好的情绪，这时脸上就会露出笑容
口形训练法	闭唇或微启唇，两唇角微向上翘，反复练习普通话中的“茄子”等词。默念这些字词时口形正好是微笑的最佳口形
咬筷训练法	拿一根筷子，用牙齿轻轻横咬住它，对着镜子，摆出普通话“一”音的口形，注意用力抬高嘴角两端，下唇迅速与上唇并拢，不要露出牙齿。记住这时面部和嘴部的形状，这个口形就是合适的“微笑”
情景熏陶法	通过美妙的音乐创造良好的环境氛围，让自己会心地微笑
理智训练法	服务人员必须秉持“顾客是上帝”、“顾客至上”的理念，即使有不愉快的事也不能带到工作中去，学会过滤烦恼
口眼结合训练法	这种微笑应该是发自内心的，不仅要求嘴唇要动，还要求眼神含笑。训练时，可以用一张厚纸挡住鼻子以下的部位，对着镜子练习眼神，直到可以看到眼神中含着笑

【相关实训】

	注视语训练
活动内容	以小组为单位，练习柔和、亲切的注视礼；困惑、烦恼的注视礼；激动、兴奋的注视礼；高兴、快乐的注视礼。选出“注视礼”大师以资奖励
活动目的	使学生掌握注视礼的运用
活动形式	分小组讨论，练习，展示
活动步骤	1. 小组讨论以上注视礼的训练重点 2. 小组根据要求练习以上注视礼 3. 小组展示与评价 4. 教师指导与总结
教师准备	教师可以给每个小组准备一面镜子，并进行拍摄录像，将学生完成任务的过程记录下来，课堂上可以进行分析

【思考讨论】

如何养成微笑的习惯？你学会微笑了吗？请根据微笑训练表进行训练，并选出“微笑之星”。

任务六　体态语

【任务分析】

教师：

1. 准备手势、握手、鞠躬、致意训练的视频。

2. 重点指导手势、握手和鞠躬、致意的具体操作要求，单独对每个学生进行指导，并提出建议。

3. 指导学生学会在各种场合运用体态语。

4. 组织学生分小组进行练习与考核。

学生：

1. 掌握手势的操作要求。

2. 掌握正确的鞠躬礼。

3. 体会运用握手、鞠躬、手势的好处。

【相关知识】

旅游服务人员在服务过程中，能运用体态语为宾客提供服务，将使宾客肯定他的服务质量，使宾客旅游愉快。

一、手势

手是人身体上最灵巧自如的一个部位，所以手势是肢体语言中最丰富、最富有表现力的。古罗马政治家西塞马说过："一切心理活动都伴有指手画脚的动作。"他说明了手势的重要性。

旅游服务人员在与宾客接触中，使用规范、恰当、适度的手势，有助于增强表情达意的效果。手势动作进行的速度、空间的控制状态以及空间的轨迹不同，其中的含义也就不一样。哪些手势使宾客感觉受到了尊重，哪些手势是绝对要禁止的，在服务中我们要十分清楚。

图 1-2-26　请坐

图 1-2-27　请往这儿走

图 1-2-28　请往上看

(一)手势的类型

不同的情景，可以用手势来表达旅游服务过程中的服务需求。同样是"请"的意思，手势可以用不同的手臂位置来表达。

表 1-2-10　手势的类型

情景	手臂的位置	操作要领
请	体侧式	五指并拢，自然伸直。掌心斜向上方，手掌与地面呈 45 度角。腕关节伸直，手与前臂形成直线。整个手臂略弯曲，弯曲弧度以 140 度为宜。注意整个手臂不可完全伸直，也不可呈 90 度的直角。以肘关节为轴，上臂带动前臂，由体侧自下而上将手臂抬起。身体微前倾，头略转向手势指示方向。面向客人，面带微笑，目视来宾。致问候语："您好！这边请！"
	曲臂式	五指并拢，自然伸直。掌心向上。手臂由体侧向体前方自下而上抬起，当小臂抬至离身体 45 度角的高度时，以肘关节为轴，将手臂平送至手势所指方向，与身体相距 20 厘米处停住。身体微前倾，头略转向手势所指方向。面向客人，面带微笑，目视来宾。致问候语："您好！这边请！"

续表

情景	手臂的位置	操作要领
请	双臂横摆式	两手从腹前抬起，至横膈膜处。双手上下重叠，同时向身体一侧摆动，摆在身体的侧前方。上体稍前倾，施礼致意："您好！这边请！"
引导		轻声地对客人说"您请"；将右手提至齐胸高度，五指伸直并拢，掌心向上，朝欲指示的方向伸出前臂。身体侧向来宾，目光兼顾来宾和所指方向。来宾表示清楚后，再放下手臂
请坐		接待来宾入座时，左手或右手抬起，以肘关节为轴，前臂由上向下伸出，使手臂向下成一斜线，表示请客人入座
指示方向	直臂式	曲肘，将胳膊由身前抬起，掌心向上。抬到略低于肩时，再向要指的方向伸出前臂。与体侧式手势不同的是，指示方向时，手臂高度齐肩、肘关节基本伸直。上体微前倾，眼睛看着所指示目标方向，并兼顾客人是否会意。面带微笑

（二）手势的禁忌

表 1-2-11　手势的禁忌

禁忌手势	表达的意思
掌心向下摆动手臂，勾动手指招呼别人，用手指指点他人，掌心向下用手指敲打桌子。这些手势，均有指斥、教训、指挥之意，尤为失礼	失敬于人
在他人面前挠头皮、掏耳朵、剜眼屎、抠鼻孔、剔牙齿、抓痒痒、摸脚丫。这些手势，均不卫生，令人生厌，为不当之举	不卫生
在众人面前，一说话就指手画脚、推推搡搡、咬指甲等。这些手势令人感到毛躁和忙乱	不稳重

（三）"三位"手势训练法

表 1-2-12　"三位"手势

位　置	引导手势
高位手势	请往高处看
中位手势	请进
低位手势	里边请

二、握手

旅游服务人员在服务的过程中，在与宾客见面或告别时都会用到握手礼，表达了旅游服务人员对宾客的感谢。

（一）规范的握手方式

伸出右手，四指在下、拇指在上，手型握空，目光注视对方：同时说些寒暄话，握手3秒(见图 1-2-29 和图 1-2-30)。

图 1-2-29 标准握手

(二)握手的原则

(1)应由上级、长辈、主人、女士先伸手，下级、年轻者、客人、男士要先问候，待对方伸手再握。

(2)握手时，手应当是干净的，握手时应注意行走的一方要停下来；斜对他人时要正过来；坐下来时要站起来；戴手套时要摘下来。

(3)握手时还应当注意手臂方向，向下表示控制，向上表示乞求；礼貌握手的应该是平行、对等式的。

(4)握手还应注意力度，不可过于用力，也不可软弱无力。

图 1-2-30 介绍式握手

三、鞠躬

鞠躬行礼，是表示对他人尊重、感激的一种郑重的礼节。旅游服务人员要懂得向宾客鞠躬，从而拉近距离。

(一)鞠躬的标准动作

遇到上级、长辈、师长欲鞠躬礼时，行礼者要距受礼者 2 米左右，立正站好，保持身体端正。双手在体前相握，目视对方，面带微笑。鞠躬时，上体向前倾斜，同时配以问候语(见图 1-2-31 和图 1-2-32)。

图 1-2-31　90 度鞠躬

图 1-2-32　45 度鞠躬

（二）鞠躬的层次

表 1-2-13　鞠躬的层次

层　次	要　　求
15 度鞠躬	上体向前倾斜 15 度，为点头鞠躬礼
30 度鞠躬	上体倾斜 30 度，为普通鞠躬礼
45 度鞠躬	上体倾斜 45 度，表示深深的致意
90 度鞠躬	上体倾斜 90 度，表示更深切的致意

（三）鞠躬的注意事项

(1)鞠躬时必须脱下帽子，嘴里不可吃东西，鞠躬礼前双目应有礼貌地注视对方，动作不可过于有力、快速。

(2)与握手相比，鞠躬表达的敬意更深一些，常用于婚丧节庆、演员谢幕、演讲领奖等场合。

【相关实训】

	综 合 运 用
活动内容	以小组为单位，运用手势与鞠躬的相关知识，演示客房服务员楼层迎宾入房的全过程
活动目的	使学生掌握手势和鞠躬礼的运用
活动形式	分小组讨论，练习，展示
活动步骤	1. 小组讨论整个活动的过程，并分配任务 2. 小组根据要求练习活动内容 3. 小组展示与评价 4. 教师指导与总结
教师准备	教师可以将课堂搬到模拟客房的楼层，使情境更加真实

【思考讨论】

请运用手势和鞠躬的相关知识进行以下的小组训练：

1. 由组长组织，每个同学都充当一次服务员，与一位同伴对照练习各种“请”的手势。
2. 请在教师节当天，向你的老师行鞠躬礼。

【项目相关链接】

体态语言的宜与忌

站　　姿	
宜	忌
站直	东倒西歪，靠墙站
腰、背、脊保持挺直	含胸、驼背
肩部后展放松	做小动作，摆弄衣服
双臂垂于体侧	两臂交叉抱胸、叉腰
头和下颌抬起	低头
坐　　姿	
宜	忌
坐直	东歪西靠，坐不安稳
两腿在脚踝处交叉	两膝分开太远或跷二郎腿
身体微微前倾	双脚不停地抖动
行　　姿	
宜	忌
行走有目的性	脚步拖拉
步伐坚定	步履沉重迟缓
弯腰捡东西时要屈膝	八字脚（“鸭子步”）

【项目测评】

仪态评分表（一）

姓名：　　　　　　小组名称：　　　　　　项目组长：　　　　　　日期：

测评内容	测评标准		标准分值	测评结果（√通过、×未通过）
站姿	身体各部位的姿态正确	头部、颈部、面部	5 分	
		两肩、胸部	5 分	
		腰部、臀部	5 分	
		手位	5 分	
		脚位	10 分	

续表

测评内容	测评标准	标准分值	测评结果(√通过、×未通过)
坐姿	正确展示坐姿基本动作要领	10分	
	正确展示脚的摆放方式(至少四种)	5分	
	入座后姿态的整体保持效果好	8分	
	坐姿入座前、后的其他要求	7分	
走姿	身体姿态，跨步的均匀度，手位摆动的情况正确	15分	
	能根据音乐情境变换步态，身体与手、脚的协调配合好，具有动态美感	15分	
蹲姿	正确展示蹲姿的基本动作	10分	
自我评价：	小组评价：	教师评价：	总评：

仪态评分表(二)

姓名：　　小组名称：　　项目组长：　　日期：

测评内容	测评标准		标准分值	测评结果(√通过、×未通过)
微笑	“三度”微笑的技巧	“一度”微笑	5分	
		“二度”微笑	5分	
		“三度”微笑	5分	
	展示个人最好的微笑		10分	
眼神	表现不同情境的眼神		25分	
手势	常见的几种引导手势演示	请进	5分	
		请往高处看	5分	
		里边请	5分	
	引领宾客入位		20分	
鞠躬	常见的几种鞠躬度数演示	15度	5分	
		30度	5分	
		90度	5分	
自我评价：	小组评价：	教师评价：		总评：

项目三　仪表

【项目目标】

1. 掌握着装的原则。
2. 学会女士着装的搭配原则。
3. 学会男士着装的搭配原则。

【引例】

俗话说："人配衣服，马配鞍。"我国著名的思想家郭沫若先生曾明言："衣裳是文化的象征，衣裳是思想的形象。"服饰，是仪容仪表的重要组成部分。人们对服饰的选择，反映着人的内心审美意识，反映着人的交际水平和修养程度。

孙枚到一家外企去应聘秘书。去面试之前，她对自己进行了精心打扮：身穿最流行的牛仔套裙，脚蹬一双白色羊皮短靴，橘色的挎包。还化了彩装，孙枚对自己的装扮很满意。

来到公司，孙枚发现自己在众多的应征者中显得是那么的与众不同，她甚至感到一点得意。正在这个时候，孙枚碰见了好朋友王小姐。"你也是来找人的吗?"王小姐问道，"我是来应聘的。""应聘？你的这身打扮更像去约人喝茶。"快人快语的王小姐说道。"是吗?"孙枚疑惑起来，她扫描了一下，果然其他人都是穿职业装来面试的，她开始紧张起来，连面试都没有自信了。

问题提出：

1. 孙枚的着装错在哪里了？我们应该遵循着装的哪些原则？
2. 着装可以分成几类？

任务一　着装的原则和服饰搭配

【任务分析】

教师：

1. 准备各种旅游服务岗位的相关岗位服装照片。
2. 重点指导服装搭配的原则。
3. 准备女性服饰的小饰品，在课堂与学生分享服饰搭配的快乐。

学生：

1. 准备自己的相关饰品，为课堂学习做准备。
2. 收集旅游服务岗位的职业服装相片，为自己设计职业服装。

【相关知识】

旅游服务人员的仪表直接反映一个企业的管理水平和服务水平。旅游服务礼仪首要的一条是要求员工上岗时必须修饰好仪表，便出现了岗位服装。在不同场合应该如何对自己的服饰提出要求呢？我们来看看着装原则。

服饰，是指人的服装穿着、饰品，它是仪表的重要部分，人际交往中的主要视觉对象之一，它包括服装和饰物两方面。

一、着装的 TOP 原则

TOP 原则表示着装应该与当时的时间、所处的场合和地点相协调(见表 1-3-1)。

表 1-3-1　TOP 原则表

原　则	名词解释	要　求
时　间 (Time)	指每一天的早、中、晚三个时间段，也包括每年春夏秋冬的季节更替，以及人生的不同年龄阶段	1. 工作时间的着装，应根据工作特点和性质，以服务于工作、庄重大方为原则 2. 晚间的正式社交活动。人们的交往距离相对缩小，服饰给予人们视觉和心理上的感受程度相对增强 3. 不同季节的穿着。夏季以凉爽、轻柔、简洁为着装格调，在使自己凉爽舒服的同时，让服饰色彩与款式给予他人视觉和心理上的好感。冬季应以保暖、轻便为着装原则，避免臃肿不堪，也避免要风度、不要温度，为形体美观而着装太单薄
场　合 (Occasion)	不同的场合有不同的服饰要求，只有与特定场合的气氛相一致、相融洽的服饰，才能产生和谐的审美效果，实现人景相融的最佳效应	1. 正式场合应严格符合穿着规范。男子穿西装，一定要系领带。西服应熨得平整，裤子要熨出裤线，衣领袖口要干净，皮鞋锃亮等。女子不宜赤脚穿凉鞋，如果穿长统袜子，袜子口不要露在衣裙外面 2. 在喜庆场合，服饰可以鲜艳明快、潇洒时尚一些。男性服饰均以深色为宜，单色、条纹、暗小格都可以。女性不论在什么喜庆场合，都可以选择适合自己穿着的色彩鲜艳的服饰
地　点 (Place)	代表地方、场所、位置不同，着装应有所区别。特定的环境应配以与之相适应、相协调的服饰，才能获得视觉和心理上的和谐美感	穿着只有在正式的工作环境才合适的职业正装去娱乐、购物、休闲、观光，或者穿着牛仔服、网球裙、运动衣、休闲服进入办公场所和社交场地，都是环境不和谐的表现

二、旅游服务人员的着装原则

旅游服务人员的服饰属于职业服饰，各工种服务员应按特定的要求和规范着装，穿衣戴帽万万不可各有所好。

(一)旅游服务人员服饰的作用

(1)通过服饰树立旅游企业的形象。

(2)服饰规范是重视客人的体现。

(3)服饰规范满足员工自尊自爱的心理需求。

(二)旅游服务人员着装的基本原则

(1)整洁原则。

(2)个性原则。

(3)和谐原则。

三、饰物的搭配(见表 1-3-2)

饰物，一般是指与服装搭配并能起到装饰作用的物件，一般分为装饰饰物和生活饰物。装饰饰物纯属装饰品，其主要目的是用来修饰自我，因此可提高审美格调、艺术品位；生活饰物虽然是生活必需品，但是有着装饰作用。

旅游服务人员在工作岗位上能否佩戴饰物？可以佩戴哪些饰物？佩戴不同饰物的时候有哪些要求？

表 1-3-2 饰物佩戴表

饰物		佩戴原则
装饰饰物	戒指	一般佩戴在左手指上。戒指也是一种无声的语言，是信号和标志。旅游服务人员除个别特殊部门如餐饮外，皆可佩戴戒指。对男性服务人员来讲，戒指可以说是在其工作岗位上唯一被允许佩戴的饰物；但只能佩戴一枚，且要求式样单一、简约
	项链	旅游服务人员在工作中一般允许佩戴项链，其佩戴方法可以将其藏于衣内，也可以戴在衣外。男性服务人员在其工作岗位上通常不宜佩戴项链，即使是因为信仰而佩戴饰物也必须藏于衣内，绝不允许显露在外
	耳环	旅游企业提倡女性服务人员佩戴耳钉
	胸花、胸针	旅游服务人员在工作中，可以佩戴身份牌或本单位的证章取代胸前装饰物。对于胸前饰物佩戴的款式、佩戴的位置、佩戴的方法、佩戴的时间均要有明确的规定和统一的要求，给客人一种正式、规范的感觉
	发饰	旅游服务人员在工作期间，选择发饰时，要强调其实用性，一致性、而不偏重其装饰性
生活饰物	鞋	所谓正装鞋，男式一般是黑颜色的有鞋带的皮鞋，做工精细，式样传统不易变形。女士一般是黑颜色的半高跟的船型皮鞋，它具有正装鞋的特点，颜色或式样单一，质地上乘
	袜	男士的袜子长度要高及小腿；女士着裙装时，在一定要穿连裤丝袜，不可穿短袜或长筒袜。男士的袜子颜色以单一色调为佳；女士丝袜最好是接近皮肤色的透明丝袜，腿比较粗的可以穿黑色的透明丝袜。袜子必须天天换洗，保持清洁干净

【相关实训】

	给特定的场合准备服装(一)
活动内容	以小组为单位，按照旅游服务过程中的特定场合准备服装；接待政府官员贵宾团；参加英国大使馆的鸡尾酒会；充当粤剧表演的主持人
活动目的	使学生掌握不同场合的着装要求
活动形式	小组展示
活动步骤	划分小组；小组练习；教师指导；相互交流
物品准备	教师可以进行拍摄录像，将学生完成任务的过程记录下来，课堂上可以进行分析

【思考讨论】

1. 如何理解服饰的 TOP 原则？

2. 日常生活应如何注意服饰的搭配原则？

任务二　职业女性着装礼仪

【任务分析】

教师：

1. 准备各种旅游服务岗位女性服务员的相关岗位服装照片。

2. 重点指导职业女性的着装原则。

学生：

为自己的岗位设计女性职业服装。

【相关知识】

“云想衣裳花想容”，女士们得体的穿着，不仅可以显得更加美丽，还可以体现出一个现代文明人良好的修养和独到的品位。在我国，正式的社交场合的礼服是旗袍。旗袍款式流畅巧妙，最能体现东方女性的朴素典雅，柔美婀娜。作为职业女性，首选的是西装与套裙。

一、职业女性着装三原则(见表 1-3-3)

(一)整洁平整原则

服装并非一定要高档华贵，但须保持清洁，并熨烫平整，穿起来就能大方得体，显得精神焕发。整洁并不完全为了自己，更是尊重他人的需要，这是良好仪态的第一要务。

(二)色彩搭配合理原则

不同色彩会给人不同的感受，如深色或冷色调的服装让人产生视觉上的收缩感，显得庄重严肃；而浅色或暖色调的服装会有扩张感，使人显得轻松活泼。因此，可以根据不同需要进行选择和搭配。

(三)饰物搭配合理原则

除了主体衣服之外，鞋袜手套等的搭配也要多加考究。如袜子以透明近似肤色或与服装颜色协调为好，带有大花纹的袜子不能登大雅之堂。正式、庄重的场合不宜穿凉鞋或靴子，黑色皮鞋是适用最广的，可以和任何服装相配。

巧妙地佩戴饰品能够起到画龙点睛的作用，给女士们增添光彩。佩戴首饰最关键的就是要与你的整体服饰搭配统一起来。

二、职业女性的着装

西方的服装设计大师认为：“服装不能造出完人，但是第一印象的80%来自于着装。”可见，穿衣是“形象工程”的大事。

表 1-3-3　职业女性特殊服装着装原则表

服　装	着装原则
西装	衣身合体，能突出女性的体型美；面料要选挺括、舒适、柔软的纯毛或化纤面料；考虑年龄、职业、体型、肤色、气质等特点；注重服饰与服装的和谐，里穿高领毛衣时，可佩戴领花；里穿衬衣时，可选领口带有花边点缀的、或是有飘带领子的有颜色衬衣。此外、皮鞋、皮包的式样与颜色，都应和西服颜色相搭配，再衬以优美大方的发型，就会产生美的艺术效果

续表

服　装		着装原则
套裙		衣扣要到位：在正式场合，套裙上衣的扣子应按规矩系好 内衣不外现：穿西装套裙时，必须内穿一件款式适宜的衬衫，不能过于透明，显现出内衣 不随意搭配：再高档的西装上衣，都不可与牛仔裤、健美裤、裙裤进行"合作" 不乱配鞋袜：不可在穿西装套裙时着布鞋、凉鞋、拖鞋、旅游鞋，也不可以穿色彩艳丽、图案繁多的袜子或是低筒袜、中筒袜。应当穿高跟或半高跟皮鞋，高筒或连裤丝袜
礼服	旗袍	一般采用紧扣的高领、贴身、衣长过膝、两旁开叉、斜式开襟，袖口至手腕上方或肘关节上端或无袖的款式。颜色以单色为佳，长度最好是长至脚面，其开叉不宜太高，搭配高跟鞋或半高跟鞋，或配穿高级面料、制作考究的布鞋
	西式礼服	西式大礼服是一种最正式的礼服，主要适用于举行在晚间的最正式的各种活动，如官方举行的正式宴会，大型正式的交际舞会等。西式小礼服主要适合于参加晚上 6 点以后举办的宴会、音乐会或观看歌剧时穿着

【相关实训】

	给特定的场合准备服装(二)
活动内容	以小组为单位，根据女性着装的礼仪为准备接待政府官员贵宾团的旅游服务员小张准备服装
活动目的	使学生掌握不同场合的女性着装礼仪
活动形式	小组展示
活动步骤	划分小组；小组练习；教师指导；相互交流
物品准备	教师可以进行拍摄录像，将学生完成任务的过程记录下来，课堂上可以进行分析

【思考讨论】

国内一家药品公司的张经理经过多方努力和上级有关部门的牵线，终于使一家著名的国外企业同意与自己合作生产经营。谈判时，为了给对方留下精明强干、时尚新颖的好印象，张经理穿 T 恤、牛仔裤、旅游鞋。当她兴高采烈、精神抖擞地出现在对方面前时，外方的人都瞪着不解的眼睛看着她，虽然嘴上没说什么，但是最终合作没能成功。

问题提出：

1. 在谈判的正式场合，应该如何着装？
2. 如果张经理穿了中国传统的旗袍，对方公司会认可她的着装吗？为什么？

任务三　职业男性着装礼仪

【任务分析】

教师：

1. 准备各种旅游服务岗位男性服务员的相关岗位服装照片。

2. 重点指导职业男性的着装原则。

学生：

1. 准备领带，掌握打领带的方法。

2. 掌握西装着装礼仪。

【相关知识】

一、职业男性的西装着装礼仪

西装已发展成为当今国际最标准通用的礼服，能在各种礼仪场合穿着。其穿着有相当统一严格的模式和要求。只有穿着要求相符的人才被称为是合乎礼仪的。具体的礼仪规范见表 1-3-4。

表 1-3-4　男士着装礼仪表

		着装礼仪
套件	非正式场合	可穿单件上装配以各种西裤或牛仔裤等休闲裤
	半正式场合	应着套装，可视场合气氛在服装色彩图案上稍微大胆些
	正式场合	必须穿颜色素雅的套装，以深色、单色为宜
衬衣		应挺括、整洁，衬衫下摆要塞进西裤，不系领带，可不扣领口，袖长以露出西装衣袖 1～2 厘米为标准，衬衫领子要高出西装领子约 1 厘米
领带		领带系好后，领带上面宽的一片要略长于下面窄的一片；领带尖须刚抵腰带上端；若内穿背心，领带下端必须放入背心内；领带结的系法有讲究，常见的标准系法——活领结系法，适合纽扣靠下的衣领或标准衣领；大领结系法，适合于欧式方领和较大翻领的衬衣
纽扣	非正式场合	一般可不扣纽扣，以显示潇洒飘逸的风度
	正式场合	单粒扣、双粒扣的第一、三粒扣的中间一粒都扣上，其余的都是样扣，不必扣上。双排纽扣一般不要敞开穿
袜子		深色袜子可以配深色的西装，也可以配浅色的西装。浅色的袜子能配浅色西装，但不宜配深色西装。忌用白色袜子配西装
鞋子		黑色皮鞋是万能鞋，它能配任何一种深颜色的西装。浅色的鞋也只可配浅色西装。而漆皮鞋只宜配礼服
腰带		深色西装可配深色腰带，浅色西装则可深可浅的腰带都配得上。此外，腰带的颜色应与皮鞋协调

西装的款式分为英国、美国和欧洲三大流派，但是三种款式之间区别不大，只是在后开叉的部位扣是单排还是双排、领子的宽度方面有所不同。西装的面料必须高档一些。倘若作正式礼服用，可采用黑色、深蓝、深灰等颜色的全毛面料，平常穿的西装颜色可以有所变化，面料也不必太讲究。

二、职业男性的礼服着装原则

在许多国家出席隆重的社交活动时，有穿着礼服的习惯，再为此类交往活动所发的正式请柬上，往往会作出特别的规定，要求穿着礼服，见表 1-3-5。

（一）中式礼服

即中山装。一般应由上下身同色的深色毛料精致而成。穿着时，应将前门襟、风纪扣、袋盖扣全部扣好；口袋内不宜放置杂物，以保持平整挺括；配黑色皮鞋。中山装可以用于各种礼仪活动。

（二）西式礼服

分日间礼服和晚礼服，一般日落后是穿着晚礼服的时间，忽视了时间而乱穿着各式礼服是失礼的。

表 1-3-5 男士礼服着装原则

礼服的类型	着装要求
晨礼服	通常上装为灰色或黑色，后摆为圆弧形；下装为深灰色黑条裤；戴黑礼帽；系灰领带；穿黑色皮鞋。白天参加各种典礼、婚礼以及星期日上教堂做礼拜时穿着
大礼服	也称燕尾服，是西式晚礼服的一种。通常系白色领结；配黑色皮鞋，黑丝袜；戴白手套。燕尾服是夜间最为正式的礼服，用于隆重庄严的场合。如婚礼晚宴、观看歌舞剧、授勋仪式、受奖仪式等
小礼服	也称无尾礼服，便礼服。由于无尾礼服的领带是黑色的领结，因此有黑领结之说。无尾礼服适用于一般性的晚宴、音乐会、酒会等

【相关实训】

	给特定的场合准备服装（三）
活动内容	以小组为单位，根据男性着装的礼仪原则，为准备参加英国大使馆晚宴的旅游服务员小张准备服装
活动目的	使学生掌握不同场合的男性着装礼仪
活动形式	小组展示
活动步骤	划分小组；小组练习；教师指导；相互交流
物品准备	教师可以进行拍摄录像，将学生完成任务的过程记录下来，课堂上可以进行分析

【思考讨论】

郑先生是一位经常东奔西走的业务人员，遵照公司规定，他必须天天穿着蓝色的西装上班，同时配上白衬衫及深蓝色领带。郑先生自认为这身服装让他显得英姿焕发，但是他的上司却经常以手指着他的领结处说："不及格呀！"经过同事的点醒，郑先生才晓得原来上司是怪他没扣上衬衫的第一颗纽扣，但他很不以为然："反正我已打了领带，衬衫的领子固定得很好，何必扣扣子，令自己不舒服呢？"

问题提出：

1. 郑先生的想法错在哪里？

2. 根据西装着装礼仪要求，请回答衬衣的顶扣有什么要求？

【项目相关链接】

女生求职面试服装攻略

快到大学生就业的冲刺阶段了。还在求职战场浮沉拼搏的女大学生，你们有把握打一场胜仗吗？在这个竞争的时代，也许一点大意或一点马虎都令你跟好职业无缘。怎样在差之毫厘中，把握好机会突出自己？你也许需要一件“求职战衣”，来为你的面试锦上添花吧。

从心理学上讲，在未与人沟通前留给人的第一印象是最初的20秒，而最初的20秒印象就是由你的外在形象决定的。不要紧张，有了“战衣方案”，就为面试的成功打下了坚实的基础。

面试，主要就是凭对应聘者的印象及感觉，看他能否跟公司其他职员工作融入到一起。这种性质的面试80％～90％是凭第一印象决定的。第一印象中，外表占80％，声音占13％，人格魅力仅有7％的影响力。所以说，外形在要求水准以下的话，那么应聘者即使有再好的人格魅力或者能力，连接受提问的机会也被剥夺，更不要谈什么临场发挥了。为了防止这种结果的出现，平时不注重外表或疏于装扮的人们，一定要对自身形象有所改观，否则就很难迈出第一步。

刚走出校门的学生，缺少社会经验，单纯而感性，但具备初生牛犊不怕虎的勇气。在着装上色调可以较轻松，款式搭配较自由。

1. 优雅的紫色，制造成熟印象。下摆的紫色与夹克的紫色相互呼应，整体的协调感制造了一种成熟印象。而裙摆处的一抹紫色，掩盖不了刚走出校门的学生的热情与朝气，以及一丝丝的稚气。

2. 端庄而时尚的斜条格裙。向婉约雅致的风格挑战一下吧，用时下流行的粉蓝色系带T恤与黄绿色调条格裙相配，再带上卡其色调的包包，如此有品位的打扮也是个人素质的体现！

3. 浅紫色能带给人自信和勇气。让你能与面试官谈笑风生。而领部的巧妙搭配也是别具特色的。

4. 清纯的粉色，坦白而直率的表达。不只是可爱，也不只是清纯，不掩饰自己的不经世事，也不故作老成，拥有热情和朝气。相信任何一位面试官都会知道，如此为面试而精心设计的女生将是一可塑之才。

5. 开衫七分袖上有条纹缀边。整体上的有主次让它们不仅不显烦琐，而且突出了它们的美丽，让你炫足一百分。

（资料来源：http：//www.chinahrlab.com/job/alumni/female/20081007/225880.html）

【项目测评】

姓名： 小组名称： 项目组长： 日期：

<table>
<tr><th>测评内容</th><th colspan="2">测评标准</th><th>标准分值</th><th>测评结果(√通过、×未通过)</th></tr>
<tr><td rowspan="3">职业女性着装礼仪</td><td colspan="2">展示规范的套裙着装</td><td>20 分</td><td></td></tr>
<tr><td colspan="2">展示规范的旗袍着装</td><td>15 分</td><td></td></tr>
<tr><td colspan="2">展示规范的西式礼服着装</td><td>15 分</td><td></td></tr>
<tr><td rowspan="4">职业男性着装礼仪</td><td colspan="2">展示规范的西装着装</td><td>20 分</td><td></td></tr>
<tr><td rowspan="3">领带的 3 种系法</td><td>方形</td><td>10 分</td><td></td></tr>
<tr><td>小三角形</td><td>10 分</td><td></td></tr>
<tr><td>大三角形</td><td>10 分</td><td></td></tr>
<tr><td>自我评价：</td><td colspan="2">小组评价：</td><td colspan="1">教师评价：</td><td>总评：</td></tr>
</table>

模块小结

本模块主要是从技能的角度，阐述在具体的旅游服务接待过程中旅游服务人员通过对自身进行仪容修饰，以优雅的仪态，端庄的仪表来接待宾客，为旅游企业和自己给宾客塑造良好的第一印象，为给宾客提供优质的服务创造一个良好的开始。

综合实训操练

第 16 届亚运会在广州隆重举办，为了出色地完成该项任务，为广州塑造良好的城市形象，作为运动员村的接待服务员的礼仪接待培训是至关重要的。经过半年的培训，他们已可以出色地接待来自五湖四海的运动员。

训练内容：

1. 接待服务员要进行哪几方面的礼仪培训？
2. 仪容培训中，应重点进行哪方面的培训，为什么？
3. 仪态培训中，应如何综合培训各种姿态？
4. 对于接待服务员的仪表，你有什么建议？
5. 请以小组为单位，制订一份接待服务员的仪态训练计划，该计划必须具有可行性，对小组成员的仪态礼仪有提高作用。

模块二
旅游言谈礼仪

礼仪名言引入

与人善言，暖于布帛；伤人之言，深于矛戟。

——荀况

学习目标

1. 熟悉言谈的基本要求并能够运用礼貌服务用语。
2. 掌握言谈的技巧及电话礼仪的运用规范。
3. 学会处理客人投诉的技巧。

模块内容结构

本模块讲的是旅游言谈礼仪，主要从四个方面来论述，本模块的内容结构如下。

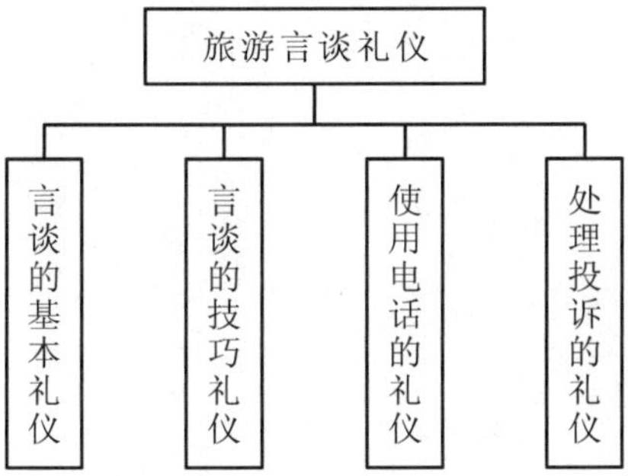

美国前哈佛大学校长伊立特曾说："在造就一个有修养的人的教育中，有一种训练必不可少，那就是优美、高雅的谈吐。"交谈是人们传递信息和感情，增长知识和才能最重要的工具，也是建立良好人际关系最重要的方式。在旅游服务过程中，因为不注意交谈的礼仪规范，或不注意交谈技巧等而导致客人不满或影响企业形象的事，时有发生。因此，旅游服务人员必须掌握一定的交谈礼仪规范和技巧，才能达到与客人交流信息、沟通思想的目的。

项目一 言谈的基本礼仪

【项目目标】

1. 能把言谈的基本要求运用到日常的交谈中。
2. 学会在旅游服务工作中使用礼貌用语。

【引例】

一天，一位中国姑娘和一位美国小伙来到了北京某饭店下榻。前厅部行李员协助办理入住手续。由于确认客人身份，核对证件耽误了一点时间，客人显得有点不耐烦。于是行李员便用中文向这位中国姑娘解释。言语中他随口以“老外”称呼客人，而且也不使用礼貌用语和普通话为客人服务，而恰好这位姑娘就是这位“老外”的未婚妻，结果引起客人极大的不满。事后，行李员虽然向客人道过歉，但客人还是不予谅解，最终给酒店声誉带来了非常消极的影响。

问题提出：

1. 请指出本案例中的行李员对客服务的不妥之处。
2. 作为旅游从业人员来说，与客人交谈时我们应注意哪些言谈的基本礼仪？

任务一 言谈的基本要求

【任务分析】

教师：

1. 准备好上课相关资料，授课时注重自己言谈礼仪，为学生树立好榜样。
2. 要求学生上课时，一定要讲普通话，平时注重言谈的基本要求。

学生：

1. 首先学生应结合自己的言谈习惯与言谈的基本要求进行对比，找出差异。
2. 对于自己不良的言谈习惯应注意进行纠正，对于正确的做法应做好笔记。

【相关知识】

一、语言清楚明确

(一)说好普通话

普通话是我国各民族通用的语言。各级政府，国家有关部门高度重视推广普通话工作，很多人也自觉认识到作为中国人应当说好普通话。说好普通话不仅是个人文化素质和文明素质的综合反映，也是扩大交往，寻求自我发展的重要条件。作为旅游服务从业人员来说，讲普通话更为重要，只有讲普通话我们才能更好地与客人沟通，更好地为客人服务。

(二)注意方言的影响

一般人在讲普通话时都可能会带有一点儿家乡口音，有时会使听者不易明白。例如，四川的方言把“兄弟”说成“龟儿子”，这会令很多人不知所云。作为旅游从业人员，在工作中每天都与外地人打交道，每天都要说普通话，平时应该注意自己的方言，用普通话正确地表达出方言的意思。

（三）调节音量

注意声音适中，避免过高或过低。声音太高，太刺耳，会使听者不舒服；声音太低，听不清楚，听者会很吃力。

（四）掌握语调

说话要讲究高低快慢，即抑扬顿挫。任何语言都少不了要用抑扬顿挫、起伏多变的声调和语调来表现和传递自己的情感。语言大师老舍先生说："我写文章，不仅要考虑每一个字的意义，还要考虑每一个字的声音。好文章让人家愿意念，也愿意听。"旅游从业人员的语调要注意讲究节奏感，说话不能像打机关枪似的，应使人感到有行云流水之感、舒适欢欣之情。

（五）控制语速

美国著名演说家费登在所著的《讲演的艺术经验》一书中写道："关于演讲的速度，所应遵循的原则，就是随时注意变化。"旅游从业人员与客人的沟通也应该如此，尤其是导游讲解人员在为游客进行讲解的时候，一定要注意语速的快与慢的结合，讲得太快，像连珠炮似的，听者必须竖起耳朵集中精力，时间长了，精神高度紧张，特别容易疲劳，注意力自然就会涣散。相反，如果语速太慢，不能给人以流利顺畅的美感。

（六）正确运用语法

一些地方方言的语法和普通话的语法会有些不同。比如，广东、江西等地方的"先"字通常放在句末，而普通话的"先"字则放在句子前面。普通话说"先给我一杯水"，而广东人的方言说"给我一杯水先"，这会令很多外地的朋友不知所云。作为旅游从业人员无论你的家乡是哪里，一定要注意方言使用的地域范围和对象，避免"中国式英语"的出现。

（七）克服不良的口语习惯

作为一名旅游接待人员，必须具有较强的口语表达能力，这就要求我们要克服日常生活中的一些不良口语习惯。就拿口头禅来说，如"这个这个"、"那么"、"哼"、"然后"等，其实这些词其实并不表达什么意思，只是用来延长大脑思考的时间。因此要想克服这个不良习惯，我们在与对方进行交谈的时候应放慢语速，主要是尽可能给自己留出时间来思考，这样就会使自己的谈话变得很连贯、流畅。

二、内容简洁明了

（一）言简意赅

旅游接待人员与客人谈话必须语言精练，中心突出，言简意赅。用较少的话表达尽可能多的内容，切忌说话啰啰唆唆，拐弯抹角。例如，不小心碰了客人一下，应礼貌地说："对不起"或"非常抱歉"，不要作过多的解释，否则会引起客人的反感和不快。例如，有的导游讲解时，颠来倒去地解释、说明，虽然动机是好的，但啰唆的语言往往会把听者的耐心耗尽，从而影响带团的质量。

（二）浅白易懂

旅游从业人员在与客人进行沟通的时候，主要靠口语来传达，而口语不像书面文字那样可以反复阅读，所以与客人交谈时应采用浅白易懂的口语化语言。例如，导游人员在为客人提供讲解服务的时候，如果机械地背诵导游词，用一些修饰语、倒装句、专用术语等正式的书面词语，游客不仅听不进去，而且也无法理解。

此外，旅游从业人员在与不同的交谈对象进行交流的时候，要注意自己的说话方式。

例如，对儿童说话，句子要短一些，叠词要多些，对文化层次不高的客人用词造句要通俗易懂，不要书生味十足。如果对外国朋友，更要考虑他们的交谈习惯，说话时尽可能采用有利于他们理解和适合他们口味的语言。

【相关实训】

	言谈基本要求实训活动
活动内容	8个同学一组，选出一个普通话标准的作为评委，为其他组成员普通话水平打分；每组表演一段与不同客人进行流畅沟通的场景，组与组之间进行比赛
活动目的	让学生掌握言谈的基本要求
活动形式	学生现场参与
活动步骤	划分小组；小组讨论；进行展示；答案交流
物品准备	根据需要准备相机等

【思考讨论】

一位导游人员在给游客进行讲解时讲道："阆中巴巴寺也叫久照寺，是伊斯兰教嘎德勒叶教门中第一位来我国传教的前清大老师祖穆罕默德教徒阿卜董喇希德墓地。"

问题提出：

1. 请问该导游在对客人进行讲解时所采用的语言是否有不妥之处。
2. 如果是你，你如何向游客进行讲解？

任务二　礼貌用语的使用

【任务分析】

教师：

1. 准备好上课相关资料，授课时注重自己礼貌用语的使用，为学生树立好榜样。
2. 要求学生上课时，互相使用礼貌用语。

学生：

1. 学生应明确日常的礼貌用语有哪些。
2. 学会在不同的情况下如何灵活运用礼貌用语。

【相关知识】

一、问候语

"您好"、"早上好"、"很高兴认识您"、"请多关照"、"请多指教"等，这都是我们通常所说的问候，问候是人际交往中的重要环节。问候时表情应自然，面带微笑，此外还应注意以下两点：

（一）注意问候的顺序

一般情况下，问候应遵循位低者先行的顺序。即身份较低的一方或年轻者应先向身份高的或长者问候，如果问候的不止一个人应遵循统一问候或由近及远问候的原则。

（二）问候的方式

问候他人时应根据问候对象的国别、民族、传统习惯等因素采用恰当的问候方式，例如，对西方国家的客人，就不能用"吃了吗"、"去哪儿啊"之类的问候语。一般来说，旅游从业人员经常采用的问候语主要有以下三种方式：

(1)标准式问候。即在任何时候对任何人都可采用的问候语，具有广泛性。如：“您好”、“大家好”等，这是旅游服务人员运用最多的标准式问候语。

(2)针对式问候。这种问候方式一般只是适用于一些特殊人群，具有明显的针对性。如：“韩先生，早上好”、“陈部长，您好”等，这是旅游服务人员必须学会的问候方式。

(3)时效式问候。这种问候方式是在特定的时间段所使用的问候语，具有较强的时间性。如：“早上好”、“下午好”、“中秋快乐”、“元旦快乐”等，这种问候语要求旅游服务人员学会灵活的运用。

二、请托语

请托语主要是运用于请求交谈对象帮助或向交谈对象提出要求时所使用的一种礼貌语。我国常用的是“请”、“劳驾”、“拜托”、“麻烦”等。一般来说，向人提出要求，“请”字当头是一种礼貌，但是有时要注意其方式，常见的请托语的方式有以下两种。

(一)标准式请托语

这种请托方式一般是“请”字当头。如：“请稍等”、“请您出示证件”等。旅游从业人员在采用这种方式向客人提出要求的时候应注意其语气，因为“请”字除了是礼貌词之外还有命令的含义。

(二)求助式请托语

这种请托方式特别适用于向交谈对象提出要求或需要交谈对象帮助时使用，常用的词语有“劳驾”、“麻烦”、“拜托”等。如：“劳驾您帮我拿一下行李，好吗”、“麻烦您在这签个字”等。

三、征询语

在对客服务过程中，往往需要用一些礼貌的语言来征询客人的意见，以便更好地为客人服务。但在向客人征询的时候，应该根据具体的情况采用恰当的征询方式，一般来说，常见的征询方式主要有以下两种。

(一)开放式征询

这种征询方式主要是在向客人征求意见或建议时，给出客人两种以上或无限的选择。如：“您好，请问您喝点什么”、“先生，您需要点什么”。

(二)封闭式征询

这种征询方式是在征询客人意见或建议的时候给出客人有限的选择。如：“您好，我们这有咖啡、茶、可乐，请问您需要什么”、“您好，这件衣服有红色、白色、黑色，请问您要哪一件”。

四、致谢语

很多人都会在得到他人帮助时说“谢谢”，其实当得到客人谅解、受到客人赞美、感到客人善意、得到客人支持、婉言谢绝他人的时候，都应该致谢。致谢语主要有以下两种方式。

(一)标准式致谢

这是最简单、最基本的致谢语，通常只有“谢谢”两字。在使用的时候，可在前面加上尊称或人称代词，使对象性更为明确。

（二）加强式致谢

在标准式致谢语前面加上一些加强感情色彩的副词，以表达说话者发自内心的真挚情感。如："那件事能有您的帮忙，真的是万分的感谢!"、"十分感谢!"、"真的太谢谢了!"。

五、赞赏语

使用赞赏语时，一定要注意少而精，恰到好处，真诚自然地赞赏客人，否则很容易弄巧成拙，引起客人的反感。赞赏语的种类主要有以下两种。

（一）认可式赞赏

这种赞赏语主要适用于在对客人的某些正确见解做出认可。如："您真有眼光"、"一看您就是行家"等。

（二）评价式赞赏

这种方式主要适用于从业人员对客人的选择或所作所为给予赞赏式评价。如："这件衣服和您的气质太般配了"、"真不错"、"太好了"等。

六、应答语

应答语主要是用于回应客人的召唤或回答客人问题时所采用的一种礼貌语。常见的方式有以下三种。

（一）肯定式应答

这种方式主要是在回答客人问题时，给予肯定式的回答。如："好的，您稍等"、"您放心，我马上为您解决"、"好，很高兴为您服务"等。

（二）谦恭式应答

这种方式主要用来应答客人的感谢、赞扬时采用的谦恭式的应答。如："您过奖了"、"您不必客气，这是我应该做的"等。

（三）谅解式应答

当客人的要求或问题我们无法满足时，应采用歉意的应答语。如："对不起，您的心情我完全可以理解"、"真是不好意思，房间全部满了"等。

七、道歉语

在日常交往中，我们往往因为某种原因而打扰别人、影响别人，或是会给别人造成某种损失或伤害，此时我们应及时表示道歉。常用的道歉语有"对不起"、"真抱歉"、"不好意思"、"打扰了"等。

八、告别语

"再见"是在人际交往中使用最频繁、最简单的告别语。在交谈结束，与人作别之际，道上一句"再见"，可以表达惜别之意与恭敬之情。此外，常见的告别语有"请慢走"、"您走好"、"欢迎您下次光临"等。

【相关实训】

	礼貌用语礼仪实训活动
活动内容	结合本项目所讲的内容，7～8个同学一组，编写一部包含问候语、征询语、致谢语、道歉语、请托语等内容的剧本。以小组比赛的形式表演并进行比赛
活动目的	让学生掌握礼貌用语的使用

续表

	礼貌用语礼仪实训活动
活动形式	学生现场参与
活动步骤	划分小组；小组讨论；进行展示；答案交流
物品准备	学生可根据自己剧本编排内容，适当准备道具和服饰等物品

【思考讨论】

一位美国客人住进了北京一家五星级饭店。中午，他约了几位好朋友来到这家酒店的中餐厅用餐。接待他们的是一位刚上岗不久的服务员。这位服务员一边服务一边心里暗暗着急，怎么也想不起这位美国客人的名字了。因为该饭店要求每一位员工提供“姓名辨认”服务。他仔细观察，忽然看到了客人放在桌边的房卡，灵机一动，就想好了办法。当他回到迎宾位的时候抽空询问了总台，等到客人离开的时候，就亲切地称呼这位美国客人的名字了。客人一听，十分惊喜，客人得知了服务员的用心，非常高兴，从此这位客人成了这家酒店的常住客。

问题提出：

1. 请问案例中的酒店提供“姓名辨认”服务的好处在哪里？

2. 分组讨论，在使用礼貌用语的时候如何恰当地使用“姓名辨认服务”。

【项目相关链接】

副语言

副语言是一种有声而无固定语义的语言。一般包括两部分：一是声音要素，主要涉及音强、音长、音高、音色；二是功能性发声，主要是掌声、笑声、叹息等。在对客服务过程中，常使用的语音有：说话的重音、语调、笑声、掌声等。这些都不分音节，但能发出声音，有时胜似说话。

一、重音

重音主要是说话时音强的变化，说话者为了加深交谈对象所接收的主要信息的印象、感受或对语义的理解，将主要信息的关键部分加大音量，以示说话的主要语义。

例：①明天和小李来好吗？②明天和小李来好吗？③明天和小李来好吗？

第①句的重音在“明天”，语义为“不是今天、后天，而是明天”；第②句的重音在“小李”，语义为“不是小张、小王，而是小李”；第③句的重音在“好吗”，语义为征询交谈对象的意见。

二、语调

语调是指说话时语气的抑扬顿挫，语调的升降变化，可以表示不同的含义。

例：①能通过？②能通过。

第①句最后一个“过”字语调上升表示疑问；第②句的语调平缓则表示肯定。

例：①啊？②啊！③啊。

三个“啊”字语调不同表示的含义也不同。第一个表示疑问，第二个表示轻叹，第三个表示肯定。可见，没有语调变化的语言，就好比行文不用标点符号，单调乏味。

三、笑声

笑声是通过出声的笑所表示的语言。同样是笑声可能表达的是愉悦、开心、讽刺等信息。它是旅游从业人员不可缺少的辅助语言，特别是遇见比较尴尬或难以解决的场面，笑声能缓和僵局、化解矛盾，改善交谈氛围。

四、掌声

掌声是通过拍手发出声响所表示的语言。在对客服务过程中，用掌声表示“欢迎、欢送、高兴、祝贺、称赞”等语义是比较普遍的。

【项目测评】

姓名：　　　　　　小组名称：　　　　　　项目组长：　　　　　　日期：

测评内容	测评标准	标准分值	测评结果(✓通过、×未通过)
普通话	发音、吐字是否标准	10分	
礼貌用语	日常运用礼貌用语的习惯	10分	
言谈基本要求	语言基本表达能力	15分	
语言表达	语言灵活运用能力	15分	
岗位服务语言	知识掌握评价	15分	
对客礼貌语言	技能掌握评价	15分	
对客语言礼仪技巧	礼仪与服务技巧评价	20分	
自我评价：	小组评价：	教师评价：	总评：

项目二　言谈的技巧礼仪

【项目目标】

1. 了解学习言谈技巧的重要性。
2. 掌握一般的言谈技巧。

【引例】

按照中国古代宴请宾客的习惯，门口通常会站着一位口齿十分伶俐的接待者。第一位客人来了，他问：“先生怎么来的?”客人答道：“骑马来的。”接待者恭维道：“威武得很!”第二位客人来了，说：“坐轿子来的。”接待者一脸尊敬的模样道：“堂皇得很!”第三位客人来了，说：“乘船来的。”接待者马上换了一副风雅的面孔：“潇洒得很!”轮到一位听了前几个精彩寒暄的客人，他想为难为难接待者，大声说道：“我爬来的。”只见接待者不假思索地答道：“稳当得很!”最后一个客人说：“我是滚来的。”接待者毫不犹豫答道：“周到得很!”

问题提出：

1. 如果你是本案中的接待者，你会怎么来回答呢?
2. 本案给你的启示是什么?

任务一 掌握交谈对象的心理

【任务分析】

教师：

1. 准备好上课相关资料，授课时注重捕捉学生的心理，并与学生进行沟通交流。
2. 要求学生日常生活中学会捕捉交谈对象的心理。

学生：

1. 学生首先应该明确与他人交谈的时候抓住交谈对象心理的重要作用。
2. 课后模拟一些场景，学会如何掌握交谈对象的心理。

【相关知识】

俗话说言为心声，与他人交谈的时候，如果能够了解交谈对象的心态，知道他们想听哪些内容，然后有的放矢地讲述交谈对象感兴趣的内容，才能使自己的语言富有吸引力。

一、预测客人心理

古语说："凡事预则立。"与他人交谈要想获得艺术的效果，就必须通过对交谈对象的姓名、性别、年龄、身份、职业、文化程度等进行心理预测，从而在交谈时具有针对性。一般来说，预测客人的心理可以通过以下几个方面来进行。

（一）年龄

如果和年轻人交谈，语言行为应该活跃一点；如果和老年人交谈，语言行为应稳重一些，忌讳轻浮和卖弄。

（二）性别

同女性交谈，应选择女性比较感兴趣的话题。如饮食、服饰、美容等；同男性交谈，应该注意要让男性的绅士风度、宽容气概充分展示出来。

（三）知识水平

交谈对象的知识水平有高也有低，当我们与不同知识水平的客人进行交谈的时候，应尽可能迎合交谈对象的知识结构，游刃有余。

（四）职业

与他人交谈的时候，应考虑到交谈对象的职业特点，如与从事教育工作的人进行交谈的时候应注意言辞使用的准确性。

二、善于察言观色

在与他人交谈的过程中，我们应该充分利用自己敏锐的观察力去充分了解交谈对象的心理，即俗语说的"看人下菜碟"，因人而异。

（一）观察穿着打扮

一个人的穿着打扮通常可以反映出一个人的文化水平、职业、身份、性格、生活习惯等问题。因此我们可以简单根据一个人的穿着打扮来选择适合交谈对象交谈的方式和内容。例如，一般公务员、商务人士、企业白领通常对穿着比较重视，男士一般都是西装革履，女士则是套裙或套装，在与这类人交谈的时候应该注意言辞的礼貌性，谈话内容的层次性。

（二）观察言语特点

交谈是双方的一个互动过程，在与交谈对象进行讲话的时候，我们应细心观察，把握交谈对象的心理。例如“三句话不离本行”的人，通常表明他对自己所从事的工作特别认真和感兴趣；谈话比较注重字、词使用的人，往往是文学爱好者。

(三)观察面部表情

面部表情可以反映出一个人目前所处的一种状态，喜、怒、哀、乐都可以通过面部表情反映出来。与他人交谈的时候要时刻注意交谈对象的面部表情，从而掌握交谈的具体状态。例如，交谈对象长时间在关注着你所谈的问题，说明他对你所谈的内容很感兴趣；如果交谈对象沉默不语或东张西望，则说明你所谈的内容没有吸引力，这时应适时地转移话题。

(四)观察体态行为

体态行为是一种无声语言，在与人沟通的过程中也起到了不可忽视的作用。例如，西方国家的人在与人交谈的时候喜欢用较多的手势来表达自己的感情，因此与西方人交谈的时候我们应尽可能迎合其这一特点，从而使交谈氛围更为融洽。

【相关实训】

	抓住交谈对象心理实训活动
活动内容	结合本项目所讲的内容，6～8个同学一组，分组模拟与不同性别、年龄、职业等人交谈的场景，从中捕捉交谈对象的不同心理特征，并总结出自己的心得体会
活动目的	让学生掌握抓住交谈对象心理的技巧
活动形式	学生现场参与
活动步骤	划分小组；小组讨论；进行展示；心得交流
物品准备	根据需要准备相关道具

【思考讨论】

1. 你在与他人交谈的过程中曾经想过抓住交谈对象的心理吗?
2. 你觉得在与他人交谈的过程中能够抓住交谈对象心理的方法还有哪些?

任务二　选择共同的话题

【任务分析】

教师：

1. 课前可与学生进行简单的沟通，为讲好本节课的内容做好铺垫。
2. 鼓励学生与不同的人进行沟通交流，尤其是陌生人。

学生：

1. 学生首先应该明确与不同的人进行交谈时，话题选择的重要性。
2. 学生应该善于总结交谈比较顺畅时所选的话题，并进行分析。

【相关知识】

要使自己所说的话有声有色，而且能够愉快地与人交谈，必须考虑到交谈对象究竟想听些什么，交谈对象擅长什么，讲些什么话才对。事实上能够从丰富的话题中选出适当话题的人，才是真正能说会道的高手，才能使交谈的气氛欢悦起来。

一、宜选的话题

(一)生活琐事

这是任何人都可聊的话题。

(二)工作

关于自己的工作，大部分人都有兴趣谈，对初交谈者尽可能谈些他所从事的工作方面的内容。但是对于他工作以外的事，尽可能少谈。

(三)旅行

旅游已经成为大众的一种行为现象。对于新鲜的事，对于未来的憧憬，对大自然的爱，是每个人都有的相同的欲望与共同的话题。

(四)知己、同伴和朋友

以彼此之间共同的朋友为媒介作交谈，会使话题很快进入高潮，但是，切忌恶语批评他人，这是不道德的，应该尽力避免。

(五)家庭

这是人们常谈的话题之一，“拉家常”有一种“关心感”，是人们乐于接受的。如对女人谈小孩的问题，她会立刻感到有兴趣。

(六)新闻

谁都想知道新闻，知道了新消息就想告诉别人。在交谈中运用“新闻”做引子打开话匣，是比较灵验的一种方式。

(七)兴趣、爱好

共同的兴趣、爱好是进行交谈的“牵引力”，也是交谈的“切入口”。如果交谈对象喜欢吃的，你就同他谈名菜、小吃；如果交谈对象是文学爱好者，你就同他谈历史、名人、写作等。总之，交谈的双方只要牢牢抓住兴趣与爱好这把“钥匙”，就能很容易打开交谈对象心灵的大门。

可以说，正确地利用好共同的话题，会缩短与陌生人初次见面的距离，从而由陌生变为相熟、相知，为你拥有一个良好的人际关系打下坚实的基础。

二、忌选的话题

(一)个人隐私话题

隐私是每个人都不愿意被人提及的，在与交谈对象交谈中，有关交谈对象的年龄、婚否、收入、宗教信仰、个人经历、健康等这一类涉及个人隐私的话题，切勿加以谈论。

(二)格调不高雅的话题

很多人在与他人交谈时为了活跃气氛经常会讲一些黄色笑话、男女关系等带有“色素”的话题，这类话题往往会引起大部分人的反感，从而损害自己的形象，不利于交谈的继续进行。

(三)交谈对象不感兴趣的话题

交谈最重要的就是双方要有共同的话题，如果你选择的是交谈对象不感兴趣或不擅长的话题，则很难吸引交谈对象的注意力，交谈就会成为一人在唱独角戏，交谈的氛围会变得比较尴尬。

(四)捉弄交谈对象的话题

在交谈过程中，切忌不可挖苦交谈对象、调侃交谈对象、诚心让交谈对象出丑或下不了台。俗话说“良言一句三冬暖，恶语伤人六月寒”。捉弄交谈对象，必将损害双方的关系。

（五）非议他人的话题

有人喜欢在背后议论他人，在交谈中传播闲言碎语，制造是非。其实，人们都很清楚“来说是非者，必是是非人”。非议他人，只会引起他人对你的不满和对你人格的怀疑。

（六）令人反感的话题

有时在交谈的时候因为不慎，会涉及一些令交谈对象感到不高兴甚至反感的话题，如交谈对象的生理缺陷、疾病、死亡、灾祸等，此时应立即转移话题，必要的时候应及时并礼貌地向交谈对象道歉。

【相关实训】

	话题选择实训活动
活动内容	结合本项目所讲的内容，课后寻找一位或几位陌生人，试着与交谈对象沟通交流，注意体会交谈时话题选择的技巧。上课时把自己的体会与同学、老师交流
活动目的	让学生掌握话题选择的技巧
活动形式	学生课后完成
活动步骤	寻找陌生人；与之交流；总结心得体会
物品准备	根据需要准备物品

【思考讨论】

你认为与熟悉的人和陌生人在进行交谈的时候，最大的区别在哪里？

任务三　运用幽默的语言

【任务分析】

教师：

1. 课前先给同学们讲个小笑话或幽默性的小故事，为本节课的内容做好铺垫。
2. 通过讲述，让学生知道富有幽默感的人是很受大家喜欢的。
3. 鼓励学生充分发挥自己的幽默细胞，展示自己的幽默感。

学生：

1. 学生首先应衡量自己是否会幽默。
2. 掌握学会幽默简单的方法。

【相关知识】

美国大众心理学家特鲁·赫伯说：“幽默是一种最有感染力、最有趣、最具有普遍意义的传递艺术。”凡是富有幽默感的人，所到之处，都是一片欢乐和融洽的气氛。幽默性的语言可以化腐朽为神奇，化平淡为有趣，化干戈为玉帛，化沉闷为欢乐，所起作用是不言而喻的。作为旅游服务人员，如果能够灵活地运用幽默性语言，不仅可以融洽与客人的关系而且在双方出现小摩擦的时候还可以帮助我们摆脱尴尬，因此旅游从业人员必须学会运用幽默语言。

一、运用幽默语言应具备的基本素质

(一)性格开朗，积极乐观

要使自己成为有幽默感的人，就必须具有开朗的性格和乐观的精神，即使遇上不尽如人意的事也可泰然处之。就拿导游的工作来说，由于天气不好、航班延误、酒店服务不到位等原因，客人旅途不顺，情绪不好，如果导游员也跟着怨天尤人或闷闷不乐，那么游客的情绪就会跌到谷底。如果导游员性格开朗，面对任何困难都能报以乐观的态度，用幽默的语言来化解客人不满的情绪，再多的困难也能一一解决了。

(二)大脑灵活，思维敏捷

幽默语言具有反应迅速的特点，很多幽默性语言都是在毫无准备的情况下脱口而出的，这就要求旅游服务人员思维敏捷，灵活来处理。

例：导游员小张带领一个旅游团队到乡村去旅游，中午在当地一家村民自开的饭馆吃饭，服务员一连上了几道菜都没报菜名，上最后一道菜时，其中一位客人说："姑娘怎么光上菜不报名啊?"村里的姑娘比较腼腆只顾红着脸笑，这时导游员小张灵机一动，接过姑娘手中的菜说道："嗨！上菜还报什么名啊，俺叫兰花。"

客人哄堂大笑。思维敏捷的小张用一句幽默的语言化解了尴尬的气氛，也把潜在的投诉危机抹杀在了摇篮中。

(三)知识渊博，文化素质高

只有文化知识丰富，对古今中外、天南地北、历史典故、民俗民风及各种各样的事情都有所了解，说起话来才能游刃有余。

例：西安某旅行社地接导游员小李接待了一批来自河北的旅游团，在游览的途中游客们对西安悠久的历史和灿烂的文化赞不绝口，小李感到非常的高兴和自豪，但是小李并没有顺着客人的意思更加夸耀自己的故乡，而是笑着说道："大家真是谦虚，我们西安古迹多是不假，但是要比历史名人，还属咱们河北，燕赵大地，历朝历代出了众多的仁人志士、英雄豪杰。逐鹿中原的黄帝在河北立下了赫赫战功；创立了"望、闻、问、切"四诊法的名医扁鹊是咱们河北人；完璧归赵的蔺相如是河北人；敢于负荆请罪的廉颇是河北人；建立了蜀汉政权的刘备是河北人；将圆周率计算到小数点后 7 位的祖冲之是河北人；中国四大名著之一《红楼梦》的作者曹雪芹是河北人；舍身炸碉堡的董存瑞也是咱河北人。河北是藏龙卧虎之地啊，小李能为在座河北人当导游真是我莫大的荣幸。"

此时大家报以热烈的掌声。小李对河北人的称赞充满谐趣却又不浅薄，处处体现着扎实渊博的知识，称赞客人的同时也得到了客人的认可，可想而知小李的这个团会带得非常顺利。

二、运用幽默语言的技巧

语言幽默是指以语言符号为载体所产生的幽默。它不仅可以通过语言描述事件、情景、观点等本身来产生幽默，而且可以通过语言要素的变异使用来创造幽默。幽默性语言技巧很多，常用方式可归为以下几类：

(一)利用方言

许多人在讲普通话的时候都不可避免地会带一些地方口音，在很多时候也会由于方音的不同而闹出一些笑话。旅游从业人员在日常工作中应注意观察，积累这方面的素材，以备不时之需。

例：去湖南旅游的游客可能都会听到地陪讲这样一个故事：一位湖南的旅游者到外地旅游，在旅游购物时，这位湖南的游客看上了一双制作非常精美的鞋子，于是这位游客问道："您好！这孩子多少钱?"服务员一愣回答道："小姐不好意思，我们这不贩卖人口。"(原来湖南当地人都把"鞋子"说成"孩子")

(二)借题发挥

借题发挥主要是为了活跃气氛，增加情趣，故意借题发挥把正经话说成俏皮话。

例：在带团过程中，导游人员经常需要反复对游客强调集合时间，但是依然有游客迟到，面对此种问题导游人员可以借题发挥利用一个笑话来引起客人对集合时间的注意。如：有一次在汽车站等车，见到一个人拼命追汽车，边跑边喊："师傅，等等我!"这时候只见那辆车的车尾一个的车窗拉开，一个乘客伸出头来喊道："悟空，别追啦!"

(三)自我解嘲

自我解嘲，是指在遇到无可奈何的问题时，以积极乐观的态度进行自我解嘲，从而营造出轻松愉快的氛围。

例：某酒店客房部的经理接到客人的抱怨："昨天夜里我在房间看到了一群老鼠在打架!"客房部经理笑着说道："这么便宜的房钱要想看斗牛肯定是看不到的!"

(四)故意出错

故意出错是指说话者对名词、概念、观点表述书写故意出差错，歪曲它的本来含义，让人觉得滑稽好笑。

例：某导游在向游客致欢迎词时讲道："各位朋友大家早上好，我就是大家此次出行的法人代表×××，一提到法人，什么是法人，法人就是法国人，当然我不是法国人；法人就是犯了法的人，我绝对不是犯法的人；法人就是有法术的人，我更不可能会什么法术……"几句话彼此陌生的环境就会被欢声笑语融化了。

三、幽默禁忌

(一)杜绝"黄色幽默"

正常的幽默应该是格调高雅、言行文明、精神健康的。那些低级趣味的"黄色幽默"是幽默语言中最不可取的，旅游从业人员最好不要讲此类幽默笑话，否则会有损个人形象。

(二)不要预先交底

讲幽默的笑话或内容时，应该要像相声演员那样很坦然，而不是像很多人在讲笑话前的时候就和观众说："我给大家讲个笑话，这个笑话可好笑了，听过之后，你肯定笑的合不上嘴了……"其实如果这样预先交底的话，即使是很好笑的笑话可能也收不到意想的效果。

(三)自己不可先笑

很多人在讲幽默的话语或笑话时，自己一边讲一边笑，尤其是到了幽默高潮时自己笑得都讲不下去了，这样很难引起客人的乐趣。

(四)注意场合

幽默也应注意场合，适当的幽默，可以带来轻松欢乐的气氛。如果在游客心情不好或极度悲伤的情况下，讲一些幽默性的笑话会给人一种幸灾乐祸的感觉。

【相关实训】

	幽默语言运用实训活动
活动内容	结合本项目所讲的内容，找出适合自己的幽默性材料与大家分享，采用全班同学投票评选方式，评班级幽默之星
活动目的	让学生掌握幽默语言运用的技巧
活动形式	学生课后收集资料，课上完成
活动步骤	收集资料；找到适合自己的幽默材料；现场展示；大家评星
物品准备	学生可根据自己所进行展示的内容，准备适当的道具和物品

【思考讨论】

你是一个有幽默感的人吗？结合自身情况如何让自己变成一个富有幽默感的人，并与大家分享。

任务四　学会积极倾听

【任务分析】

教师：

1. 准备好上课相关资料，让学生明确倾听和听的区分。
2. 通过讲述，让学生明白与人沟通时倾听的重要性。

学生：

1. 学生首先应衡量自己在与人交谈的时候是在听还是倾听。
2. 掌握学会积极倾听的方法。

【相关知识】

在日常的交谈中，有人健谈口若悬河；有人木讷，期期艾艾。但是，不管交谈对象如何不健谈，如何木讷，既然是交谈，就应该时时注意给别人说话的机会，千万不能唱“独角戏”。美国著名的科学家、外交家本杰明·富兰克林曾说过：“与人交谈取得成功的重要秘诀就是多听，永远不要不懂装懂。”善于倾听的技巧主要包括以下几个方面。

一、学做最佳听众

我国古语常说：“愚者善说，智者善听”。听人说话之所以备受重视，不仅是因为其有助于对事物的了解及领会说话者的意图，更是因为听交谈对象谈话是与他人心灵沟通最有效的方法。说话的目的就是要表达个人的思想和意念，任何一个人都具有想要表现自己，说出自己想法的强烈欲望，然而并非人人都愿意听别人说话，比如，对交谈对象话题及内容不感兴趣；自己心中也急欲说话；对说话者不怀好感；交谈对象谈话过于冗长，以致无法专注倾听。当倾听者遇到上述情况时，可能很难成为一名好的听众，因此，要想成为最佳听众，应注意以下三点。

(一)要耐心

当交谈对象在阐述自己观点时，作为听众，我们应该认真地听完，并努力领会说话者的意图。作为发话者，如果听众反应热烈，态度恳切，则说话者的思维和心情也将随之高涨、顺畅，因而妙语连珠，提出许多崭新的构思，发表很多独特的见解，会使谈话的气氛融洽。相反，如果听众表现出不耐烦，甚至中途离开等情况时，说话者的舌头会如突然刹车一样，无法继续转动，致使谈话者思路中断、意犹未尽。作为好的听众，必须有耐心，不让交谈对象丧失说话的欲望。

（二）要专心

好的听众，在听交谈对象谈话的时候，应注意目视交谈对象，以表示尊重和专心。倾听并不是把说话者的语言机械的记忆下来，而是要把交谈对象的话，在大脑中重新整理、安排，与自己的思想相结合。这就要求听众要专心，只有专心，你才能完整的听懂说话者的意图，如果中途溜号或任凭自己的思想“天马行空”，对说话者来说也是一种不礼貌的表现。

（三）要回应

听别人说话，并不是默默地听，而应用积极地“点头”，恰当的语言“嗯”、“啊”，以及眼神、表情等方式与说话者呼应。另外，在交谈对象讲话的时候，适时插入一些回应的话语，可以表示自己在专心地聆听，会使说话者感觉到一种尊敬和鼓励，从而增强说话者的信心，使其感到自己谈话的重要性和必要性。

二、适时发表自己的看法

要想学会积极地倾听，还应注意适时发表自己的看法想法，不能影响交谈对象的谈话，一般来说，发表自己的看法时忌讳以下四种情况。

（一）打断交谈对象

中途打断交谈对象的谈话是最不礼貌的行为。一旦说话者被打断，说话的人必须努力维持气氛，尽力整理自己的谈话思路。很多人往往考虑不到这一点，就拿开会来说，领导在讲话的时候，最不愿听到的就是观众席中手机的铃声响个不停；再比如，当谈话者所表达的见解和自己的想法正好相反时，很多人就忍不住打断交谈对象，急于发表自己的见解等情况。因此在聆听交谈对象谈话的时候，任何可能打断交谈对象谈话的情况我们都应想方设法避免。

（二）质疑交谈对象

信任是双方谈话的基础。如果对交谈对象的谈话表示质疑将会丧失彼此的信任，从而影响谈话的气氛或使谈话无法顺利进行。这就要求倾听者在谈话中注意自己的语言和神态，比如“是吗”、“不会吧”、“真的吗”等含有质疑语气的词语尽量不要出现，如果这些词语是你的口头禅，则更要注意避免。

（三）补充交谈对象

说话是每个人的权利，交谈也是双方互动的过程，但是补充交谈对象可能会造成你比交谈对象懂得多的误会，所以只要不是征求意见，不要轻易地补充交谈对象，以免造成不必要的误会。

（四）纠正交谈对象

一般来说，只要不是原则问题，我们不能对他人所说的话做是非判断。每个人看待问题的角度、思维、立场都不同，所以意见看法不同也是正常的，但是只要不是什么大是大非，不要轻易纠正交谈对象，以免造成不愉快。

【相关实训】

	倾听技巧实训活动
活动内容	结合本项目所讲的内容，7～8人一组，分组模拟不同的交谈场景体会积极倾听与听的不同感受，并注意学会倾听的基本要求
活动目的	让学生掌握倾听的基本要求
活动形式	学生现场完成
活动步骤	分组；小组讨论；现场展示；交流体会
物品准备	学生可根据自己所进行展示的内容，准备适当的道具和物品

【思考讨论】

根据下面的倾听技能检测问题，检验自己的倾听技能：

1. 你选择某个位置以使你能听得更清楚吗？
2. 你是听主要的看法和事实吗？
3. 你是不注意讲话者的外表而只关注他讲的观点吗？
4. 你"注意到"你既在看讲话者也在听他所说的话吗？
5. 你是以自己的好恶和感情来评价讲话者的话吗？
6. 你是一直把注意力集中在主题上并领悟讲话者所表达的思想吗？
7. 你是在努力深入地思考讲话者所说内容的逻辑和理性吗？
8. 当你认为所听到的内容有错误时，你是在克制自己吗？
9. 讨论时，你愿意让其他人做出最后的结论吗？
10. 在你评论、回答或不同意其他人的观点之前，你能做到用心思考吗？

问题提出：

在这些问题中，如果有7项或7项以上你都是答"是"，说明你是一个良好的倾听者，但是如果答"是"的个数在7以下，说明在倾听方面，你还需要再训练，并结合自身情况谈谈怎样训练积极倾听。

【项目相关链接】

交谈"八法"

一、迂回法

迂回法就是在交谈中直接向交谈对象提出意见感到困难时，用兜圈子、绕弯子的方法，把要讲的话用婉转的词语和语气讲出来，使交谈对象听了能接受。

二、激将法

与人谈话中，在很多情况下，都是为了去说服交谈对象，指导交谈对象，或者是为了去改变交谈对象原来的意图，最终达到让交谈对象跟自己转，或是为了一个共同目标去并肩行动和战斗。交谈对象如是为了开创事业而怀疑自己的能力，你便可以用名言加以鼓励。如恩格斯说过："一个最好的计划去交给优柔寡断的人执行，这个计划再好也是没有用的。"这种话往往能够奏效。这不仅因为"激将法"具有极强的刺激性和极大的鼓动力，而且还因为名人名言往往被人们所崇拜，所以，对自尊心极强的人，血气方刚的人，容易激动的人等，都是宜用“激将法”的。

三、回避法

有一位中国驻法国大使的秘书，在一次宴会上应一位巴黎小姐之邀一起跳舞。这位小姐问道：“在法国姑娘和中国姑娘之间，让你选择的话，你喜欢哪国的更多一些呢?”那位秘书微笑着答道：“凡是喜欢我的小姐我都喜欢她。”这种我们通常称为“滑头”式的巧妙回答，是交谈艺术中的一种回避技巧，它既使这位巴黎小姐得到了满意的答复，在外交上又不失礼仪。

四、探寻法

“探寻法”是指有目的的向交谈对象提问题或征求交谈对象的意见，或者打听交谈对象的意图，或要求交谈对象告诉自己所要知道的事情，而直问又不方便时多采用的一种问话方法，其目的是要刺探“情报”。

五、提示法

有一家出版社请一位非常出名的画家画一幅维护交通秩序的宣传画。由于出版社没有把意图交代清楚，结果画家画出的画远没有符合出版社的意图，于是出版社的负责人员先是娓娓动听地对画家和他的画称赞了一番，然后对画家谈了关于交通事故的近况。他说：“最近的汽车、摩托车、电动车等，已经伤了很多的行人。有时我看到一些开车的人简直不像个活人，他们闭着眼、斜着眼，三分像人，七分像鬼，向街上的行人不假思索地横冲直撞……”说到这里，画家突然跳起来，大声讲道：“对啦！这很可能是一幅引人注目的出色的漫画。把我原来的那幅画作废吧，我重新给你画一张!”就这样，画家又花了许多时间和精力，重新画了一幅完全符合出版社意图的杰作，使出版社非常满意。这就是提示法的效力。

六、亮相法

“亮相法”是指回答交谈对象问题的时候，既不愿直言自己的意思，又要交谈对象理解自己的意思，并按着自己的意愿去做的一种交谈艺术。英国作家王尔德在未成名时很贫穷，有一个贵族想请他做家庭教师，在谈到食宿条件时，贵族问他是否愿意和他的家人一起共进晚餐，王尔德回答说：“那全看进餐时懂不懂礼貌。”这一回答实质上已表明了王尔德的内心思想——看贵族是否尊重自己。

七、接话法

“接话法”是指在交谈中，一方把正在讲述的话头转向另一方时，另一方应如何接答的技巧；或者当一方讲到某一话题时，另一方应该接应或说明的插话的技巧。

八、旁敲侧击法

“旁敲侧击法”就是一句问话从表面听好像是话语本身所指的含义，而实质是“意在言外”，是从问话后交谈对象回答的信息中，来揣度交谈对象的奥秘。

【项目测评】

姓名：　　　　小组名称：　　　　项目组长：　　　　日期：

测评内容	测评标准	标准分值	测评结果(√通过、×未通过)
与人沟通	是否喜欢与人沟通(包括陌生人)	10分	
交谈流畅	与人交谈是否无障碍	10分	

续表

测评内容	测评标准	标准分值	测评结果(√通过、×未通过)
话题选择	交谈时能否很快找到共同话题	15分	
语言表达	语言灵活运用能力	15分	
沟通技巧	知识掌握评价	15分	
语言幽默	技能掌握评价	15分	
交谈气氛	知识与技巧综合运用评价	20分	
自我评价：	小组评价：	教师评价：	总评：

项目三　使用电话的礼仪

【项目目标】

1. 了解手机使用的一般礼仪。
2. 掌握并熟练掌握接打电话的礼仪。

【引例】

一日，一位穿着十分得体的男士来到某酒店的总经办，对该办公室的文员小李说道："小姐，您好！请问你们酒店的王总经理在吗？"小李急忙起身说道："您好！先生，请问您贵姓，您有预约吗？有什么事，我可以帮您转达吗？"只见这位男士说："没有预约，我有急事，我是某某公司的韩经理，得亲自和你们老总谈一些事情。"小李见状回答道："先生，您先稍坐一会儿，我这就给您联系。"小李拿起电话，拨通了王总办公室的内线电话，接电话的是王总，但是小李问道："您好！请问王总在吗？这里有位某某公司的韩总找他。"王总一听小李的话就说："王总出去办事去了。"这时小李放下电话微笑着对韩总说："不好意思，我们王总刚好不在酒店，外出办事去了。"客人笑着说："那好，我再与她联系吧。"

问题提出：

1. 你认为本案例中文员小李的这种做法正确吗？为什么？
2. 在日常生活中，你善于运用电话语言技巧吗？

任务一　拨打电话的礼仪

【任务分析】

教师：

1. 准备好道具电话，并演示正确的打电话的姿势、语言等相关内容。
2. 通过讲述，让学生学会基本的打电话的基本礼仪。

学生：

1. 学生首先应检查自己打电话时有没有一些不良的习惯。
2. 掌握打电话的礼仪。

【相关知识】

在当今社会，电话是一种非常便捷的通信工具，也是人们沟通感情的一种重要方式，打电话看似简单，其实不然，它是一门学问、一门艺术，包含许多的礼仪技巧。虽然打电话的双方有空间上的阻隔，但是往往从电话中就能够感知交谈对象的素质和综合水平，即“电话形象”。一般来讲，一个人的“电话形象”主要包括使用电话时的语言、内容、态度、表情以及举止等方面。对于拨打电话者来说，要想维护好“电话形象”应注意以下几点。

一、时间恰当

(一)注意通话时间的选择

一般来说，没有要事不要在早上7点之前和晚上10点之后、三餐以及午休时间往交谈对象家里打电话。如果是公务电话最好避开周一的上午和周五的下午，因为周一的上午一般都是最忙的时候，而周五的下午人们提前进入周末，大部分事情比较容易遗忘，拨打国际电话时，应注意时差。

(二)注意通话时间的长短

通电话时间的长与短，应根据双方的关系以及通电话的目的来决定。一般来说，电话交谈持续的时间不宜过长，尤其是初次交往的双方，时间最好控制在3～5分钟，事情讲清楚即可。

二、语言文明

(一)注意礼貌用语的使用

打电话要注意语言文明，尽可能多地使用礼貌用语，如“您好!”、“请”、“谢谢”、“打扰了”、“让您久等了”等。在明确交谈对象的单位或姓名后，应及时礼貌地报上自己的单位、姓名，切忌让交谈对象猜自己。

(二)注意通话内容的准备

很多人在打电话的时候，往往是拿起电话想到哪里就说到哪里，等放下电话后，才意识到自己很多内容还没有讲，这样通常会给交谈对象留下一个做事没有条理的印象。因此，打电话前我们应该做好充分的准备工作，使电话内容条理清晰，内容简明扼要，从而给交谈对象留下一个好印象。

三、举止得体

(1)打电话时，不应吃东西、喝茶、吸烟，如果由于吃东西所发出的咀嚼声传到交谈对象的听筒里，是不尊重交谈对象的表现，所以即使看不见交谈对象，也应时刻注意自己的形象。

(2)打电话时，应端正自己的坐姿或站姿，如果姿势端正，声音也会亲切悦耳，充满活力。

(3)打电话时，如果不小心拨错了电话号码，应该和交谈对象道歉后再挂断。

(4)通完电话时，应该礼貌地说声“再见”，然后再轻轻放下电话。

四、服务行业打电话的程序

(1)预先把讲电话的内容整理好。

(2)向交谈对象拨电话。

(3)待交谈对象拿起电话后，简单问候。

(4)作自我介绍。

(5)使用敬语，说明要找通话人的姓名。

(6)按事先准备的简述电话内容。

(7)确认交谈对象听明白或做好记录。

(8)致谢语。

(9)再见语。

(10)等交谈对象放下电话后，自己再轻轻放下电话。

【相关实训】

	打电话礼仪实训活动
活动内容	结合本项目所讲的内容，7～8人一组，设计场景模拟打电话的场景，体会打电话的基本礼仪
活动目的	让学生掌握打电话的基本礼仪
活动形式	学生现场完成
活动步骤	分组；小组讨论；现场展示；交流体会
物品准备	电话等道具

【思考讨论】

1. 你有注意过拨打电话的礼仪吗？

2. 你有不良的拨打电话的习惯吗？你认为如何改掉这些不良习惯呢？

任务二　接听电话的礼仪

【任务分析】

教师：

1. 准备好道具电话，并演示正确的接电话的姿势、语言等相关内容。

2. 通过讲述，让学生学会基本的接电话的基本礼仪。

学生：

1. 学生首先应检查自己接电话时有没有一些不良的习惯。

2. 掌握接电话的礼仪。

【相关知识】

随着旅游业的发展，人们对旅游业的通信设施要求也越来越高，电话成为客人与旅游业、客人与客人、旅游业和社会进行沟通的重要桥梁。电话接听的服务已成为旅游行业服务的一个重要内容，通过接电话往往也可以判断出一个企业或单位的管理制度是否完善，那么作为接电话方，在接电话时应注意的主要礼节有以下几个方面。

一、接听及时

(1)在接听电话时，应遵循“铃不过三”原则，即铃声响起的第三声接起。在日常生活中，很多人听到铃声响过一次就迅速接起，这种方式有时会让等待的交谈对象大吃一惊，所以一般的电话我们不要在铃声响过一次就接起。

(2)如果电话铃声响了四五声甚至是很久才拿起话筒，首先应该像交谈对象道歉，说声：“对不起，让您久等了。”这是礼貌的表示，可以消除交谈对象由于久等而不愉快的心理。

二、语言礼貌

(1)注意接听电话的开头语。很多人在接听电话时的开头语都是“喂”，其实这是不礼貌的一种称呼方式，作为服务行业的服务人员一定注意接听电话的开头语应是“您好”，如，“您好！这里是××宾馆，请问有什么可以帮您?”，切忌一拿起话筒“喂！喂!”直叫。

(2)耐心接听咨询的电话。在接听到客人咨询电话时，应耐心地向客人解释咨询内容，如果需要客人等候以便准确回答，应礼貌地请客人稍等，等再次接听时应该向客人耐心等待表示感谢。

(3)礼貌接听打错的电话。在接到打错的电话时，不能一挂了之，应该礼貌地告诉交谈对象打错了，切忌用很生硬的口气说：“你打错了”、“没这个人”等语言，有时在你的能力允许的范围内，应尽可能帮助交谈对象找到正确的电话号码。如，“不好意思，您打错了。您要找的是××公司是吗？我可以帮您查一下他们的电话号码，您看可以吗?”

(4)礼貌挂断电话。作为服务行业而言，应当明确通话结束时，应由交谈对象挂掉电话后，自己再轻轻放下电话。

三、做好记录

在接听电话时，如果电话内容比较重要或者交谈对象要找的人不在时，应做好电话记录，一般来说电话记录主要包括以下几个内容：

(1)何时(When)。即接听电话的日期时间。

(2)何人(Who)。即由谁打来的，交谈对象的姓名、身份。

(3)何地(Where)。即从哪儿打来的，交谈对象的地址。

(4)何事(What)。即交谈对象打电话所谈的事情。

(5)原因(Why)。即交谈对象打电话的主要原因。

(6)怎么处理(How)。即这个电话所涉及的问题如何处理。

四、接听电话的一般程序

(1)电话铃响，及时接听，一般电话铃响不超过三次。

(2)礼貌问候，如“您好”或“早上好”等。

(3)自报所在单位名称或个人姓名。

(4)认真听交谈对象的电话事由。如需传唤他人，应积极帮其传唤。

(5)如果交谈对象是通知或询问一些事情，应及时做好记录。

(6)向交谈对象核实记录的主要内容。

(7)对交谈对象的来电表示感谢。

(8)等交谈对象放下电话后，再轻轻地放下电话。

【相关实训】

	接电话礼仪实训活动
活动内容	结合本项目所讲的内容，分组模拟接听电话场景。体会接听电话的礼仪规范
活动目的	让学生掌握接电话的基本礼仪
活动形式	学生现场完成
活动步骤	分组；小组讨论；现场展示；交流体会
物品准备	电话等道具

【思考讨论】

某公司一业务员由于业务的需要开始打电话寻找合作伙伴，当这位业务员在工作时间拨通了一家公司的电话后，电话响了好久也没人来接，他就直接放弃了与这家公司合作的意向，而且他的这一决定也得到了领导的认可。

问题提出：

1. 请问你认为这个业务员做出这样的原因是什么？
2. 如果是你，你会怎么做？为什么？

任务三　使用手机的礼仪

【任务分析】

教师：

1. 准备好上课相关资料，道具手机，并演示正确的手机使用的礼仪。
2. 通过讲述，让学生学会手机使用的基本礼仪。

学生：

1. 学生首先应检查自己手机使用时的一些不良习惯。
2. 掌握手机使用的礼仪。

【相关知识】

手机是当代比较普及且使用频率较高的移动通信工具，这种通信方式的确给人们的工作、学习和生活带来了许多的方便，但手机的使用也应遵循一定的礼仪规范，除需要注意上述电话礼仪外，还应注意以下两个方面。

一、遵守秩序

(1)不应在公共场合旁若无人地使用手机。如在楼道、电梯、教室等人来人往的地方使用手机，应注意自己的音量，不要影响到他人。

(2)不应在要求“保持安静”的公共场所使用手机。如影剧院、医院、美术馆、音乐厅等场合，如果在这种场合下使用手机是对他人极大的打扰，尤其是对于表演场合的演员来说是不尊重交谈对象的行为。

(3)在开会、会见、上课或有重要谈话时应自觉关闭手机，或将手机设定为静音状态，以表示对会议的主持人、领导、教师及听众的尊重和礼貌。

二、安全使用

(1)不在病房、加油站、面粉厂等地方使用手机，有碍病人的治疗或引发火灾、爆炸等不愉快的事情发生。

(2)乘坐飞机时，应自行关闭手机，否则会干扰飞机的正常飞行，导致飞机失事等其他严重后果。

(3)驾驶汽车时，为了安全起见不应使用手机，以防发生车祸。

【相关实训】

	手机使用礼仪实训活动
活动内容	结合本项目所讲的内容，课后自己在现实生活中，体会手机使用应注意的礼仪细节问题，总结体会课上与大家分享

续表

	手机使用礼仪实训活动
活动目的	让学生掌握接手机使用的基本礼仪
活动形式	学生课后自己完成
活动步骤	课后注意手机使用礼仪；总结体会
物品准备	无

【思考讨论】

韩女士在北京音乐厅听一场由著名大师指挥的交响乐。音乐演奏到高潮处，全场鸦雀无声，凝神倾听，突然自己的手机铃声响起，在宁静的大厅中显得格外刺耳。演奏者、观众的情绪都被打断，大家纷纷回头用眼神责备这位不知礼者。

问题提出：

1. 你曾经被他人的手机或电话打扰过吗？请谈谈你的感受。
2. 在使用私人手机或电话时，我们最应该注意的问题是什么？

【项目相关链接】

一、留言电话处理程序

（一）登记留言

1. 接到客人留言后，应注明客人留言内容、房号、姓名等；
2. 如客人到餐厅用餐，应询问客人在几号台，以方便及时联系到客人；
3. 将客人留言内容通知到每一位话务员，确保客人通信畅通；
4. 当客人表示任何电话都不接时，应问清客人：长途电话是否接听；如何向客人解释；留言截止时间；
5. 按照客人叮嘱的语言回复来电客人。

（二）重复留言

1. 针对留言事宜向客人复述一遍；
2. 确保“留言”工作准确无误。

（三）设置“免打扰”

将房间电话设置“免打扰”。

（四）取消留言

客人通知取消留言，话务员应及时撤销“免打扰”。

（五）记录

如客人要求长期留言，总机将信息连续交班，直至留言取消。

二、“请勿打扰”电话设置程序

（一）设置

1. 首先应有礼貌地问清客人做“免打扰”电话的具体起止时间，以及在此期间如有来电是否做留言；
2. 切记，凡是电话出现“免打扰”状态时，一定会有特殊要求，是否全部电话免接；
3. 将要求向客人重复一遍，并准确记录在交接簿中或留言板上，确保准确无误；

4. 重复客人的留言内容；

5. 将房间电话设置为“免打扰”状态。

（二）转接

话务员在转接“免打扰”电话时应严格按客人叮嘱的语言回复来电客人。

（三）记录

做好交班记录。

三、电话接（拨）错处理程序

（一）接错电话

应诚恳地向客人赔礼道歉：“实在对不起，刚才的电话是我接错了，这是我的失误，请您原谅，我再帮您转接一次好吗？”

（二）拨错电话

1. 有礼貌地告诉交谈对象：“这里是××酒店，电话号码是××，请您再重拨一次好吗？”

2. 针对拨错电话，不能一挂了之，否则不但使交谈对象产生质疑，无形中还会增加总机话务量。

【项目测评】

姓名： 小组名称： 项目组长： 日期：

测评内容	测评标准	标准分值	测评结果（√通过、×未通过）
电话形象	自己是否注重电话形象	20分	
打电话习惯	是否注意打电话的时间、语言、举止	20分	
接电话习惯	是否注意接听电话的时间、语言、举止	20分	
公务电话礼仪	公务电话拨打时间、举止、电话记录要点	20分	
手机使用礼仪	手机的携带、遵守公共秩序、注意使用安全	20分	
自我评价：	小组评价：	教师评价：	总评：

项目四 处理投诉的礼仪

【项目目标】

1. 了解投诉产生的原因。

2. 掌握处理投诉的技巧。

【引例】

两位客人来到某饭店餐厅吃宵夜，由于客人怀疑所点的白灼虾这道菜不新鲜，于是投诉了饭店，无论服务员如何解释，客人就是坚持认为这虾要么是提前烹制好的，要么就是死虾活虾混掺的，并要求饭店必须给个说法。

投诉移交到了餐厅经理小陈的手中，小陈先安慰客人，在倾听客人投诉的同时，一面叫服务员为客人换上热手巾，斟上热茶，以缓和紧张气氛，一面观察桌上的那盘虾。很快，小陈就意识到问题的关键是客人对活虾烹制后的特征并不了解，要消除客人的疑问，光靠口头解释很难使客人信服，于是，小陈在征得客人同意后，带客人去操作台观看了这道菜的现场烹制，烹制结束后，客人的面色开始有些缓和，已经相信所食的虾并非死虾，但仍还有些疑惑。善于察言观色的小陈又热情地对客人说道："观虾秘诀在于颈尾，活虾色泽深浅不匀，原因在于生虾本身纹理之粗细。"一番内行话说得客人直点头但表情中似乎也有些不好意思笑着说："原来如此。"小陈见状接着又说："我们工作中也有疏忽，虾体微温不够热，多谢你们提出宝贵意见，我们一定改正……"听到小陈诚恳的话语，客人也谦恭地说："我们态度也不够好，你们的现场操作让我们开了眼界。"双方之间一片融洽的气氛。

问题提出：

1. 你认为此案例中，服务员未能解决客人投诉的原因是什么？

2. 此案例中，经理小陈在成功地处理客人投诉的过程中，运用了哪些处理投诉的技巧？

任务一　正确认识投诉

【任务分析】

教师：

1. 准备好上课相关资料，询问学生有没有投诉的经历。
2. 通过讲述，让学生明确服务行业遇到投诉是很正常的现象。
3. 要求学生能够正确认识投诉。
4. 要求学生课后收集一些投诉资料，并进行分析。

学生：

1. 学生首先阐述自己对投诉问题的认识。
2. 明确正确认识投诉的重要性。

【相关知识】

现在市场竞争越来越激烈，商品同质化，价格竞争白热化，顾客也越来越挑剔，再好的企业也会遇到顾客投诉，作为服务行业，尤其是旅游服务行业涉及的行业和部门较多，在一些方面可能不能满足客人的要求，遇见客人投诉是很正常的现象，一旦遇到了客人的投诉，每个企业和个人都应该承担起责任，并正确认识和处理客人的投诉。

一、认识投诉的重要性

客人的投诉是指顾客将他们主观上认为由于服务工作上的差错而引起的麻烦，或者损害了他们的利益等情况，向服务员提出或向有关部门反映。

作为客人去投诉，最重要的一点是希望问题能够得到解决，此外顾客还希望得到企业的关注和重视。有时很多客人不投诉，是因为他们不相信问题可以得到解决或者说他觉得他的投入和产出会不成比例，而投诉的客户往往是忠诚度很高的客户。例如，你对餐馆菜的质量不满意，什么也没说结完账就走了，以后再也不会来了，而有些客人则会提出菜炒得太咸或环境太差，如果他提出的问题得到了很好的解决，他可能还会再来吃饭，因为他受到了重视。可以说，如果能够有效地处理客人的投诉，必将为企业赢得更高的客户忠诚度，因此任何企业和个人应对客人的投诉给予正确的认识。

二、明确客人投诉的原因

（一）对服务态度的投诉

这种投诉是在投诉的类型中所占比例最高的一种，此种投诉主要包括：服务员对客人的不尊重、态度不好、语言粗鲁、工作不负责任、爱答不理的等。

（二）对设备设施的投诉

这种投诉主要是对服务对象硬件环境的投诉，主要包括对酒店的设备设施、旅游车的设备设施及用餐地点的设备设施等，主要是质量差或者设施不配套而引起的投诉。

（三）对服务质量的投诉

对服务质量的投诉主要是指对服务速度和服务准确度方面的投诉。如服务员没有按照事先承诺给客人的要求服务或服务速度比较慢，给客人带来一些麻烦等。

（四）对突发事件的投诉

由于旅游活动有很多的不确定因素，加之涉及需要协调、衔接的部门和环节也比较多，因此经常会有突发事件的发生，如飞机晚点、旅游车空调突然坏了等突发问题。此类突发事件往往具有不可预见性，对于由此原因引发的投诉应安抚客人、稳定客人的情绪，找到快速解决问题的办法，尽可能减少事件带来的负面影响。

三、了解客人投诉的心理

一般来说，客人投诉的心理主要有以下三种情况。

（一）求尊重的心理

客人之所以会投诉，主要是希望别人认为他的投诉是正确的，能够得到他人的尊重和重视。

（二）求发泄的心理

客人通过投诉来把自己的烦恼、不快、怒火发泄出来，以维持其心理上的平衡。

（三）求补偿的心理

客人通过投诉，希望获得经济上或精神上的补偿。

【相关实训】

	正确认识投诉实训活动
活动内容	结合本项目所讲的内容，分组模拟不同客人投诉的场景，扮演不同的角色，体会作为投诉客人的心理及作为服务人员的心理，真正理解如何正确认识客人的投诉
活动目的	让学生正确认识客人的投诉
活动形式	课上完成
活动步骤	分组；讨论；情景展示；总结
物品准备	可以根据自己所扮演的角色适当准备道具

【思考讨论】

假如你是一名酒店服务人员，你遇到了十分刁难的客人，你应该以什么样的方法和态度来面对？

任务二 恰当处理投诉

【任务分析】

教师：

1. 准备好上课相关资料，通过讲述让学生了解处理投诉的一般方法。

2. 通过讲述，让学生明确处理投诉的技巧。

学生：

1. 学生应学会基本的处理投诉的方法技巧。

2. 记录教师所讲的重点内容。

【相关知识】

当客人投诉时，不把客人当回事，敷衍了之，投诉升级这是必然的，有时还会成为行业的议论的热点。许多处理投诉没有经验的人员，认为对客户说了“对不起”就等于承认了责任。事实上，道歉与承担责任并不是一回事，道歉可以适当地安抚客户的情绪，不至于将事态扩大，而如何给客户一个满意的答复才是正确处理投诉的关键。

一、处理投诉的原则

（一）真诚的原则

客人向我们投诉，说明我们的工作尚有漏洞，客人投诉也说明客人相信我们能处理好这件事件，因此我们应每个人都应理解用户的心情，努力识别及满足他们的真正需求，以热情而诚恳的态度，帮助用户解决问题。切忌置之不理和与之发生争吵。只有这样，才能赢得用户的信任与好感，才能有助于问题的解决。

（二）倾听的原则

针对客人的投诉，作为受理者，要站在交谈对象的角度上主动地去听，只有积极地倾听才能真正了解客人的问题，明确客人投诉的真正原因，为后续处理问题打好基础。客人在诉说的时候往往会因为不满而情绪失控，这时我们应保持冷静，耐心倾听客人的心声，即使客人言谈中有不对的，也要把“对”让给客人，站在客人的立场去考虑问题，让客人有种被重视、被尊重的感觉，只有这样才能缓和客人不满的情绪。

（三）沟通的原则

很多人在接到客人的投诉后，一味地说道歉，道歉是必需的，但是道歉只是对投诉客户的遭遇表示的同情，表示对现状的理解，并不能解决问题。在面对顾客投诉时，一定要主动去和客人沟通，想方设法搞清楚客户的不满从何而来，以便对症下药，有效地平息顾客的抱怨。

（四）迅速的原则

对于客人的投诉应该及时处理，拖延时间只会使客人的不满和抱怨变得越来越强烈，如果你一时无法解决，可以在请示上一级后再作决定，但要主动地和客户保持联络，以免给客人留下敷衍的印象。

二、处理投诉的技巧

对客人投诉处理的是否恰当会直接影响企业的形象和利益，一般来说，如果一个投诉没有得到很好的处理，很多客人就会将他的不愉快经历转告亲朋与同事，从而使很多潜在的客户会转而购买竞争对手的产品；如果一个投诉得到了满意的处理，不仅能够及时地挽留住客户，而且也能取得客户对企业的信任并达到维护企业形象的重要作用。因此在处理客人投诉时一定要掌握技巧，尽可能给客人一个满意的答复。

（一）保持良好心态

投诉的客人大都怒气冲冲，碰见谁就向谁发火，有时可能会有一些不礼貌性的语言，作为服务人员我们不应把客人的这种不满情绪看做是对你个人的不满，也不应该因为客人的投诉而排斥客人，采取对抗或不理的态度。这样的做法只会导致问题的升级，此时我们应该站在客人的立场上以亲切、平和的心态面对客人、安抚客人，从而消除客人烦恼、失望、发怒等各种情绪。

（二）鼓励客人发泄

客人在投诉的时候都希望把自己心中的不满发泄出来，所以作为服务人员来说应当要鼓励客人发泄，为客人提供发泄不满的环境和氛围。例如，可以将客人带到一个安静并可以坐下的地方，为客人倒上一杯水或提供一些饮料。很多经验证明，当客人坐下来时，怒火会明显降低，此外，如果服务人员能站在客人的角度去倾听客人心中的不悦，必要的时候说上"我能理解您的感受"、"如果是我，肯定也会不高兴的"等关心的语言，客人心中的不满也会慢慢平息。

（三）诚恳地向客人道歉

向客人道歉是处理客人投诉不可缺少的一部分，道歉并不意味着自己承担了一定的责任，而是对客人的一种尊重。只要你是企业的一分子，那么无论这位客人是不是你服务的，我们都应该向客人道歉，切忌推脱责任或者埋怨他人，因为我们每一个人都代表了企业的形象。在向客人道歉时态度应该诚恳，以表现出企业的诚意，从而使客人认识到自己的价值和重要性。如："您提出的问题很及时……非常感谢，这对我们企业很重要"、"真的非常抱歉，我们让您失望了……"

（四）弄清事实真相

在倾听了客人的心声，向客人道过歉之后，应该尽快核实事实的真相，以便迅速解决问题。在核实事实真相的时候，我们应该全方位搜集相关信息，尽管客人在发泄阶段已经讲了很多信息，但是客人由于情绪比较激动可能漏掉或歪曲了一些信息，这时我们可以通过向客人及相关服务人员以提问题的方式来获取一些信息，从而了解客人真正的需要，以便正确地解决问题。

（五）征询客人意见

很多企业在处理客人投诉问题的时候，大都是自己给出客人解决方案让客人选择，事实也证明这种方式还是有很多客人不满意的，因为你所给出方案可能并不是他所想要的。因此从专业服务员的角度上来说我们应该主动去征询客人的意见，如"您看您希望我们怎么做呢?"当客人提出要求时，我们应该尽我们最大的能力满足客人的要求，并且你的这种努力应让客人看到，从而让客人了解我们确实是真心实意地为客人解决问题，一旦客人的要求我们设法满足，客人也会感到企业对他的重视和尊重，从而接受我们给出的解决方案。

（六）迅速解决问题

客人投诉后，都希望自己的问题能够及时圆满的解决，因此，在了解事实并征询客人的意见后，应迅速给出双方都可以接受的解决问题的方案，对于一些比较复杂或特殊的投诉问题，我们不确信如何为客人解决时，应诚实地告诉客人寻找解决的方法需要一点时间，并约定好给客户回话的时间，而且你一定要确保准时给客人回话。

三、处理投诉的程序

从接到投诉到处理投诉结束，一般来说主要经过接诉、聆听与记录、判断与处理、回访、总结这几个步骤。

（一）接诉

投诉接待环境是处理客人投诉的第一个步骤，也是至关重要的步骤，在什么地方接诉、什么职位的人接诉会直接影响到企业对客人的重视和尊重程度。因此无论是在现场接待还是电话、网络接待客户投诉都要做好接待环境及接待人员的选择，注意礼貌礼节，尤其是电话和网络接待客户投诉时更不能随便。

（二）聆听与记录

在倾听客人诉说的时候应认真记录事情的要点，待客户诉述后再向客户重复一遍他所投诉的要点，并取得客户的确认与认可。

（三）判断与处理

在倾听客人的投诉后，应立即核实信息，找到问题所在，以积极的正面态度面对用户。能当场解决的当场处理，不能当场解决的应当告诉客户将会怎样处理，或向上司反映后会怎样处理，争取客户的理解与支持。

（四）回访

投诉处理完毕后，应及时回访客户，消除企业在客户心中的负面影响。回访是建立信任，弥补因种种原因造成失误的重要环节，也是检查工作质量，与用户沟通，搞好关系留住客户的最好机会。

（五）总结

在投诉处理结束后应及时做好总结，总结此次投诉发生的原因，从这次投诉中应该汲取哪些经验教训，在从今后的工作中怎样才能避免类似情况的发生。

【相关实训】

	如何处理投诉实训活动
活动内容	结合本项目所讲的内容，业余生活中参加一些社会服务活动，看看自己是不是会被客人投诉。如果被客人投诉请妥善地解决，总结心得
活动目的	让学生明确处理投诉的技巧
活动形式	课后自己完成
活动步骤	参加社会实践；遇到客人投诉或为客人解决投诉；总结体会
物品准备	根据需要准备相应物品

【思考讨论】

住在某宾馆303房间的李小姐有早上洗澡的习惯，但是洗到一半的时候，热水没有了，李小姐非常生气，匆匆洗完后，打电话去同总台抱怨。可是处理结果却让李小姐更加生气，当李小姐打通总台的电话后，可能总台的服务很忙，一听客人说没有热水就说："对不起，请您向客房中心查询，客房中心的号码是555。"本来一肚子火的李小姐这下更生气了，嚷道："你们酒店怎么这样啊，我打电话向你们反映热水情况，而你们却让我打其他的电话再询问!"说完，李小姐"啪"地把电话挂断了。

问题提出：

1. 你认为案例中前台的服务人员错在哪里？为什么？
2. 如果是你的话，你会怎么做？

【项目相关链接】

投诉成本

某研究机构提出，客人的投诉会造成被投诉方三个方面成本的提高：一是硬成本；二是软成本；三是机会成本。硬成本包括为了解决客人投诉所付出的物质补偿，如免单，送物品等；软成本包括处理客人投诉工作时间的损失；机会成本指的是不知道投诉的客人下次是否还会光临。

就拿饭店来说，客人离开饭店后，带走的不是产品而是记忆，好的记忆会使客人满意，会将这种经历告诉他的朋友，给饭店带来更多的客源；坏的记忆会造成客人不满意，甚至投诉，客人也会讲这种经历告诉他的很多朋友，最终饭店会失掉一大批客人。所以，饭店应该追求零错误管理目标。消除了错误，消除了客人的投诉，就等于降低了饭店成本，增加了饭店收入。

【项目测评】

姓名： 小组名称： 项目组长： 日期：

测评内容	测评标准	标准分值	测评结果(√通过、×未通过)
服务意识	自己是否具备服务意识	10分	
正确认识投诉	是否能够正确地认识投诉	15分	
处理投诉的原则	对处理投诉原则的把控能力评价	15分	
处理投诉的步骤	知识掌握评价	15分	
处理投诉的技巧	技能掌握评价	15分	
综合能力	处理投诉的方法技巧、语言运用的情况	30分	
自我评价：	小组评价：	教师评价：	总评：

模块小结

本模块主要是从技能的角度，阐述语言在旅游服务行业中应注意的一些礼仪规范。其中言谈的基本要求重在理论上的教授；言谈的技巧是每一位旅游从业人员必须掌握的技能；电话礼仪是旅游从业人员必须具备的常识；学会处理客人的投诉恰恰是提升服务人员素质的重要技能。

综合实训操练

张先生一行两人由于工作的需要入住了北京一四星级酒店，入住期是五天，在这五天中，发生了很多事情，请模拟下面发生事情的场景，正确处理一些问题。

1. 客人入住的第一天很顺利，工作人员用标准的礼貌用语接待了客人，两人入住了一普通标准间。

2. 客人入住的第二天晚上，客房的空调坏了，客人打电话到总台，总台却告诉客人找工程部维修，客人投诉了酒店。

3. 客人在就餐的时候，为其服务的人员恰好是客人的老乡，服务员与客人的沟通很流畅。

模块三
旅游社交礼仪

礼仪名言引入

在人与人的交往中，礼仪越周到越保险，运气也越好。

——[英]卡莱尔

学习目标

1. 能够熟练掌握见面时的礼仪、礼节，并将其灵活运用于旅游接待及生活中。
2. 掌握接待拜访及位次礼仪布置技巧，懂得其在生活中的重要性。
3. 学会应用社交礼仪的基本技巧。

模块内容结构

本模块讲的是旅游社交礼仪，主要从四个方面来论述，本模块的内容结构如下：

在现代社会中，礼仪贯穿于人们的工作、生活与社交活动中，它无时不有，无处不在，旅游从业人员始终需要与不同性别、性格、职业、年龄的游客打交道，并需要以礼相待。这不仅是整个旅游企业形象所在，也是旅游从业人员良好素质的体现。

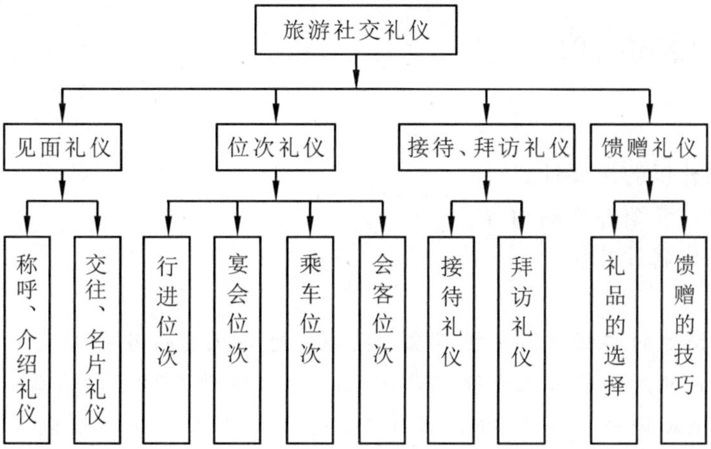
旅游社交礼仪
见面礼仪
位次礼仪
接待、拜访礼仪
馈赠礼仪
称呼、介绍礼仪
交往、名片礼仪
行进位次
宴会位次
乘车位次
会客位次
接待礼仪
拜访礼仪
礼品的选择
馈赠的技巧

项目一 见面礼仪

【项目目标】

1. 认识见面礼仪的重要性。

2. 了解称呼、介绍礼仪的内容。

3. 掌握交往、名片礼仪。

【引例】

刚踏上工作岗位的李丽曾因把握不准对同事称呼的尺度而备受尴尬之苦。去单位报到的第一天，接待她的是公司人力资源部的部长，40来岁的人却年轻得像30出头。第一次见面，李丽恭恭敬敬地喊了一声："××部长，您好!"部长听了，嘿嘿一笑，很随和地说道："别那么认真，叫我小×好了。"再次遇到部长时，李丽想了又想，还是不知道该怎么称呼他。

问题提出：

1. 你认为李丽应该如何称呼部长为好，为什么?

2. 在生活中你是否也曾遇到称呼的尴尬。

任务一 称呼礼仪

【任务分析】

教师：

1. 准备PPT，帮助同学们回忆日常生活中称呼礼仪的习惯。

2. 对学生进行实际场合的人物称呼示范，并指导学生练习。

3. 给出情景组织学生分小组进行练习与考核。

学生：

1. 按标准称呼要求进行练习，有难题及时提问。

2. 按给出情景熟练掌握不同场合的称呼。

【相关知识】

俗话说，好礼如春风。一声得体的称呼，一个会心的微笑，一句温馨的问候，使人如沐春风，心情愉悦。

一、称呼礼仪

称呼，也叫称谓，是指人们在交往应酬时用以表示彼此关系的名称用语。选择正确、得体的称呼，既体现了对对方的尊重，也反映出自身的修养，表达着交往双方的关系。可以说称呼是旅游活动顺利开始的第一步，在一定程度上影响着今后的合作关系。

在旅游活动中，称呼的目的是为了沟通双方感情，缩短彼此距离，所以称呼应该亲切自然，庄重、正式并合乎规范，有时还要入乡随俗，考虑被称呼者的习惯，为深层交往打下基础。

选择正确、适当的称呼，有几点应该注意：要合乎常规；要照顾对方的个人习惯；要入乡随俗；要合乎场合；要避免将姓名念错，如单、任、员、仇、区等容易读错的冷僻姓氏。

(一)生活中的称呼

1. 姓名称谓

姓名，即一个人的姓氏和名字。姓名称谓是一种较为普遍的称呼形式。可视具体情况分别采用如下的称呼方法：

全姓名称谓，即我们常说的直呼其名。如“李小红”、“张国庆”等，全称有种严肃、庄严感，往往用于庄重的场合，如学校，军队等。一般日常交往中，直呼其名是不礼貌的。

名字称谓，直呼其名，而省去姓氏。如“小红”、“国庆”等，这样称呼比较礼貌而显亲切，生活中广泛使用。

姓氏加修饰称谓，如对年长者，可称其“老李”，对同辈可称其“大王”，对年幼者，可称其“小梁”等。

2. 亲属称谓

对亲属的称谓已经约定俗成，多年来已经形成规范。如父亲的父亲称为“祖父”，对姑舅之子应称“表兄”、“表弟”，叔伯之子应称“堂兄”、“堂弟”。

对亲属称呼时，有时为了表示亲切，不见外，常常会用自己习惯的称呼。有时虽然不合乎常规，但也是合乎礼仪的。如：女婿对岳父、岳母、儿媳对公公、婆婆都可以称为“爸爸”、“妈妈”，这样的称呼会使人感到亲切、得体。

(1)一般对本人或亲属采用谦称，谦称自己的亲属。对辈分、年龄高于自己的亲属称呼的时候可以在前面加“家”字，如“家父”、“家母”等；对同辈可以冠以“愚”字，如“愚兄”、“愚弟”等。对辈分低于自己的亲属，称呼的时候在其前加“舍”字，如“舍侄”等，对自己的子女在别人面前称呼时，可以加“小”字，如“小女”、“小儿”等。

(2)一般对他人亲属采用敬称，对其长辈可以在称呼前加“尊”字，如“尊母”、“尊父”；对其平辈或晚辈，可以在称呼前加“贤”字，如“贤兄”、“贤侄”等还有常见的“令尊”、“令爱”、“令堂”是不分辈分与长幼的。

(3)常见的亲属称呼，中国亲属的称呼较为细致，具体如嫂：对兄的妻子的称谓，或称“嫂嫂”；弟媳：对弟的妻子的称谓，或称“弟妹”；侄：对兄弟的子女最常见的称呼，也可直接称之为“兄子”、“兄女”，或称为“从子”、“从女”；姨母：对母亲姊妹的称呼，或称为“姨娘”、“姨婆”、“姨妈”等；伯母、叔母：是对父亲的兄弟的妻室的称呼。

(二)工作中的称呼

1. 职务称谓

职务称谓是以交往对象的职务相称，以表示身份有别，同时显示出敬意。直接称职务，如：“局长”、“经理”；也可在职务前加姓氏，如：“张校长”、“李书记”；还可以在职务前加姓名，如：“王强处长”、“张坤经理”等。

2. 职业称谓

在比较正式的场合，往往习惯于职业性的称呼，其中带有尊重对方职业和劳动的意思。同时也表明了谈话与职业有关。如“李医生”、“张老师”等，不少行业还可以用“师傅”相称。

3. 职称称谓

对具有职称，特别是中、高级职称者，可以在工作中以其职称相称。如“教授”、“工程师”；也可在职称前加姓氏，如“李教授”、“谢工程师”；还可在职称前加姓名的称呼，如“马洪教授”。

4. 学衔称谓

在工作中，对有学衔的，特别是有较高学衔者，可以以学衔进行称呼，往往会增加现场的学术气氛，有提高被称呼者权威的可能。如“博士”；在学衔前加其姓氏，如“欧博士”；还可在学衔前加姓名，如“田强博士”。也可学衔具体化，“化学博士张力”等。

旅游服务人员在社会交往中不要随便叫人绰号，特别是不可称叫别人因生理缺陷或能力弱的而取的绰号，比如：“小矮子”、“小胖子”等。但是，对那些因个人独特风格、特长而或得雅致的外号，适当称呼对方反而显得活泼、亲切，令对方感到备受尊敬。

【相关实训】

	称呼礼仪展示活动
活动内容	结合本项目所讲的内容，以学习小组为单位，表演一个自创情景剧，剧里涉及的称呼不低于5种，进行现场展示，比一比哪个小组的表演完整，表达的效果最好
活动目的	让学生掌握称呼的技巧
活动形式	情景剧表演
活动步骤	划分小组；小组讨论；商讨剧情内容；答案交流
物品准备	教师可以进行拍摄录像，将学生完成任务的过程记录下来，课堂上可以进行分析

【思考讨论】

如何理解称呼礼仪在旅游服务过程中的重要性，试举例说明。

任务二 介绍礼仪

【任务分析】

教师：

1. 准备一段介绍礼仪的相关视频。

2. 创设情境，以案例分析引导学生作为旅游服务人员应该如何介绍他人和自己，才能使宾客更乐意接受。

学生：

1. 根据教师创设的案例进行角色扮演，从中归纳介绍礼仪与优质服务之间的联系。

2. 认识什么样的介绍才最得体。

【相关知识】

介绍，就是在交际场合把一方介绍给另一方。通过介绍可以与他人增进了解、建立联系，正确的介绍可以使不相识的人相互认识，为进一步交往开个好头。

在社交场合如果能正确地使用介绍礼仪，不仅可以扩大自己的交际圈，广交朋友，而且有助于进行必要的自我展示、自我宣传，展示良好的交际风度。介绍一般来说，可分自我介绍、他人介绍和集体介绍三种。

一、自我介绍

自我介绍就是自己对自己进行介绍。自我介绍分两种情况，一种是想结识某人但又没人引荐时自己把自己介绍给对方，这是主动型的自我介绍；另一种是人们应其他人的要求把某人某些方面的情况进行具体介绍，这是被动型的自我介绍。

根据社交礼仪的具体规范，进行自我介绍时应注意自我介绍的时机、自我介绍的内容和自我介绍的分寸等问题。

（一）自我介绍的时机

自我介绍的时机比较复杂，涉及地点、当事人、旁观者、现场气氛等多种因素。想结识他人或有必要让他人了解自己时都可作自我介绍，但应注意自我介绍应在别人有时间、有兴趣、无干扰的时候进行，否则很难收到预期效果。

作自我介绍前应先向对方点头示意，得到回应后再向对方介绍自己，有必要的话还可以同时递上事先准备好的名片。

（二）自我介绍的内容

由于要进行自我介绍的时机有所不同，自我介绍的表述方法也有所不同。确定自我介绍的具体内容应兼顾实际需要和所处场合，使自我介绍具有鲜明的针对性。常见的自我介绍有以下五种。

(1)应酬式自我介绍。适用于某些公共场合和一般性的社交场合，如在旅行途中、宴会厅里、通电话时，它的对象主要是进行一般接触的交往对象。对介绍者而言，对方属于临时交往对象或早已熟悉的人，进行介绍不过是为了确定身份，因而介绍的内容要少而精。应酬式的自我介绍内容最为简洁，往往只有姓或者姓名这一项。如："您好，我姓谢。""您好，我叫谢琦""您好，我叫王平"。

(2)工作式自我介绍。这是出于工作需要而进行的自我介绍，内容一般包括本人姓名、单位部门、职务、工作职责范畴。如："您好，我叫谢琦，是广东外语外贸大学国际交流处处长"。

(3)交流式自我介绍。主要用于在社交活动，是一种刻意寻求与交往对象进一步交流与沟通，希望对方认识自己并且能够与自己建立联系的自我介绍。一般要根据交往对象的具体情况而选择介绍的内容，可以从工作、籍贯、学历、兴趣以及交往对象的某些熟人关系等方面入手。如："我叫李力秋，是连天集团财务总监，我和你姐姐是高中同学。""我叫赵文武，是广州律师事务所的律师，我们是同行"。

(4)礼仪式自我介绍。适用于讲座、报告、演出、庆典、仪式等一些正式隆重的场合，是一种为向对方表示友好和敬意而进行的自我介绍。其内容应包括姓名、单位、职务等项，还要加入一些适宜的表示敬意的内容。如："各位来宾，大家好，我叫秦风，是长江公司的副总经理。现在由我代表本公司热烈欢迎大家光临我们的开业仪式，谢谢大家的支持!"

(5)问答式自我介绍。一般适用于应试、应聘和公务交往，讲究问什么答什么，但要注意围绕对方可能关注的方面有所侧重。如某毕业生应聘秘书职位，可以这样做自我介绍："我叫谢莉，22岁，湖南人，共产党员，今年毕业于北京大学英语专业，获得了学士学位，还通过了英语专业八级考试。我性格开朗随和，做事耐心认真，就读期间曾经在IBM公司做过两年兼职文秘，对办公室管理工作非常熟悉。"

（三）自我介绍的分寸

(1)注意时间。在进行自我介绍的时候要注意控制好时间，力求简捷。如果对方不要求作详细自我介绍，一般以半分钟左右为好，最长不要超过一分钟。

很多人与人初次见面就滔滔不绝地介绍自己的情况，希望对方能够根据自己的自我介绍而对自己有一个全面的了解，但这是费力不讨好的事情。因为对方很难一次性地把所有信息都记住，往往介绍者说得越多，介绍的效果就越差。

(2)讲究态度。自我介绍时应落落大方，笑容可掬。畏首畏尾或轻浮夸张的自我介绍都不能给人留下好印象。在自我介绍时，要充满信息和勇气，正视对方的双眼，这样能使对方产生好感。介绍时语气要自然，语速要正常，吐词要清晰，这些对自我介绍的成功都是很重要的。很多人在自我介绍时说话很快或吐词不清，以致别人根本听不清楚，这样很容易给人留下不良印象。

(3)实事求是。在自我介绍时不必过分谦虚，但也不可自吹自擂，否则会让人误以为能力低下或浮躁、不诚信。正确的自我介绍应是敢于肯定自己的优点但又不骄傲、不张扬。

（四）自我介绍应注意的其他问题

(1)克服羞怯。人们初次相见，彼此都有一种想要了解对方的愿望和希望被对方重视的心理。但如果见面后羞怯扭捏，就难以达到理想效果，所以自我介绍时必须克服羞怯心理，增强自信，大方、自然地面带微笑注视着对方进行。

(2)注意繁简。由于交际的目的和要求不同，介绍的繁简程度也不同。在某些情况下，只要讲清楚自己的姓名、身份、目的、要求就可以了，而有些时候则要比较详细地说明自己的经历、学历、资历、性格、专长、经验、能力、兴趣等。

(3)突出特点。介绍的目的是建立沟通，所以不仅要介绍自己的基本情况，而且要突出特点，如说明自己的爱好、能力等，这样有助于找到彼此的共同点，使交往顺利地发展。

二、他人介绍

他人介绍，又称第三者介绍，或为他人作介绍。这主要指经第三者为彼此不认识的双方相互引见、介绍。遇到下述情况，通常有必要进行他人介绍：在家中，接待彼此不相识的客人；在办公地点，接待彼此不相识的来访者；与家人外出，路遇家人不相识的同事或朋友；陪同亲友，前去拜会亲友不相识者等。在他人介绍时，应注意以下五个方面的内容。

（一）讲究介绍的礼仪

为他人作介绍时，态度要热情友好，不要厚此薄彼。不可以详细介绍一方，粗略介绍另一方。介绍前应向双方打招呼，使其具有思想准备。介绍时语言应清晰、准确。作为被介绍者，在被介绍给他人时，一般都应面向对方，并做出礼貌回应。例如可以说："幸会"，"久仰大名"，"认识你非常高兴"等。

（二）掌握正确的介绍顺序

为他人作介绍时，记住一个原则："尊者居右"，要坚持受到特别尊重的一方有了解对方的优先权，即把身份、地位较低的一方介绍给身份、地位较高的一方，以表示对尊者的敬重之意。在口头表达上应先称呼受到尊敬的一方，再将被介绍者介绍出来。所以，在介绍的顺序上应该为将男士介绍给女士，将未婚者介绍给已婚者，将晚辈介绍给长辈，将职位低者介绍给职位高者，将客人介绍给主人，将个人介绍给团体。比如，先把职位低者介绍给职位高者时，可以这样说："张总，这是徐秘书。"然后介绍说："徐秘书，这是张凡总经理"。

当被介绍人是同性别或年龄相仿或一时难以辨别其身份、地位时，可以先把自己较熟悉的介绍给自己较为生疏的一方。如："陈强，这是我的同学周洲。"然后说："周洲，这位是陈强"。

(三)运用正确的介绍姿势

作介绍时，介绍人应起立，行至被介绍人之间，在介绍一方时，应微笑着用自己的视线把另一方的注意力吸引过来。手的正确姿势应为手指并拢，掌心向上，胳膊略向外伸，指向被介绍者。作为介绍人，在为他人作介绍时，一定要认真，不要敷衍了事或油腔滑调，也不要用手指对被介绍人指指点点。

(四)陈述正确的介绍语

介绍在为他人作介绍时，语言宜短，内容宜简，并应该使用敬语。例如："李小姐，请允许我向您介绍一下……"，也可以这么介绍："王先生，我来为您介绍一下，这位是……"如果时间允许，气氛融洽，在为被介绍人作介绍时，除介绍姓名、单位、职务和自己的关系外，还可介绍双方的爱好、特长、学历、荣誉等情况，为双方提供交谈的前提条件。当然，在介绍前，最好了解一下双方是否有相识的愿望，不要贸然行事。

(五)选择恰当的介绍人

在不同的场合应有不同的人担任介绍人，在公务活动中，公关人员是最适宜的介绍人；在接待贵宾时，介绍人应该是本单位职位最高的人士；在社交场合，主人义不容辞地应当做介绍人；在非正式场合，与被介绍人双方都相识的人则应当担任介绍人。

三、集体介绍

集体介绍，是介绍他人的一种特殊形式，即指被介绍的一方或双方不止一人。它的介绍规范和介绍顺序基本上和介绍他人相同，但是亦有其特殊之处。主要表现为：

(1)若被介绍的双方身份地位大致相同，则应遵循少数服从多数的原则，先向人数较多的一方介绍给人数较少的一方。

(2)若被介绍的双方身份地位相差悬殊，无论双方人数是否相等，都应先向身份地位较高的一方介绍身份地位较低的一方，即使身份地位较高的一方只有一人。

(3)若需要介绍的不止双方而是多方，则应按各方的尊卑顺序由尊到卑一一介绍。

(4)介绍某一方成员时，也应按照由尊到卑的顺序，依次介绍。

四、接受介绍的礼仪

上面讲到，介绍他人需要注意一定的礼仪问题。事实上，被介绍的人在接受介绍时也同样需要讲究礼仪，这是对介绍人以及另一方介绍人的应有礼貌。具体而言，主要有以下五个方面的要求。

(1)起立。被介绍者无论男女在接受介绍时，都必须起身站立，表现出礼貌并乐于结识对方的诚意。若是无法起立，则应尽可能做起立状。只有你的身份高于对方时，才可以不用起立。

(2)目视对方，面带微笑。当你被介绍时，无论在做什么，都必须立即微笑着走上前去，并且目光注视对方的脸部，不要表情冰冷，也不要东张西望，目光不定，否则会给人以心不在焉、傲慢无礼的印象。

(3)握手。若双方均为男士，一定要握手以示尊敬与信任。若是把男士介绍给女士，女士觉得有必要握手，可先伸出手来表示诚意。一般情况下，男士不能先伸手。

(4)问候对方并复述对方的姓名。在握手的同时可以这样说："您好，×先生"。"很荣幸见到您，×先生"。"认识您真高兴!"如图 3-1-1 所示。

图 3-1-1　介绍他人

(5)结束交谈后互相道别。在相互介绍完毕后，双方有可能进行短暂的交谈。道别时，除了"再见"，还可以说"很高兴见到你，期待下次再会。""有幸认识您真是太好了，以后经常保持联络"。

【相关实训】

	介绍礼仪展示活动
活动内容	结合本项目所讲的内容，以学习小组为单位，模拟一段在旅游活动中会涉及的介绍活动。如全陪(地陪)介绍自己或别人时应注意的礼节，进行现场展示，比一比哪个小组的效果最好
活动目的	让学生掌握介绍自己或别人的技巧
活动形式	小组活动现场展示
活动步骤	划分小组；小组讨论；角色分工；答案交流
物品准备	教师可以进行拍摄录像，将学生完成任务的过程记录下来，课堂上可以进行分析、总结

【思考讨论】

情景 1：甲男甲女两位白领在门口迎候来宾。一轿车驶到。乙男士下车。甲女上前，道："陈总，您好！"呈上自己的名片。又道："陈总，我叫李菲，是正道集团公关部经理，专程前来迎接您。"乙男道谢。甲男上前："陈总好！您认识我吧？"乙男点头。甲男又道："那我是谁?"乙男尴尬不堪。

情景2：乙女陪外公司一女客人（丙女）进入本公司会客厅，本公司丙男正在恭候。

乙女首先把丙男介绍给客人："这是我们公司的刘总。"然后向自己人介绍客人："这是四方公司的谢总。"

（资料来源：金正昆．商务礼仪．北京：北京大学出版社，2004）

问题提出：

请指出以上资料中哪些地方失礼？

任务三　交往礼仪

【任务分析】

教师：

1. 准备一段交往礼仪的相关视频。
2. 重点指导握手礼的操作要求，单独对每个学生进行指导，并提出建议。
3. 创设情境，示范并讲解不同握手形式的含义。
4. 组织学生分小组进行练习与考核。

学生：

1. 根据教师创设的案例进行角色扮演，从中归纳交往礼仪与优质服务之间的联系。
2. 熟练掌握不同场合，不同身份之间的握手礼、鞠躬礼等。

【相关知识】

在社交场合中，交往礼仪是非常重要的，交往礼仪包括以下几种。

一、握手礼

握手礼是交往双方以握手的形式表示相互敬意的一种礼节。热情、文雅而得体的握手能让人感受到愉悦、信任和接受，能够促进彼此之间的交流，因此，作为一种交际的基本礼仪，握手是必须遵守礼仪规范。

握手的力量、姿势与时间长短往往能表达出对对方的态度，显露自己的个性，通过握手的举止行为，在一个侧面可以断定许多问题：双方关系的远近、个人文化修养、地位和工作精神，乃至为人处世的方式与品性等，这些都能给人留下深刻的印象。

同时也要注意，握手并不是全球性的礼节。如在日本，见面的一般礼节是相互鞠躬致意。在东欧一些国家，见面的礼节就是相互拥抱，而不是握手。

（一）握手的时机

何时握手，是个值得注意的问题，它涉及在场的气氛，以及双方当事人的心理因素等条件。若你希望在社交场合中显得彬彬有礼，在以下场合有必要与你的交往对象行握手礼，否则就是失礼。

(1)在社交场合彼此会面与道别后要握手。

(2)向他人表示恭贺、祝贺时要握手。

(3)向他人表示谢意时要握手。

(4)同久别重逢的亲朋好友见面要握手。

(5)参加各种红白喜事，告辞时同主人要握手。

(6)自己在接受奖状、奖品时同发奖人要握手。

(7)当被介绍给不相识者，与其握手表示乐于结识对方。

握手时要注意尽量避免出手过早，造成对方慌乱，同时也要注意不可出手过晚，以免失礼。

（二）握手的顺序

在社交场合，握手作为一种礼节，握手时伸手的顺序要根据握手人的社会地位、年龄、性别和身份来确定。与他人握手时，轻率地抢先伸出手去，这是很失礼的。

因此，在行握手礼时遵守“尊者决定”的原则，具体表现为：上级与下级握手，应由上级先伸手；长辈与晚辈握手，应由长辈先伸手；女士与男士握手，应由女士先伸手；主人待客时，应由主人先伸手；客人告辞时，应由客人先伸手。总之，社会地位高者，年长者、女士、主人享有握手的主动权。同性朋友、平辈见面、先伸手者则显得更有礼貌。

（三）握手的形式

一般来说，典型的握手形式主要有以下六种。

1. 对等式握手

这是标准的握手样式，握手时两人伸出的手心都不约而同地向着对方，或是到了最后都将手心向着对方。它可以是一种单纯友好的礼节性表达方式，也可以用于双方社会地位相当时，为了争取支配地位而不得不在最后握住时手心向着对方。如图 3-1-2 所示。

图 3-1-2　对等式握手

2. 双握式握手

双握式握手，又称政客式握手，即用右手紧握对方右手的同时，还要用左手加握对方的手背、前臂、上臂或肩部。这种握手形式常用于表达自己的热情真挚以及对对方的友谊与信赖，并且左手对对方的加握部位越高，表示热情友好的程度也就越高。

3. 捏手指式握手

捏手指式握手，即不用于两手的虎口相触对握，而是只捏住对方的几个手指或指尖。女性与男性握手时，为了显示自己的矜持与稳重，常采用这种方式。有时身份地位较高的人也会用这种握手形式表示他们的尊敬。但如果同性之间这样握手，就显得有些冷淡和生疏。

4. 谦恭式握手

谦恭式握手，又称“乞讨式”握手或顺从式握手。它与支配式握手相反，握手时掌心向上或向左上。采用这种握手方式的人可能出于被动、劣势地位，也有可能性格比较软弱或是平易近人，对对方比较敬重、敬仰。

5. 支配式握手

支配式握手，又称控制式握手，握手时掌心一般向下或向左下。当双方地位相差悬殊时，地位较高的一方常采用这种握手方式，以示自己的主动和支配地位。

6. 拉臂式握手

拉臂式握手，即将对方的手拉到自己的身边相握，并且握手的时间较长。常用于社会地位较低者与社会地位较高者握手时。

（四）握手的姿势

轻轻地一握，可以传达出热情的问候、殷切的期盼、真诚的祝福、由衷的感谢，或是敷衍应对、虚情假意、冷漠和轻视等情感态度，所以，握手要掌握争取的姿势：

神态专注：目视对方，面带微笑，口头问候或答谢等，忌左顾右盼或一心二用。

姿势自然：起身站立，对方距离一步，上身微微前倾，切忌坐着、距离太远或太近。

手位适当：单手相握用于初识和异性，双手相握用于亲朋故友。

力度适中：过轻有缺乏热忱和朝气或敷衍之嫌，过重有挑衅或非礼之嫌。

时间适度：指尖“蜻蜓点水”式的握手显示是走过场，无诚意，握手过长可能令人生厌，或显得虚情假意或有“想占便宜”之嫌。

（五）握手要注意的地方

(1)通常情况下，在社交场合，人们应该站立着握手。如果你是坐着的，有人向你起来和你握手，你就必须站起来。如因身体不便或者其他原因站不起来，你一定要说：“对不起，我不能站起来。”

(2)握手时手要干净，如果碰巧手很脏，应先向对方致歉，将手洗净后再握。但在他人由于疏忽而伸出脏手与你相握时，你应该照样伸手，以示友好。不论在何种情况下，不要拒绝与他人握手。

(3)同性间握手，应虎口相握；男性同女性握手时，一般只要轻握对方的手指部分，切忌采用双握式握手。

(4)不要戴手套与他人握手，只有女士戴薄纱手套与他人握手是允许的，否则是十分失礼的表现。

(5)不要用左手与人握手，尤其不要与阿拉伯人、印度人等有“左手忌”的人握手。

(6)不要戴墨镜与人握手，除了有眼疾者之外。

(7)众人握手时，不要交叉相握，要依次进行。

(8)不要在与人握完手后立即用手帕等物擦拭自己的手。

(9)不可东张西望，握手时不可东张西望或与他人打招呼。

(10)不可在握手时将另一只手放在口袋里。

(11)握手时不要把对方的手拉过来、推过去，或者上下左右抖个不停。

需要强调的是，旅游服务人员一般不应主动与客人握手，但如果对方伸出手，则可礼貌回应。

二、鞠躬礼

早在我国先秦时代就盛行鞠躬礼，两人相见时，以躬曲上肢，颔首低头向对方致意，以表示谦恭。但这还不是现代意义上的礼仪。这里所说的鞠躬礼是向对方行礼的一种形式，是一种社交礼仪。现在世界上，对鞠躬礼应用最多的是日本人，日本人即使在电话里与人问安和道别、承诺、请求时，也会不自觉地鞠躬。

(一)鞠躬的基本要求

鞠躬礼也可以分为两种：一种是三鞠躬礼，也称最敬礼；另一种是社交场合常用的一鞠躬礼，也称普通礼。

三鞠躬礼应先脱帽，身体立正，目光平视。鞠躬时，身体上部向前弯 90 度然后直立，恢复原状。反复三次。如参加追悼会，表示庄重严肃；如婚礼上，新郎、新娘行三鞠躬面带微笑，自然大方。

一鞠躬，适用一切社交场合。如晚辈对长辈、学生对老师、下级对上级，或演讲，讲话都可以使用。双手自然下垂，以腰部为轴，整个上身向前倾 15 度至 30 度，低头且目光向下，然后恢复直立。长辈、师长或上级受鞠躬礼时，可以欠身点头，或伸右手表示谢意，而不回鞠躬礼。如图 3-1-3 所示。

图 3-1-3

(二)鞠躬应注意的问题

(1)必须立正，脱帽，嘴里不能吃任何东西或边鞠躬边说与行礼无关的话。

(2)应礼貌注视对方，以表尊重的诚意。

(3)动作要规范，不可马马虎虎地弯腰敷衍了事。

(4)地位低的人要首先鞠躬，而且躬得更深。

三、拥抱礼

这是西方，尤其是在欧洲国家很常见的一种会面礼，通常用于表示慰问、祝贺、欣喜等。正规的拥抱礼讲究两人对面站立，各自举起右臂并将右手搭在对方左肩后面，左臂下垂，左手扶住对方后腰后侧，先向对方左侧拥抱，然后再向右侧拥抱，之后再向左侧拥抱，一共抱三次才算礼毕。

四、拱手礼

拱手礼又叫作揖，是中国传统民间的礼节，起身站立、上身挺直、双手抱拳前伸，上下晃动两下。在团拜活动、向他人祝寿、道喜、致谢等场合大多行拱手礼。

五、亲吻礼

亲吻礼是指以亲吻交往对象面部的某些部位向对方表示致意的礼节。多用于西方、东欧、阿拉伯等国家。

亲吻礼的做法是：长辈亲吻晚辈的额头；晚辈亲吻长辈的面颊；关系亲密的子女之间可吻脸；平辈之间、异性之间，宜轻贴面。行亲吻礼时，动作要轻快，勿过重、过长或出声；要注意口腔清洁无异味，不要把唾沫弄到对方脸上、额上；如果不是特殊关系和特殊场合，年轻、地位低者，不要急于抢先施亲吻礼。

六、合十礼

合十礼也称合掌礼，是以双手手掌十指相合的形式向对方表示致意的一种礼节，一般用于东南亚信奉佛教的国家。

【相关实训】

	交往礼仪展示活动
活动内容	结合本项目所讲的内容，以学习小组为单位，模拟一段在旅游活动中有关握手、鞠躬、致意(至少3种)交往礼仪的小品，并进行表演。进行现场展示，比一比哪个小组的效果最好
活动目的	让学生掌握交往礼仪的技巧，尤其是握手礼仪的正确应用
活动形式	小组角色扮演
活动步骤	划分小组；小组讨论；角色分工；答案交流
物品准备	教师可以进行拍摄录像，将学生完成任务的过程记录下来，课堂上可以进行分析

【思考讨论】

1. 除了本任务中介绍的交往礼仪，还有生活中还有哪些交往礼仪会用到？举例说明。
2. 在旅游行业中，交往礼仪如何体现其重要性？

任务四　名片礼仪

【任务分析】

教师：

1. 准备 PPT 及相关案例，说明名片礼仪的重要性。
2. 重点指导递接名片的操作要求，单独对每个学生进行指导，并提出建议。
3. 创设情境、案例，组织学生分小组进行练习与考核。

学生：

1. 根据教师创设的案例进行角色扮演，从中归纳名片礼仪在带团中的重要性。

2. 与同学之间进行现场的递接名片的实验。

3. 掌握名片礼仪的种类及递送、索要。

【相关知识】

名片作为商业人员个人形象和企业形象的有机组成，在商务交往中承担者重要的作用。它不仅有助于介绍自己，而且可以保持相互之间的联系，以便双方开展日后的合作。在商务交往中，没有名片会让人产生怀疑，不随身携带名片，则被视为不尊重交往对象。可见，名片对于商务人员的意义有多重要。

一、名片的规格

现代名片的规格一般为10厘米长、6厘米宽，或略小。世界各国名片规格也不统一，我国的名片规格通常为长9厘米，宽5.5厘米。此外，还有一种女士专用名片，长8厘米，宽4.5厘米，一般如果没有特殊需要，不要把名片制作得过大或过小，也不必将名片制作成书本式或折叠式。

二、名片的色质

名片的材料应以耐磨、耐折、美观、大方、便宜的纸张为首选，如再生纸、白卡纸等，不提倡选用真皮、木材、塑料、黄金、白银等做材料，也不主张将纸质名片烫金、镀金、压花、熏香等。

名片的颜色宜选用庄重、朴素的白色、米色、淡蓝色、淡黄色、淡灰色等，另外最好不要在名片上印人像、漫画、花卉、宠物，因为这些都会给人以华而不实的印象。在对外交往中，一定要印中、外文，一般是正面印中文，背面印外文。

三、名片的格式

名片的印刷格式有很多，一般有两种：竖式和横式。竖式的行序由右到左，字序由上到下；横式的行序则由上到下，字序由左到右。由于横版名片字序与现代人的阅读习惯相符，所以生活中我们看见的名片一般为横版。

四、名片的种类

按内容、用途的不同，名片可以分为个人名片和单位名片两大类。在人际交往中，一个人同时携带几种名片是很正常的。

(一)个人名片

1. 应酬名片

其内容通常只有个人姓名一项，或加上本人的籍贯与字号。若为后者，则籍贯单独一行，顶格写，姓名与字号一行在中间，突出姓名，用大号字。这种名片主要适用于社交场合一般性的应酬，拜会他人时说明身份，馈赠时替代礼单，以及用作便条或短信。

2. 社交名片

用于自我介绍与保持联络之用，信息内容一般包括个人姓名、家庭住址、私人电话和信箱等，姓名用大号字印于中央位置；联络方式用小号字印于右下方。为了与公务名片相区别，社交名片一般不印办公地址和电话。这种名片适用于在社交场合作自我介绍和保持联系。

3. 公务名片

公务名片是指在政务、商务、学术、服务等正式的业务交往中使用的个人名片。它是目前最为常见、使用最广的一种个人名片。标准的公务名片应该包括所在单位、个人称呼、联络方式等。

（二）单位名片

主要用于对外宣传和推广活动。其内容一般有单位全称和标志，单位的联络方式，单位地址及电话总机号等。

五、名片的交换

（一）递交名片

名片主要是自我介绍时使用。在握手寒暄后可递交名片。递交名片时应面带微笑，正视对方，身体呈 15 度鞠躬状态，恭敬地用双手送至对方胸前。应注意的是，名片上的文字应该顺着对方，以便对方接受时观看名片内容，并附带谦辞敬语，如“请多联系”、“请多关照”等，如果是坐着，应该起身或欠身递送；如果同时与许多人交换名片，一般先尊后卑，先近后远，也可按座位顺序排列名片。切勿采用“跳跃式”交换法。

（二）接受名片

首先在接受他人递过来的名片时，除女性和老人、残疾者外，应尽快起身或欠身，上身前倾 15 度，面带微笑，用双手的拇指和食指分别持握名片的下角(见图 3-1-4)。并可说：“谢谢”，“非常高兴得到您的名片”等，使对方感到你对他的名片及人的重视。

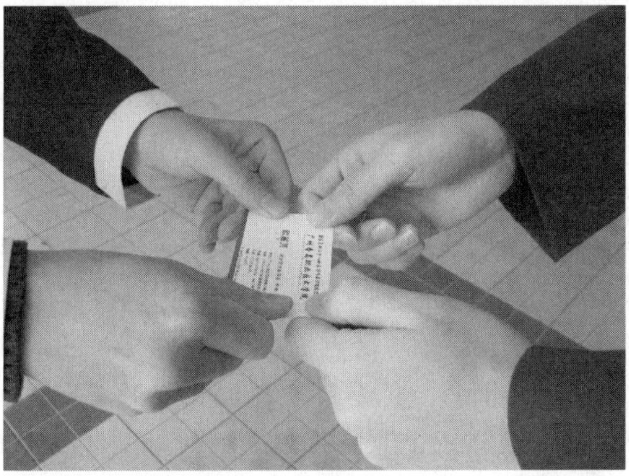

图 3-1-4　接受名片

其次接过名片后，要认真看一下，不清楚的地方可立刻请教，以免尴尬。收到名片后应立即回赠，没有带名片或名片已发完应致歉。

（三）索要名片

当你希望获得别人的名片时，一般最好不要直接索要，只能委婉地提示。譬如：“您能不能给我张您的名片”，或者“您给我张您的名片好吗？”这样直截了当地索要，无异于责怪别人小气，而显得失礼。应采取暗示的方式，比如：“李教授，如果我以后想向您请教，请问，该怎样跟您联系比较方便？”意思是，请给我张您的名片吧。当然，最好的方式是主动递上自己的名片，并谦恭地说：“认识您很荣幸。”这样等于礼貌地暗示别人：“我们交换一下名片，好吗？”

当别人索要你的名片时，而你不想给时，应委婉地拒绝说：“对不起，用完了”或“忘带了”等。

六、名片的收存

很多人习惯接过对方的名片后顺手塞进衣袋或公文包里面，这样做是不礼貌的。而且查找或使用起来是不方便的。在社交场合中，最好有专门的名片包或名片夹。自己也应常备有名片，以便随时取用。同时为了今后使用方便，应该对手中的名片及时地加以分类整理。可以按姓名拼音字母分类，按部门、专业分类，或按国别、地区分类等。

【相关实训】

	名片交换技巧展示活动
活动内容	结合本项目所讲的内容，以学习小组为单位，自编一个名片交换技巧的情景剧并穿插介绍礼仪，进行现场展示，比一比哪个小组的效果最好
活动目的	让学生掌握名片交换的技巧
活动形式	情景剧表演
活动步骤	划分小组；小组讨论；角色扮演分工；答案交流
物品准备	教师可以进行拍摄录像，将学生完成任务的过程记录下来，课堂上可以进行分析

【思考讨论】

两位商界的老总，经中间人介绍，相聚谈一笔合作的生意，这是一笔双赢的生意，而且做得好还会大赢，看到合作的美好前景，双方的积极性都很高，A老总首先拿出友好的姿态，恭恭敬敬地递上了自己的名片；B老总单手把名片接过来，一眼没看就放在了茶几上。接着他拿起了茶杯喝了几口水，随手又把茶杯压在名片上，A老总看在了眼里，明在心里，随口谈了几句话，起身告辞。事后，他郑重地告诉中间人，这笔生意他不做了。当中间人将这个消息告诉B老总时，他简直不敢相信自己的耳朵，一拍桌子说："不可能！哪儿有见钱不赚的人？"立即打通A老总的电话，一定要他讲出个所以然来，A老总道出了实情："从你接我的名片的动作中，我看到了我们之间的差距，并且预见到了未来的合作还会有许多的不愉快，因此，还是早放弃得好。"闻听此言，B老总放下电话痛惜失掉了生意，更为自己的失礼感到羞愧。

问题提出：

1. A老总违反了哪些礼仪？

2. A老总应该怎么做？

【项目相关链接】

握手的起源

握手起源于"刀耕火种"的原始社会，那时的人们，用以防身和狩猎的主要武器就是棍棒和石块。传说当人们在路上遭遇陌生人时，如果双方都不怀恶意，便放下手中的武器，伸出一只手来，手心向前，向对方表示自己手中并没有石块和棍棒，不必害怕。相互走近之后，便互相摸摸右手，以示友善，天长日久，这种表示友好的习惯沿袭下来，就成为今天的握手礼。

【项目测评】

姓名：　　　　　小组名称：　　　　　项目组长：　　　　　日期：

测评内容	测评标准	标准分值	测评结果(√通过、×未通过)
传统称呼	举出常用的称呼语言	15 分	
趣味自我介绍	文字表述能力	25 分	
交往礼仪应用	明确握手、鞠躬的正确使用	15 分	
项目知识点回忆	知识掌握评价	25 分	
实战角色	岗位应用评价	20 分	
自我评价：	小组评价：	教师评价：	总评：

项目二　位次礼仪

【项目目标】

1. 认识位次礼仪的重要性。
2. 了解行进、会客礼仪的要求。
3. 掌握宴会、乘车礼仪的基本原则。

【引例】

座次的风波

某分公司要举办一次重要会议，请来了总公司总经理和董事会的部分董事，并邀请当地政府要员和同行业重要人士出席。由于出席的重要人物多，领导决定用 U 字形的桌子来布置会议桌。分公司领导坐在位于长 U 字横头处的下首。其他参加会议者坐在 U 的两侧。在会议的当天开会时，贵宾们进入了会场，按安排好的座签找到了自己的座位就座，当会议正式开始时，坐在横头桌子上的分公司领导宣布会议开始，这时发现会议气氛有些不对劲，有些贵宾相互低语后借口有事站起来要走，分公司领导人不知道发生什么事或出了什么差错，非常尴尬。

问题提出：

1. 为什么有贵宾相互低语后都借口有事站起来要走？
2. 分公司的领导人为什么非常尴尬？失礼在何处？

任务一　行进位次

【任务分析】

教师：

1. 准备 PPT，帮助同学们回忆在行进中位次内容。
2. 创设情境，分析不同场合的位次，对学生进行实际操作示范，并指导学生练习。
3. 组织学生分小组进行练习与考核。

学生：

1. 按标准行进位次要求进行对照练习。

2. 根据教师创设的情境进行角色扮演，从中归纳行进位次礼仪在旅游服务中的重要性。

3. 熟练掌握不同场合的行进位次。

【相关知识】

所谓行进中的位次排列，指的是人们在步行的时候位次排列的顺序。在接待礼仪中行进位次礼仪是不可缺少的重要的环节，在陪同、接待来宾或领导时，行进位次是必须注意的经常性的礼节。

一、行走礼仪

接待人员在引导来宾时，在一般情况下，负责引导来宾的人，多为来宾接待单位的接待人员、礼宾人员、专门负责此事者，或是接待方与来宾对口单位的办公室人员、秘书人员。在宾主双方并排行进时，引导者应主动在外侧行走，而请来宾行走于内侧。若三人并行时，通常中间的位次最高，内侧的位次居次，外侧的位次最低，宾主之位此时可酌情而定。在单行行进时，应由引导者行走在前，来宾行走于其后，以便为后者带路。

二、进出门的礼仪

在出入房门时，引导者须主动替来宾开门或关门。如果是朝外开的门，接待人员应打开门，请客人先进；如果是朝里开的门，接待人员应先推开门进去，然后侧身请客人进入；如果是旋转式的门，接待人员应先过去，然后在另一边等候客人。

三、乘电梯的礼仪

出入无人控制的电梯时，引导者须先入后出，以操纵电梯，而让客人后入先出；出入有人控制的电梯时，引导者则应后入先出，这样做主要是为表示对来宾的礼貌。

四、上下楼梯的礼仪

为了安全的需要，上下楼梯均应单行行走，如果楼梯较宽，并排行走最多不超过两人。注意要靠右侧行走，左侧留给有急事的人通过，如引导尊长，客人上楼梯时，接待人员应走在尊长、客人后边。如图 3-2-1 所示。

图 3-2-1 上楼梯礼仪

下楼梯时，尊长、客人在后，接待人员在其前边引导。如图 3-2-2 所示。

图 3-2-2　下楼梯礼仪

上下楼梯时，要注意姿势和速度，与前后人之间保持一定的距离。

在引导来宾时，引导者除了与来宾进行正常的交谈外，切勿一味沉溺于高谈阔论，免得令来宾走神，往往还要就某些必要的情况进行介绍或提醒，如“各位请”、“各位请往这边走”、“请各位留神”、“我们现在前去××地”等。

【相关实训】

	位次技巧展示活动
活动内容	结合本项目所讲的内容，以学习小组为单位，设计一个场景分别扮演接待人员及身份不同的客人，模拟将客人从大门口，途径电梯，楼梯引领客人到达目的地，进行现场展示，比一比哪个小组的效果最好
活动目的	让学生掌握位次礼仪的技巧
活动形式	场景模拟
活动步骤	划分小组；小组讨论；角色分工；答案交流
物品准备	教师可以进行拍摄录像，将学生完成任务的过程记录下来，课堂上可以进行分析

【思考讨论】

1. 行进位次，应遵循哪些原则？

2. 旅游带团中，有涉及位次的方面吗？举例说明。

任务二　宴会位次

【任务分析】

教师：

1. 准备 PPT，帮助同学们回忆宴会位次的习惯及要求。

2. 分析中西餐宴会位次的操作要求，对学生进行实际操作示范，并指导学生练习。

3. 组织学生分小组进行练习与考核。

学生：

1. 按标准中西餐位次要求进行对照练习，有难题及时提问。

2. 熟练掌握中西餐的宴会位次要求。

【相关知识】

宴请是为了表示欢迎、祝贺、答谢等举行的一种隆重的、正式的餐饮活动，是社会交往中常见的交际活动之一。由于宴请活动是一项具有严格程序和礼仪的活动。所以旅游从业人员必须安排好桌次和席位，提高社交礼仪的能力和加强社交礼仪的修养，是大有好处的。

一、宴请的类型

国际上通用的宴请形式有宴会、招待会、茶会和工作餐等。采用哪种形式进行，一般要根据活动的目的，对象及经费开支等因素来确定。

(一)宴会

宴会时一种盛情邀请贵宾餐饮的聚会，也是最正式、最隆重的宴请活动。从宴会的隆重程度和出席规格来看，可分为国宴、正式宴会、便宴、家宴。从宴会举行的时间看，又有早宴、午宴和晚宴之分(本书将在后面酒店服务礼仪部分详细介绍这部分内容)。

(二)招待会

招待会是指各种不备正餐，较为灵活的宴请形式，备有酒水、食品、饮料等，通常不排座次，自取自食，可以自由走动。

(三)茶会

茶会是一种简单的招待形式。一般在下午 4 点左右举行，也有在上午 10 点左右举行，通常持续的时间不超过两个小时。茶会通常设在客厅或会议室，厅内摆茶几、座椅等。它的特点是不上酒水，以茶水或咖啡为主，可以略备当地风味小吃和点心。不排席位，若是为贵宾举行的茶会，在入座时，主人要有意识地和主宾坐在一起，其他出席人员可以相对随意。茶会对茶叶和茶具是比较讲究的，同时在茶会上要注意敬茶，上茶要从客人的左后侧或右侧用双手把茶杯递上去，杯耳应该朝向外侧，如果是无耳的茶杯要双手捧茶。

(四)工作餐

工作餐是国际交往中常用的非正式的宴请形式，其特点是边进餐边谈工作。工作餐按时间可分工作早餐、工作午餐和工作晚餐。此类活动一般只邀请与工作有关的人员，不带其配偶。其座位与会谈座次排列相仿，总人数不超过 10 人为好。

二、宴会位次安排

(一)中餐的桌次安排

中式宴会多采用圆桌，通常是 8～12 人一桌，人数较多可平均分成几桌，举办一桌以上的宴请时就涉及桌次安排。

1. 中餐宴请的桌次安排原则

(1)以右为上。餐桌的排列有左右之分时，面对餐厅(或包厢)正门或面对乐队演出中的右侧为上、为尊(见图 3-2-3)。

(2)以远为上。餐桌的排列有远近之分时，距离餐厅(或包厢)正门较远者为上、为尊(见图 3-2-4)。

(3)居中为上。餐桌的排列有左中右之分时，居于中间者为上、为尊(见图 3-2-5、图 3-2-6)。

(4)在桌次较多时，上述排列常规往往交叉使用(见图 3-2-7、图 3-2-8)。

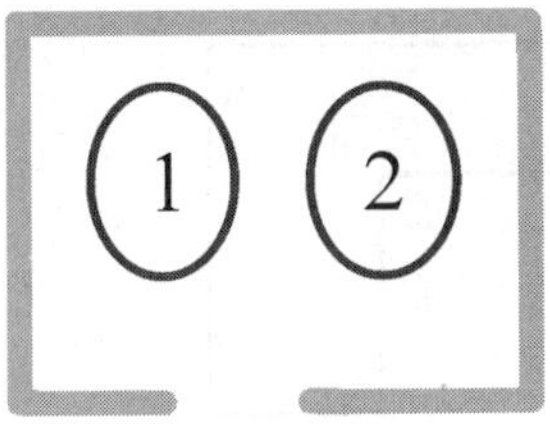

图 3-2-3

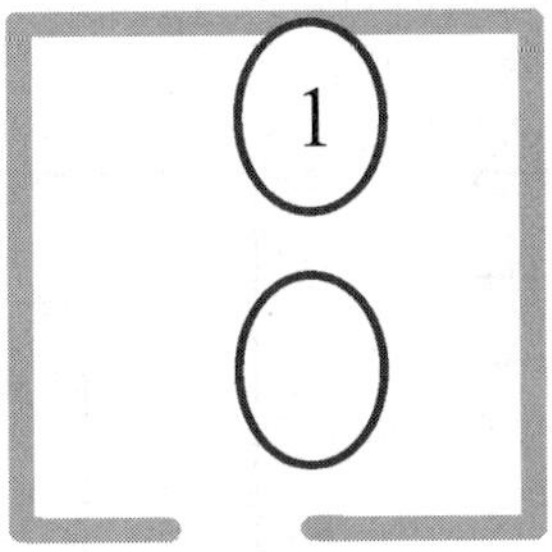

图 3-2-4

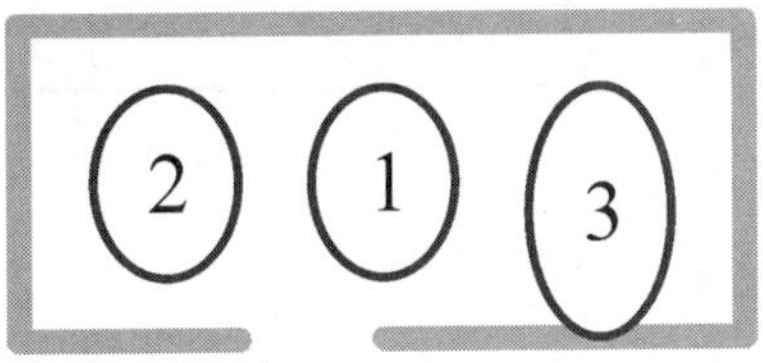

图 3-2-5

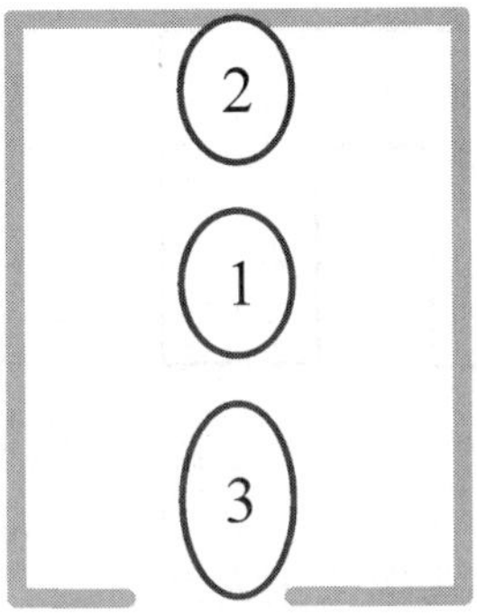

图 3-2-6

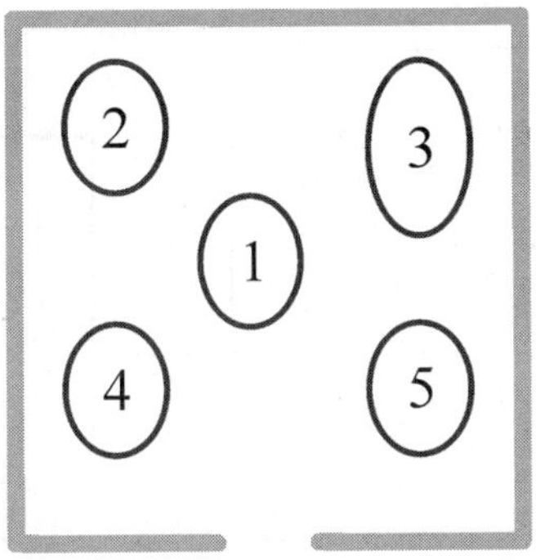

图 3-2-7

图 3-2-8

2. 中餐宴会的座次安排

中餐宴请时，每张餐桌上的座次也有主次、卑微的差别。在排定中餐宴会座次是，应综合考虑以下原则。

(1)面门为上。即通常面对餐厅正门的位置为主人位，与主人位相对的座位为副主人位。如果只有一名主人，则主宾在其右侧入座(见图 3-2-9)。如主人夫妇共同出席宴会时，则男主人在主人位就座，女主人在副主人(第二主人)位就座。第一主宾和第二主宾分别位于男主人和女主人的右侧入座(见图 3-2-10)。也可把第一主宾和第二主宾按照右高左低的原则安排在男主人的两侧，而把第三和第四重要的客人也按照右高左低的原则安排在女主人的两侧(见图 3-2-11)。

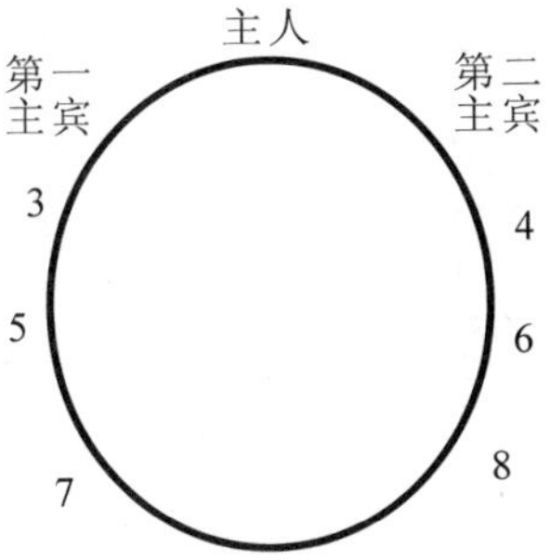

图 3-2-9

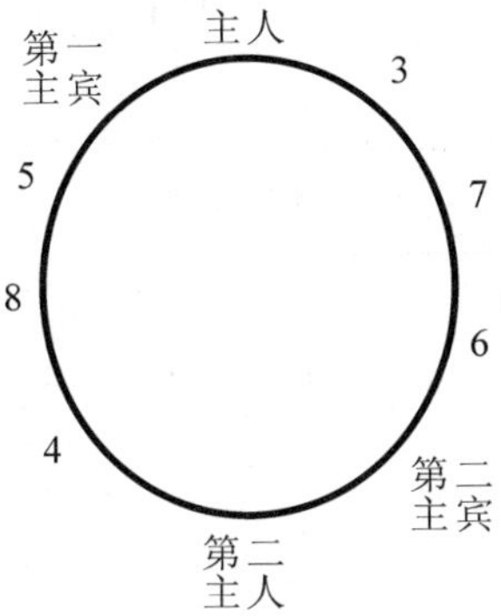

图 3-2-10

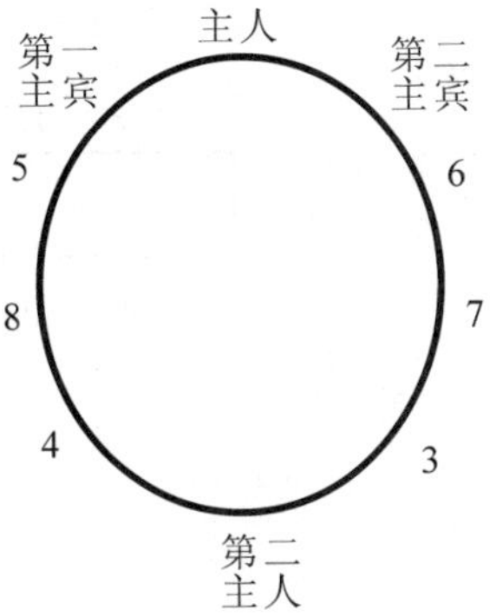

图 3-2-11

(2)客右主左。按照国际惯例，主宾应该安排在主人的右侧就座。

(二)西餐的席位安排

西餐宴会一般采用长桌，桌子的设置方法可以根据用餐人数的多少和场地大小而决定。常见的有：一字形、T形、倒U形和开口朝下的E形(见图3-2-12)。安排席位时，遵循下列原则。

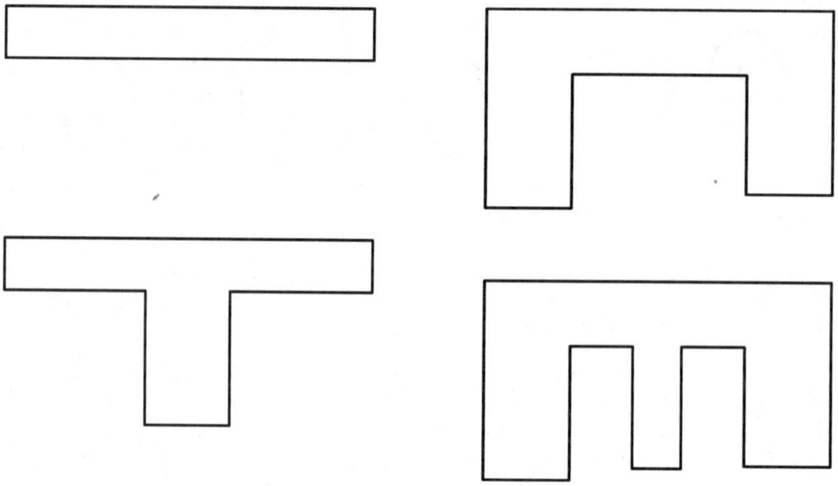

图 3-2-12

(1)女士优先。西餐宴会中，女主人一般为第一主人，男主人为第二主人。

(2)面门为上。西餐宴会中，面对餐厅正门的位置为尊，背对餐厅正门的位置为次。

(3)以右为尊。西餐宴会中，主位右侧的位置为尊，主位左侧的位置为次。

(4)交叉排列。西餐宴会中，男女席位交叉排列，熟人与生人交叉排列，目的为了广交朋友。

在席位安排时，男女主人在长桌的中央相对而坐，此外男女主人也可分别坐在长桌两端，主宾及其夫人分别靠近男女主人的右侧入座。席位安排见图3-2-13。

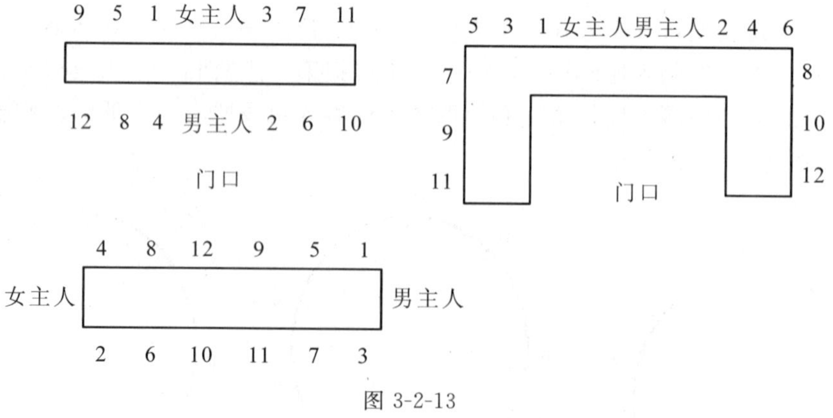

图 3-2-13

【相关实训】

	中西餐座次技巧展示活动
活动内容	结合本项目所讲的内容，以学习小组为单位，分别扮演主宾、主宾夫人、主人、女主人、第三主宾、第四主宾及陪同人员，按照中餐宴会席位的安排原则，模拟练习中餐宴会的席位安排，比一比哪个小组的效果最好
活动目的	让学生掌握中西餐座次安排技巧
活动形式	现场角色扮演
活动步骤	划分小组；小组讨论；角色分工；答案交流
物品准备	教师可以进行拍摄录像，将学生完成任务的过程记录下来，课堂上可以进行分析

【思考讨论】

1. 中餐席位应遵循哪些原则？
2. 常见的西餐宴会席位的安排有哪几种方式？

任务三　乘车位次

【任务分析】

教师：

1. 准备 PPT，帮助同学们回忆乘车礼仪的内容。
2. 分析不同类型车辆位次的要求，对学生进行实际操作示范，并指导学生练习。
3. 组织学生分小组进行练习。

学生：

1. 根据不同类型车辆位次要求进行对照练习。
2. 熟练掌握不同车辆位次。

【相关知识】

乘车礼仪是指旅游企业为游客提供交通乘车服务需要遵守的礼仪规范。游客的吃、住、行、娱乐、购物等旅游活动，基本上要通过乘车才能实现。在工作当中，旅游工作人员更应该注意乘车礼仪，位次的安排，从而体现处处关心客人，尊重客人，展示自我及企业的良好形象。

一、乘车座次安排

在比较正规的场合，乘车一定要分清座次的“尊卑”，并在自己适得其所之处就座。下面介绍五种常用车辆在乘坐时的座次排列。

(一)双排五座轿车

由主人亲自驾驶时，座位顺序应当依次是：副驾驶座、后排右座、后排左座、后排中座(见图 3-2-14)。由专职司机驾驶时，座位顺序应当依次是：后排右座、后排左座、后排中座、副驾驶座(见图 3-2-15)。主人夫妇驾车时，则主人夫妇坐前座，客人夫妇坐后座，男士要服务于自己的夫人，应开车门让夫人先上车，然后自己再上车。

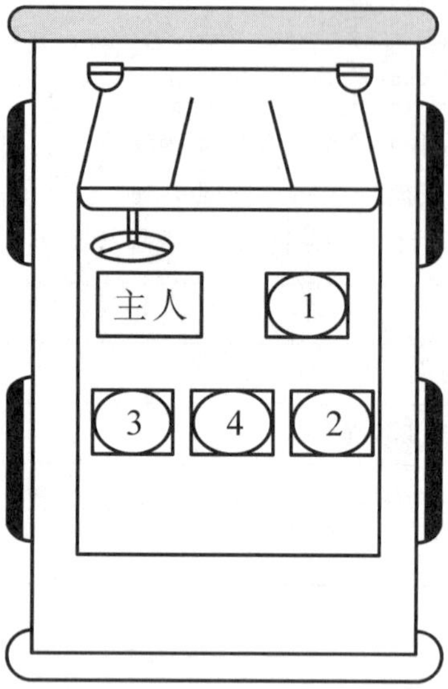

图 3-2-14

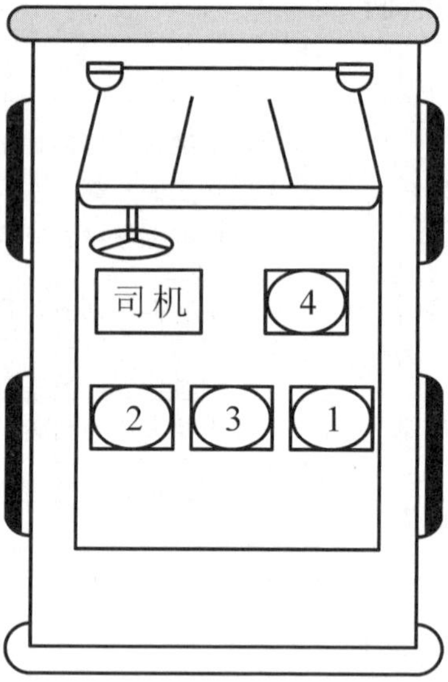

图 3-2-15

（二）三排七座轿车

由主人亲自驾驶时，座位顺序应当依次是：副驾驶座、后排右座、后排左座、后排中座、中排右座、中排左座（见图 3-2-16）。由专职司机驾驶时，座位顺序应当依次是：后排右座、后排左座、后排中座、中排右座、中排左座、副驾驶座（见图 3-2-17）。

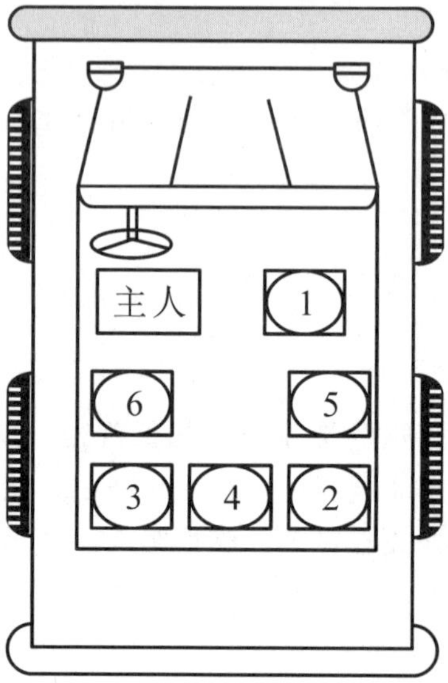

图 3-2-16

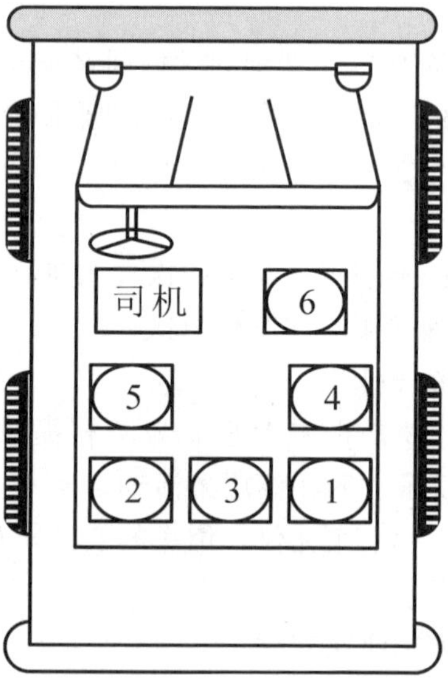

图 3-2-17

（三）吉普车

吉普车是一种轻型越野车，大都为 4 座车。不管由谁驾驶，吉普车上座位顺序均依次是：副驾驶座、后排右座、后排左座（见图 3-2-18）上车时，后排位低者先上车，前排尊者后上、下车时前排客人先下，后排客人再下车。

（四）多排座轿车

多排座轿车是指 4 排以及 4 排以上座位的大中型轿车。其不论由何人驾驶，均以前排为上，以后排为下；以右为尊，以左为“卑”；并以距离前门的远近来排定具体座位的顺序，现以6排17座轿车为例(见图3-2-19)。

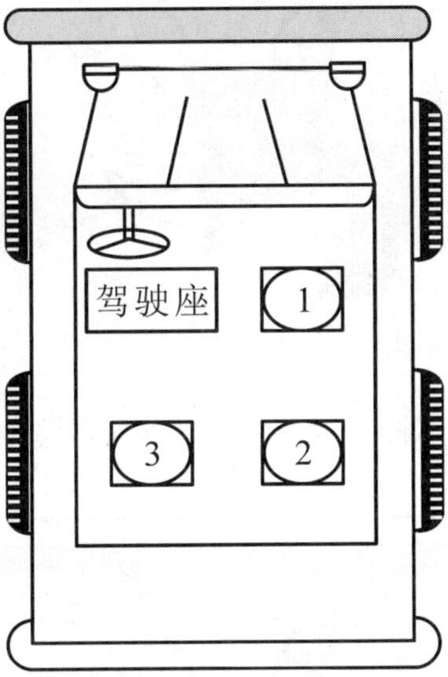

图3-2-18

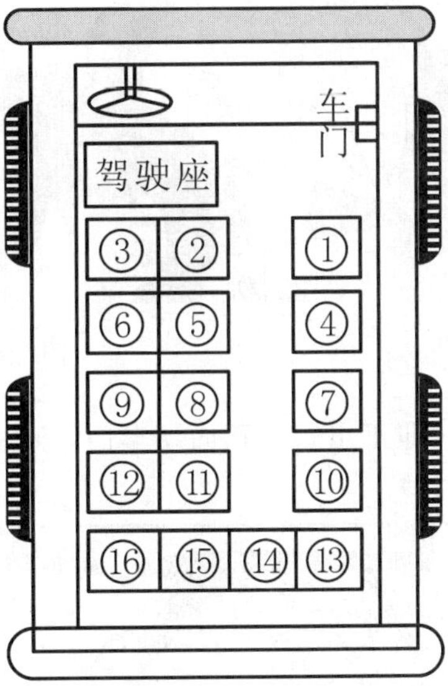

图3-2-19

在旅游接待中，除了注意车辆的正常座次排列外，还需要把握以下五点。

(1)乘坐主人驾驶的轿车时，最重要的是不能让前排空着。一定要有一个人坐在那里，以示相伴。

(2)由专人驾驶车辆时，副驾驶座一般也叫随员座，通常坐于此处者多为随员、译员、警卫等。从安全角度考虑，一般不应让女士坐于副驾驶座，孩子与尊长也不宜在此座就座。

(3)必须尊重嘉宾本人对轿车座次的选择，嘉宾坐在哪里，则哪里即是上座。

(4)主人亲自驾车，坐客只有一人，应坐在主人旁边、若同坐多人，中途坐前座的客人下车后，在后面坐的客人应改坐前座，此项礼节最易疏忽。

(5)上下轿车时，如果引导者与来宾出行，宾主不同车时，一般应为引导者坐车在前，来宾坐车居后；宾主同车时，则大都讲究引导者后登车、先下车，来宾先登车、后下车。

(五)火车

在火车上，座次的常规通常为：距离火车头愈近的车厢，其位次便愈高。距离车厢中部愈近的包厢、铺位和座位，其位次愈高。皆以面对火车行进方向的一侧为上位；卧铺则以下铺高于中铺，中铺高于上铺；在同一排座位中，临窗为上座，临通道为下座(见图3-2-20)。

乘列车时的座位安排

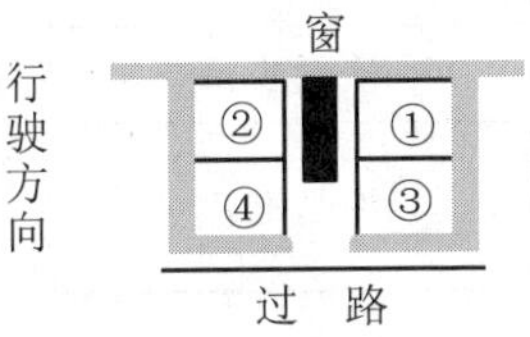

图3-2-20

二、上下车姿态礼仪

乘坐轿车时应注意自己的举止姿态，上下车时应采用背入式和正出式。背入式即打开车门上车时，背对车内臀部先坐下，同时上身及头部入内，然后再将并拢的双腿送进车内(见图3-2-21)。

图 3-2-21 上车背入式

下车时即正出式，正面朝车门，双脚先着地，再将上体头部伸出车外，同时起立出来（见图 3-2-22）。

图 3-2-22 下车正出式

【相关实训】

	乘车位次技巧展示活动
活动内容	结合本项目所讲的内容，以学习小组为单位，分别扮演不同身份的角色，模拟练习轿车座次、火车座次的礼仪，剧情完整进行现场展示，比一比哪个小组的效果最好
活动目的	让学生掌握乘车位次安排技巧
活动形式	模拟练习
活动步骤	划分小组；小组讨论；模拟练习；答案交流
物品准备	教师可以进行拍摄录像，将学生完成任务的过程记录下来，课堂上可以进行分析

【思考讨论】

小王是某酒店的大堂副理。某日上午他乘坐酒店双排座轿车前往机场迎接酒店的三名重要客人。这三名重要客人分别是某公司的董事长李先生，总经理赵先生及董事长的秘书孙小姐。只见，小王非常绅士地打开副驾驶座一侧的前门，请董事长李先生先入座，然后打开汽车的右侧后门，请董事长秘书孙小姐坐在后排中座，再请总经理赵先生坐在后排右侧座位上，关上车门后，从车后绕到小汽车左侧，打开后门，坐在后排的左侧座位上。然后示意司机将车开往酒店。

问题提出：

1. 案例中小王的做法中哪些是错误的？为什么，请加以解释。
2. 你认为乘车次序礼仪在服务接待中重要吗？为什么？

任务四　会客位次

【任务分析】

教师：

1. 准备一段会客位次礼仪的相关视频。
2. 分析会客位次的要求，对学生进行实际操作示范，并指导学生练习。
3. 组织学生分小组进行练习。

学生：

1. 根据标准的会客位次要求进行对照练习。
2. 掌握会客位次的标准礼仪。

【相关知识】

会见，国际上一般称接见或拜会。凡身份高的人士会见身份低的人士，或是主人会见客人，这种会见，一般称为接见或召见，凡身份低的人士会见身份高的人士，或是客人会见主人，这种会见，一般称为拜会或拜见，拜见君主，又称谒见、觐见。我国国内不作上述区分，一般统称会见。

一、会客时座次安排有以下原则

(一)宾主对面而坐时，面门为上

客人与主人对面而坐称为相对式。相对式位次排列的基本要求是面门为上，也就是面对房间正门者为客位，背对房间正门者为主位。

(二)宾主并列而坐时，以右为上

宾主并排而坐即称并列式。当宾主并排而坐，倘若双方都面对房间正门时，具体的要求是以右为上。以右为上是指宾主之间客人应该坐在主人的右边，而主人应该坐在客人的左边。

(三)难以排列时，可自由择座

自由择座即自由式，即客人随意坐。自由式通常用在客人较多，座次无法排列，或者大家都是亲朋好友，关系比较亲密，没有必要排列座次时。

二、会见座席的安排

会见一般安排在会客室，要求是：主宾坐在主人右边，如需译员和记录员则安排坐在主人和主宾身后，其他客人按礼宾顺序在主宾一侧就座，主方其他人员在主人一侧就座。座位不够可在后排加座，具体有半圆形和门形两种形式(见图 3-2-23 和图 3-2-24)。

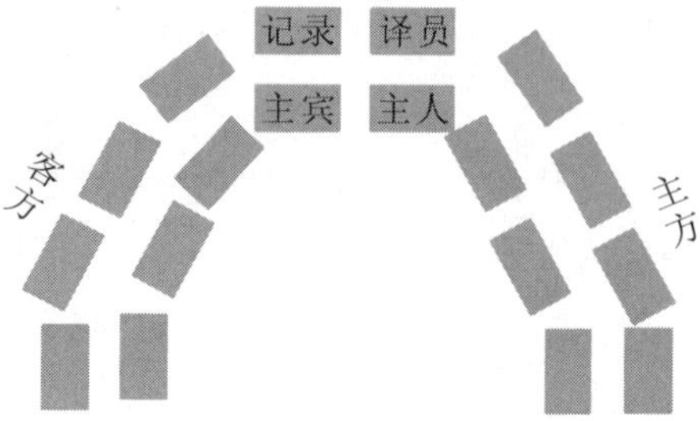

图 3-2-23 半圆形会见座席

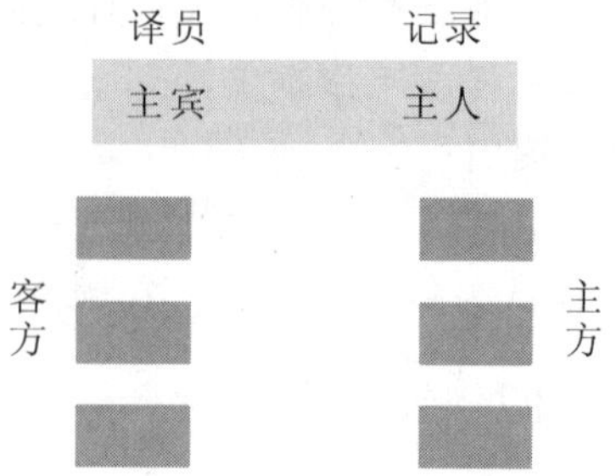

图 3-2-24 门形会见座席

三、会客座次排序

(一)自由式

不分身份、不分地位；适合非正式交往如亲友团圆、同学聚会，以及难以排列座次的时候，比如都是重要客户，无法分清主次时。

(二)中心式

犹如众星捧月，具有较明显的尊卑关系；适用于主题庆祝、给重要人物或长辈过生日、老师和专家小范围讲学等场合。

(三)相对式

相对而坐，有一定距离，也就是面对房间正门者为客位，背对房间正门者为主位，以示对客人的尊重；主要用于公事办公，需要拉开彼此距离的情形或用于双方就某一问题进行讨论。例如，部下向上司汇报工作、求职面试、洽谈生意等。

(四)并列式

即客人应坐在主人的右边，主人则坐在客人的左边，以右为上是国际惯例，平起平坐，亲密友善；主要用于会见朋友宾客或较为轻松的场合。例如，国家领导人会见外宾，熟人或老朋友来访等。

【相关实训】

	会客座次技巧展示活动
活动内容	结合本项目所讲的内容，以学习小组为单位，模拟组织一次校友聚会，邀请不同身份的人员参加，进行座次安排等活动展示，比一比哪个小组的效果最好
活动目的	让学生掌握会客座次技巧
活动形式	模拟练习
活动步骤	划分小组；小组讨论；模拟练习；答案交流
物品准备	教师可以进行拍摄录像，将学生完成任务的过程记录下来，课堂上可以进行分析

【思考讨论】

李阳是某大学的高才生，毕业后分到一家外贸公司。不久，领导派他接待一位英国客户，在几天观光游览中，李阳凭借流利的英语和丰富的历史文化知识，赢得了客户的好感。在正式的贸易会谈时，李阳自恃与客户稔熟，大模大样地坐在客户身旁，没有注意英国客户自带的翻译就在身后。公司领导向李阳示意，但李阳浑然不觉。领导只好命令李阳坐回自己该坐的位置，众目睽睽之下，李阳尴尬万分。

问题提出：

李阳犯了什么错误？他应该坐在哪里？

【项目相关链接】

鸡尾酒

所谓鸡尾酒，实际上是一种混合酒，其配方据说已有2000多种。混合酒为什么叫鸡尾酒呢？

有一种说法是，从前外国有一位驸马，善于配制混合酒，很受宾客欢迎，应接不暇，忙乱中丢失了调酒的勺子，便信手拔下头饰上的鸡毛调制，因而得名。

另一说种说法是，西欧某国，猎人上山狩猎时各自带酒。一次进餐时，大家把酒混在一起共饮，酒味极佳。由于各种酒混在一起，五光十色，在阳光下闪烁，像鸡尾一样好看，因而得名。

【项目测评】

姓名： 小组名称： 项目组长： 日期：

测评内容	测评标准	标准分值	测评结果(√通过、×未通过)
行进位次	准确区分前后左右	15分	
宴会位次	准确描述、操作的基本要领	25分	
乘车位次	准确安排不同车型的位次	25分	
会客位次	准确理解会客接待能力	15分	
综合知识	说明位次的综合应用的注意事项	20分	
自我评价：	小组评价：	教师评价：	总评：

项目三 接待、拜访礼仪

【项目目标】

1. 认识接待、拜访礼仪的重要性。
2. 了解接待礼仪的流程。
3. 熟练掌握拜访礼仪的规范。

【引例】

泰国某政府机构为泰国一项庞大的建筑工程向美国工程公司招标。经过筛选，最后剩下4家候选公司。泰国人派遣代表团到美国去与各家公司商谈。代表团到达芝加哥时，美国工程公司在忙乱中出了差错，没有仔细复核飞机到达时间，未去机场迎接泰国客人。但是泰国代表团尽管初来乍到不熟悉芝加哥，还是自己找到了芝加哥商业中心的一家旅馆。他们打电话给那位局促不安的美国经理，在听了他的道歉后，泰国人同意在第二天上午11时在经理办公室会面。第二天美国经理按时到达办公室等候，直到下午三四点才接到客人的电话说："我们一直在旅馆等候，始终没有人前来接我们。我们对这样的接待实在不习惯。我们已订了下午的机票飞赴下一目的地。再见吧！"

（资料来源：杨眉．现代商务礼仪[M]．大连：东北财经大学出版社，2000）

问题提出：

泰国人之所以断送生意，原因有哪些？

任务一　接待礼仪

【任务分析】

教师：

1. 准备接待礼仪的相关视频。
2. 分析接待礼仪的流程，对学生进行实际操作示范，并指导学生练习。
3. 组织学生分小组进行练习。

学生：

1. 根据接待礼仪的流程进行对照练习。
2. 熟练掌握接待礼仪的规范。

【相关知识】

"有朋自远方来，不亦乐乎"，初次来访的客人或多次业务交往的商业伙伴对企业的第一印象是从企业的人和物上得到的。写字间的环境是硬环境，接待工作是软环境。因此，企业的接待室，办公室是公司的"窗口"，接待人员代表着公司的形象，掌握接待礼仪的基本原则，才能更好地完成接待工作。接待礼仪的基本原则是节俭务实、与人方便。在接待过程中不铺张浪费，不搞形式主义，但要给客人宾至如归的感觉。与人方便就是要求在接待过程中遵循"客随主便"的原则，想对方之所想，急对方之所急，尽自己的一切可能满足对方的正当要求。一般大致有以下几个流程。

一、准备工作

（一）布置环境

布置环境包括办公室（会议室）内的空气、颜色、光线、室内布置及办公设备等外在客观环境。良好的空间环境让客人一进门就感到舒适，一般来说，室内应通风良好，相对湿度、温度合理，光线要充足，但不能过强。为了保持室内安静，应铺放地毯。欢迎的海报要事先贴在显眼的地方，欢迎词要恰当得体。除此之外，还要注意室内的绿化，应摆放一些鲜花或绿色植物，摆放的位置以不妨碍视线交流和人员活动为宜。

（二）掌握情况

尽可能多地掌握来宾的基本情况，如所在单位、姓名、性别、职务、级别，同行人数，来访目的，到达的日期和地点。此外，还应细致了解对方由谁负责，来宾中有几对夫妇等。对于特别重要的来宾，还要了解其籍贯、职务、职称、婚姻、专长、偏好、知名度、健康状况以及政治倾向和宗教信仰等，以便根据来宾的实际情况和需要安排招待活动。

此外，还应查看来宾此前有没有正式来访的记录。如果之前曾有过来访而且对方的身份地位没有变化，就要注意接待规格的一致性问题。

(三)制订接待方案

(1)将来宾的基本情况和意图向有关领导汇报，并制定接待规格，包括确定招待的档次、安排活动的多少、场面规模的大小、迎送陪同人员职务的高低等。

(2)同时制订详细的接待方案，以避免工作中的疏漏，日程安排应落实迎送、会见、参观、宴请、交通工具、下榻宾馆以及礼品准备、经费开支等，力求详细、具体。

(3)落实接待工作人员的安排，如通知具体相关接待部门安排住宿、用车、饮食、汇报材料、产品展示等，拟定出陪同人员，精心选择迎宾人员，因为接待人员的服装仪容直接关系到个人形象和公司形象，以良好的职业形象迎候来宾。

二、迎客礼仪

迎接客人必须周密部署，并遵循一定的礼仪，大致有以下内容。

(1)对来宾应首先了解车次、航班、并安排与客人身份、职务相对的人员去迎接。若是因为某些特殊原因，身份相应的人不能前往，代替前去迎接的人应向客人作出礼貌的解释。

(2)到客站、机场迎接客人，应提前十五分钟或半个小时到达，恭候客人到来，绝不能迟到。看到有人上去迎接，客人必定非常高兴，若迎接来迟，就会给客人留下不好印象。

(3)应热情主动地问候客人和作自我介绍，如“您好!”或“欢迎光临”、“一路辛苦了”等。然后立即向对方作自我介绍或主动说：“您就叫我小××好了。”介绍完毕应主动把客人的行李接过来。客人坚持自己提的东西不要勉强，因为里面可能放有比较重要的个人物品。

(4)迎接客人应提前为客人准备好交通工具，并注意迎接客人的乘车礼仪。

(5)迎接途中，不能一言不发，可以向客人介绍当地的风土民情、旅游景点、气候物产、历史名人等。

(6)事先为客人安排好住宿，帮客人办理好入住手续并将客人领进房间，向客人介绍宾馆的位置，旅游地图和名胜古迹等材料。

三、待客礼仪

待客礼仪的核心是：主随客便，以礼相待，热情周到。一般而言，引导、奉茶礼仪是关键。

(一)引导

就是迎宾人员陪同来宾前往目的地时为之带路，一般由专门的接待人员负责引导，规范礼仪(见行进位次礼仪部分的内容)。

(二)奉茶礼仪

招待客人时，奉茶是最基本的礼节，请客人入座以后，就必须立即给客人奉茶。奉茶前可先询问客人想喝茶、咖啡还是其他饮料。如果还有点心招待客人，就先应将点心端出，然后奉茶。茶不宜斟满，以杯深的 2/3 处为宜，水温不宜太烫，以免烫伤客人。同时有两位以上的访客时，端出的茶色要均匀，并且配以茶盘端出。端餐盘时，须左手托住餐盘的底部，右手扶住餐盘的外缘，点心放在客人的右前边，茶杯放在点心的右边。上茶前，要先将茶盘放到临近客人的茶几上，然后向在座的客人说一声："对不起!"再左手托着杯底，右手拿着茶杯的中部，杯耳朝向客人，并从客人的左后侧奉上，同时说："您请用茶!"奉茶时要讲究先后顺序，一般来说，应先客后主，先职位高的后职位低的，先长后幼。

(三)在待客礼仪中，一般应注意以下礼仪细节的禁忌

(1)来访者无论身份、目的如何，均应热情接待，切忌让客人坐"冷板凳"，或以貌取人，冷热有别，甚至言辞不周，这样往往会引起客人的不满。

(2)客人来访，主人应起身主动握手，表示欢迎，切忌言行冷淡。在接待过程中，要耐心倾听客人的谈话，切忌边干别的事边听客人谈话，那是对对方的一种暗示："我很忙，你省省吧。"否则，便是对客人的无礼和怠慢。

(3)接待客人时，切忌不停地接电话，否则很失礼。尤其是会见重要的客人时，手机应调至振动或告诉秘书不要让电话打扰。实在有必要接听电话时，应先向客人说声"对不起"，在得到客人谅解后再接听。

(4)在与客人交谈过程中，切忌随意打断客人的谈话时，更不要随意驳斥对方，也不要轻易允诺。要懂得克制情绪，委婉地表达自己的意见。

(5)会谈中不宜问他人收入、问别人年龄、问婚姻家庭、问健康问题和他人出身等问题。

四、送客礼仪

(1)当客人要走时，应婉言相留，这是情谊的自然显示，并非俗套与多余。当客人起身告辞时，主人和在场的人应起身道别。

(2)主人送客时，一般应送到门外或楼下，待客人伸出手来握别时，方可以相握，切不可在送客时先"起身"或先"出手"，免得有厌客之嫌。

(3)送客时，应走在客人的后面，目送客人远去时，可挥手致意，并道以"欢迎再来!"远客或年纪大的客人，如有需要(走路不方便、路不熟等)，则应送至机场、车站、码头，待客人上车、上船并等车、船开动消失在视线以外后再返回；送客至机场，应待客人通过安检之后再返回。

(4)和上司一起送客时，要比上司稍后一步。

(5)客人拜访，经常带有礼物，主人应表示感谢，说声："让你破费了，真不好意思"等；决不可若无其事，显出"理所当然"或"受之无愧"的样子。一般情况下，应遵循"礼尚往来"的原则，在收下客人礼品的同时回赠必要的礼品。

(6)离别时，应邀请对方再来，表达留恋好友之意，并祝对方一路平安。

【相关实训】

	接待礼仪技巧展示活动
活动内容	结合本项目所讲的内容，以学习小组为单位，设计一个公司人员来访接待，有不同身份 4 人，选择接待流程之一进行现场展示，比一比哪个小组的效果最好
活动目的	让学生掌握接待流程
活动形式	模拟练习

续表

	接待礼仪技巧展示活动
活动步骤	划分小组；小组讨论；角色分工；模拟练习；答案交流
物品准备	教师可以进行拍摄录像，将学生完成任务的过程记录下来，课堂上可以进行分析

【思考讨论】

1. 接待客人需要做好哪些准备？

2. 试举例说明办公室接待中不受欢迎和受欢迎的人具备哪些行为特征？

任务二 拜访礼仪

【任务分析】

教师：

1. 准备拜访礼仪的相关视频。

2. 创设情境，以案例分析引导分析拜访礼仪的规则，对学生进行实际操作示范，并指导学生练习。

3. 组织学生分小组进行练习。

学生：

1. 根据拜访礼仪的规则进行对照练习。

2. 熟练掌握拜访礼仪的规范。

3. 根据教师创设的案例进行角色扮演，从中归纳出拜访礼仪与旅游活动之间的联系。

【相关知识】

拜访是一种双边或多边的交往过程，相互拜访是必不可少的交往行为。拜访既可以促进彼此的了解，增进友谊，也可以扩大或强化合作。民间有一句俗语叫：“脚步为亲”，意思是说亲戚之间要经常走动，否则，亲人也会变得疏远。有血缘关系尚且如此，商务合作关系就更需要保持交往了，商务人士最熟悉的一条交往规则就叫“多个朋友多条路”。长久不交往，已经建立起来的人脉关系就会逐渐消失。因此，拜访是社交活动的重要内容，高朋满座、朋友如云是事业兴旺、人情练达的标志。

拜访分为私人拜访、公务拜访、礼节性拜访、探视性拜访、求教性拜访、突然性造访和差人拜访等多种形式。拜访方式不同、目的不同、关系不同、身份不同、场合不同，适用的礼仪也不同。一般要经过几个基本环节，即预约、准备、造访、致谢或相关事宜的后续处理和回复等。基本的礼仪规则主要有以下几个方面的内容。

一、事先预约，不做不速之客

为了避免空跑和打扰他人，拜访时务必选好时机，事先约定，这是进行拜访活动的首要原则。一般而言，当你决定要去拜访某位友人，应约定宾主双方都认为比较合适的会面地点和时间，并把访问的意图告诉对方。拜访他人的时间要恰当、适宜。深夜、大清早或用餐时间不能上门拜访；节假日为休息时间，也不宜为公事拜访。如果拜访的对象为外宾，要注意他们一般晚睡晚起，上午 10 点与下午 4 点左右登门拜访比较适宜，其他时间最好不要贸然打扰。

二、做好准备

拜访者应根据拜访的目的准备好相关材料。如果是商务拜访，应准备的资料有公司及业界的资料、相关产品资料、客户的相关信息、销售方案、针对可能出现的情况事先拟订的解决方案或应对方案、小礼品等。此外，要对拜访的环节进行设计，如：采用得体的称呼和开场白，选择好话题材料，确定话题的材料和范围等。

由于被访者的国别、年龄、民族以及兴趣、爱好等可能会存在比较大的差异，因此拜访者最好对拜访者做一些必要的了解，以便能够在拜访过程中尊重对方的习惯，选择合适的谈话方式等。临行前，最好跟被拜访者再次电话确认访问的人员和时间、地点，以免情况有变。

三、准时赴约

一旦和对方约定了会面的具体时间和地点，作为拜访者应履约守时如期而至。拜访他人时，在一般情况下，既不要随意变动时间，打乱主人的安排，也不要迟到或早到，准时到达才最为得体。如因故迟到，应向主人道歉。如不能履约，应在事先向主人诚恳而婉转地说明情况，并取得谅解。在对外交往中，更应该严格遵守时间，准时赴约是国际交往的基本要求。

如果是初次拜访，给主人家带去一些小礼品也是一种礼仪的表现，与行贿是截然不同的两码事。礼品不论有多精美昂贵，一定要用礼品纸包装起来，忽视这一点，会被认为是对受礼人的不重视。

四、举止得体

拜访者要以优雅得体的言谈举止体现素质、涵养和职业精神，赢得对方的好感和敬重。到达被访人所在地时，一定要先轻轻敲门，进门后由主人安排坐下。如果随身携带有雨具之类的，应将其放在对方接待人员指定的地方，不可随意乱放。对室内的人，无论认识与否，都应主动打招呼。接对方茶水时应从座位上欠身，双手捧接并道谢。如果到达拜访地点时，被访者由于某种原因不能马上接待，拜访者应在对方接待人员的安排安静等候。

与被访者交谈时，拜访者应尽快说明来意，不要不着边际地东拉西扯浪费被访者的时间。如果被访者与他人进行交谈，拜访者不要随意插嘴，未经被访者允许，不要翻看起文件、信件等，也不要吸烟、嚼口香糖或触摸被访者的工艺品。

夏天无论被访者所处的室内有多热，拜访者也不能脱掉衬衫、长裤；冬天，无论被访者房间有多冷，拜访者也要摘下帽子，并且不能抱怨房间冷。如果双方交谈时又有拜访者来到，先到的客人应站起来，等待介绍或点头示意。如果与对方第一次见面，应主动递上名片或作自我介绍，对熟人可以握手问候。

五、适时告辞，不做讨厌之客

拜访时间的长短应根据拜访者的目的和被访者的意愿而定，通常宜短不宜长，一般情况下，如无事商谈，逗留时间不要过长，以不超过30分钟为宜。如果拜访者中途因特殊情况不得不离开，应主动告别，不能不辞而别。如果主人执意挽留用餐，则饭后应停留一会儿再走，不要吃完饭，抹嘴就走人。

【相关实训】

	拜访礼仪技巧展示活动
活动内容	结合本项目所讲的内容，以学习小组为单位，到对方宿舍或单位拜访，以进行拜访和接待礼仪的练习现场展示，比一比哪个小组的效果最好
活动目的	让学生掌握拜访礼仪技巧
活动形式	模拟练习
活动步骤	划分小组；小组讨论；模拟练习；答案交流
物品准备	教师可以进行拍摄录像，将学生完成任务的过程记录下来，课堂上可以进行分析

【思考讨论】

1. 招待客人需要注意哪些基本礼仪？
2. 去朋友家里拜访应注意哪些礼仪？

【项目相关链接】

访客礼貌歌

访友十忌歌：一忌有约不赴约，二忌充当不速客，三忌清高不热情，四忌带病不卫生，五忌有病不吃药，六忌饮食不节制，七忌衣着不整洁，八忌谈吐不文明，九忌做客时间长，十忌情绪太激动。

访友八注意：第一时间要合适，第二衣服要得体，第三进门全问好，第四招呼要周到，第五不要乱走动，第六谈话有主题，第七关心别过度，第八告辞要有礼。

【项目测评】

姓名： 小组名称： 项目组长： 日期：

测评内容	测评标准	标准分值	测评结果(√通过、×未通过)
基本接待的流程	准确说出四大流程	20 分	
迎客、待客礼仪	准确部署迎客、待客礼仪的内容	25 分	
拜访礼仪	准确描述拜访的规则	20 分	
项目知识点	知识掌握评价	15 分	
综合内容	说明接待、拜访中的注意事项	20 分	
自我评价：	小组评价：	教师评价：	总评：

项目四 馈赠礼仪

【项目目标】

1. 认识在旅游服务中馈赠礼仪的重要性。

2. 了解馈赠礼仪的技巧。

3. 掌握礼品选择的技巧。

【引例】

美国××公司是我国北京××公司在美国出口总代理商，2010年3月18日该公司副总经理到北京考察生产企业，并商谈某项产品向美国出口，扩大市场份额的问题。随同来华的还有市场顾问、技术专家、秘书共4人。中方公司为了表示友好，决定向美方客人送一点小礼物。根据国际礼仪的一般原则，决定送中国的折扇和茶叶，因为夏天即将来到，这两样都是消夏用品，而且都具有中国特色，比较有纪念性。折扇为两把，一把檀香扇，给夫人用，一把是中国文人用的白色纸扇，上面写有中国诗词，两把扇子都要有木盒包装。中国文人比较喜欢用黑色纸扇，但是考虑到西方人认为黑色不吉利，因此不用黑色折扇，而用写有诗词或绘画的白色折扇。茶叶是每人五两上等“西湖龙井”，用精美竹盒包装，外面再用包装纸包好。

在美方客人回国前，中方公司经理前去话别时把礼物送给客人，同时希望他们有机会再到北京来访问、旅游。

问题提出：

1. 在选择礼品时，不同国家上有哪些礼仪？

2. 有中国特色的礼品除了茶叶还有哪些，举例说明。

任务一 礼品的选择

【任务分析】

教师：

1. 准备礼品选择的相关PPT。

2. 创设情境，以案例分析如何选择礼品技巧，对学生进行实际操作示范，并指导学生练习。

3. 组织学生分小组进行练习。

学生：

1. 根据礼品选择技巧进行对照练习。

2. 根据教师创设的案例进行角色扮演，从中归纳选对礼品与旅游服务之间的联系。

【相关知识】

在现代生活中，交际活动日益频繁，无论是个人生活还是旅游活动中，馈赠是一件非常重要的事情。馈赠是为了表达对他人的友好、尊敬、祝贺等心意而赠送礼品的一种形式。它既是一项典型的礼仪方式，也是商务活动中不可缺少的重要环节，可以起到联络双方的感情、加深双方友谊、促进双方交往的作用，故被人称为“润滑策略”。随着交际活动的日益频繁，人们对馈赠礼品的礼仪越来越重视。只有讲究一定的礼节规范，恰当地赠送礼物，才能正确地表达情意，为对方所接受。

俗话说“千里送鹅毛，礼轻情意重”，这就告诉人们，赠送礼品不在多少，而在双方之间的情义。馈赠之前，要对礼品进行认真的选择。馈赠者要考虑受礼者的性别、婚否、教养、喜好及其家庭的情况，挑选具有鲜明特色的、能够使其经常看见或经常使用的礼品。例如，精美的名片夹可以送给工作上的合作伙伴；本地制造的特色产品可以赠送外宾。

一、礼品的选择

在礼品的选择上，应充分体现出送礼人心意的信息，并努力使收礼者满意，一般从下面几个方面考虑选择。

（一）目的性

送礼应该有明确的目的性，大多送礼者都根据不同的目的来进行选择礼品。送礼目的多重多样，如酬谢、公关、祝贺、探望等。如果目的不明确，就很难让对方满意，礼品也会毫无意义。以交际和公关为目的的赠送，主要针对交往中的关键人物和部门赠送礼品，达到为组织带来经济和发展机会的目的；以维系人际关系为目的的赠送，一般讲究礼尚往来，礼品价格不一定昂贵，但重在所蕴涵的情谊和送礼的方式；以酬谢为目的的赠送，在礼品的选择上要强调其物质利益。礼品的贵贱取决于他人帮助的性质和目的，这种礼品往往包含送礼人真切的情感。

（二）关系性

一般应本着“交浅礼薄，谊深礼重”的礼俗，不要轻易送过于贵重的礼物，以免对方产生“重礼之下，必有重求”的遐想，主要体现的是其精神价值，因而要选择和自己身份相一致的礼品。

（三）创意性

送人的礼品必须注意符合时尚，如果毫无创意，就难以给人留下深刻印象；而所送的是过时之物，则会引起收礼者的不快。因此，选择礼品应该独具匠心，富有创意，力求礼品新、奇特，不落俗套。

（四）环境性

送礼的场合气氛隆重、喜庆，那么所送的礼品也应看起来大气一些，在开业庆典时适合送花篮或者大型工艺品；一般性的私人场合，可以注重礼品的精巧、使用，花束、水果、糖、茶等都是可以的。在恰当的场合赠送适宜的礼品，不但可以正确表达送礼者的心意，而且还可以促销产品，如赠送有公司标志的特色产品等。

（五）喜好性

给人送礼应该投其所好，根据收礼者的性格和爱好选择不同的礼品。不同年龄、职业、地区、国家的人往往表现出不同的爱好习惯，因此根据收礼的对象不同，应选择不同的礼品。对朋友，宜送纪念性礼品；对孩子，宜送启智新颖的礼品；对老人，宜送使用保健性礼品；对外宾，宜送特色性礼品。

（六）避忌性

选择礼品一定要考虑周全，有的放矢。可以通过了解收礼者的兴趣而有针对性的精心挑选合适的礼品，尽量让收礼者感受到馈赠者在礼品的选择上是花了一番心思的，是真诚的。且从风俗习惯和礼仪禁忌的角度考虑，不能选择容易引起误解和歧义的物品作为礼品。如中国人普遍有“好事成双”的习俗，西方国家忌“13”，日本人不喜欢绿色，中国香港忌剪刀含有“一刀两断”之意，不可对一般同事或普通朋友关系的异性送内衣、腰带、戒指、项梁等物，这类一般是恋人、夫妻、情人间互送的。

二、赠送鲜花

赠送鲜花是馈赠礼品的一种特殊形式，而且很受欢迎，鲜花可以提升整个馈赠行为的品位和境界，显得高雅脱俗，温馨浪漫，是时尚礼品，因而，对于什么样的人赠送什么种类的花，其中大有讲究。

(1)朋友结婚，最好送象征幸福的玫瑰花，或者月季花。

(2)生日赠花，须考虑对方的年龄。对青年人可送玫瑰、月季，对中年人则送唐菖蒲或者美留兰、茶花为好。

(3)给老年人祝寿，则一般宜送文竹、万年青、榕树、罗汉松等常青盆景，以象征长寿。

(4)探望生病的朋友则宜选择香气清柔的兰花、米兰、月季花等，忌送夜来香等香气过浓的花卉。

(5)朋友迁入新居，你可从兰花、文竹、米兰、君子兰或榆、竹盆景等永久性花木中选一两种，送给他们摆在阳台或窗前，最为适宜；如果他们不能每天回家，则可选择较耐旱、庄重大方的多浆植物，如仙人掌、蟹爪莲、莲花掌、燕子掌等。节日赠花，最好赠两盆水仙花或两盆四季橘，或用大丽花。红花山茶等扎成红色为主体的花束，可算作较高雅的礼品。

(6)和女友会面或到女友家做客，可用清香的梅花或腊梅。或用殷红的茶花配以潇洒的文竹，扎成花束。或用大丽菊、春菊、月季，以红色花为主花，扎成花束相送，象征友好与热情。

三、西方国家的礼品选择技巧

西方国家与东方国家不同，在礼品的选择喜好等方面有自己的讲究。

(1)实用的内容加漂亮的形式。西方人对礼品更倾向于实用，一束鲜花、一瓶好酒、一盒巧克力、一块手表，甚至一同游览、参观等，都是上佳的礼品。当然，如果再讲究礼品的牌子和包装，效果更佳。

(2)赠受双方喜欢共享礼品带来的欢快。西方人馈赠时，受赠人常常当着赠礼人的面打开包装并表赞美后，邀赠礼人一同享受或欣赏礼品。

(3)讲究赠礼的时机。一般情况下，西方人赠礼常在社交活动行将结束时，即在社交已有成果时方才赠礼，以避免行受贿之嫌。

(4)忌讳较少。除忌讳“13”和“星期五”这两个灾难数和对一些特殊场合(如葬礼)礼品的种类颜色等有一定讲究外，大多数西方国家在礼品上的忌讳是较少的。

【项目相关链接】

礼品选择禁忌

一般而言，选择礼品不应忽视的禁忌有四类：第一，个人禁忌。送情侣表给一位刚刚守寡的妇女，送一条三五烟给一位从不吸烟的长者，都会触犯对方的私人禁忌。第二，民俗禁忌。如俄罗斯人最忌讳送钱给别人，因为这意味着施舍和侮辱，汉族人忌送钟、伞，因为这意味着不吉利。第三，宗教禁忌。如对伊斯兰教徒不能送人形礼物，也不能送酒、雕塑和女人的画片，因为他们认为酒是一切万恶之源。第四，伦理禁忌。如各国均规定不得将现金和有价证券送给并无私交的公务人员。

【相关实训】

	礼品选择技巧展示活动
活动内容	结合本项目所讲的内容，以学习小组为单位，设计一个节日或特殊的日子，进行礼品选择(包括选择理由)进行演说，比一比哪个小组的效果最好
活动目的	让学生掌握礼品选择的技巧
活动形式	礼品选择理由演说
活动步骤	划分小组；小组讨论；语言表达；答案交流
物品准备	教师可以进行拍摄录像，将学生完成任务的过程记录下来，课堂上可以进行分析

【思考讨论】

1. 选择礼物需要注意哪些礼仪？

2. 探望病人应该如何选择礼物？

任务二　馈赠的技巧

【任务分析】

教师：

1. 准备礼品馈赠的相关PPT。

2. 创设情境，以案例分析礼品馈赠的技巧，对学生进行实际操作示范，并指导学生练习。

3. 组织学生分小组进行练习。

学生：

1. 根据礼品馈赠技巧进行对照练习。

2. 根据教师创设的案例进行角色扮演，从中归纳礼品馈赠与旅游服务之间的重要性。

3. 掌握馈赠礼仪的基本要求。

【相关知识】

社会交往，礼尚往来是人之常情。对尊长送礼表示敬重，走亲访友送孩子礼物表示喜爱，朋友结婚送礼表示庆贺和祝愿，节日里互赠贺卡时共享快乐，探望病人送礼表示关心，受人恩惠送礼深表谢意。

馈赠既然是一门艺术，自有其约定俗成的规矩，送给谁、送什么、怎样送都很有奥妙，决不能瞎送、胡送、滥送。目的在于强化沟通和增进友谊，它不仅仅是一种形式，更为重要的是要体现和展示馈赠者的诚意和品位。只有掌握好送礼的技巧，才能使送礼成为“马到成功”的公关手段。

一、馈赠小技巧

(1)尽可能使礼物注入对收礼者的关怀价值。如非常适合对方，特意为其选购，很具实用性，能体现送礼者对收礼者的关怀。

(2)在对方遇到困难或麻烦时挺身而出为其解难，或在对方有所期盼甚至是“梦寐以求”时设法让其达成心愿。

(3)礼品贵在“特、小和少”，切忌大、多和普通大众化，免得让人觉得你是“为送礼而送礼”，要么就是有所求，要么只是酬谢性的礼节而已，难免俗气。

(4)突出针对性。比如对富人，礼品要讲档次和精致；对穷人，礼品要注重实惠；对恋人，礼品要突出纪念性；对朋友，礼品以趣味性为佳；对老人，礼品以实用性为好；对病人，礼品以关怀和慰问性为佳；对外宾，礼品以突出特色为主。

(5)借马引路。有时想给你不太相熟的人送礼，苦于找不到理由，不妨选择对方的婚礼、生日或升职、乔迁之时，邀上对方的几位熟人同去送礼祝贺，这样收礼者便不好意思拒绝了。

(6)曲线迂回。将礼品直接送给收礼者很难成功时，不妨考虑对其最亲密、最要好或对其最有影响力的其他人“下手”。比如：通过与老人、孩子、恋人、上司、同学、战友等建立联系和感情后再去送礼和沟通。

(7)顺水人情。你可以在送礼的时候对收礼者说礼品是以出厂价、批发价买来的，自己留了一些，剩下的拿来送给对方，或者象征性地收一些费用，这种方法收到的效果与送礼一般无二。

(8)明修栈道，暗度陈仓。以买代送、以玩代送、以借代送、巧借名目都是效果比较好的送礼方式。

(9)借花献佛。如果你送地方土特产，不妨说是老乡捎来的，想分一些给对方尝尝。东西不多，也不是特意买的。这样一来，收礼者担心你目的性太强的拒礼心态就可以缓和，一般会收下你的礼品。

(10)先说是借。若是给某些家庭困难者送礼物，不妨说“这东西在我家搁着也是搁着”，让他先拿去用，日后买了再还。只要你不提醒他还，天长日久也就变成送了。

二、馈赠时机

(1)应当道喜之时，如交往对象结婚、生育的时候。

(2)应当道贺之时，如交往对象升学、晋级、乔迁、出国、事业取得成功或是过生日、过节时。

(3)应当道谢之时，如受到他人关心、照顾、帮助之后，可在适当时机，以礼相赠，表示谢意。

(4)应当慰问、鼓励之时，交往对象遇到困难、挫折、身处逆境时，可以赠送适当礼品表示慰问或鼓励。

(5)应当纪念之时，久别重逢、参观访问、临行话别之际，可以赠送礼品，以为纪念。

(6)在遇到我国传统节日，如春节等，可向交往对象赠送一些礼品、纪念品。

三、馈赠品的包装

正式的礼品都应精心包装。良好的包装将使礼品显得更加精致、郑重、典雅，给受赠者留下美好的印象。在赠送礼品给外国友人时，尤其应当注意这点。

礼品包装时应注意包装的材料、容器、图案造型、商标、文字、色彩的选择和使用符合相关政策法规和习俗惯例，不要触及或违反受赠方的宗教和民族禁忌。

像有的国家数字上的禁忌也是礼品包装所要注意的问题。如日本忌讳“4”和“9”这两个数字，因此，出口日本的产品，就不能以“4”为包装单位，像4个杯子一套，4瓶酒一箱这类包装，在日本都将不受欢迎；欧美人忌讳“13”。

礼品包装时，应根据世界各国的生活习俗，选择适宜的色彩。日本忌绿色喜红色，美国人喜欢鲜明的色彩，忌用紫色；伊斯兰教徒特别讨厌黄色，因为它象征死亡，喜欢绿色，认为它能驱病除邪。

四、馈赠方式

（一）当面送

当面送是一种最为常见的赠送礼品的形式。其好处是，可以在赠送礼品时随机应变，或畅叙情谊，或介绍礼品寓意，或演示礼品的用法，有助于充分发挥馈赠的作用。

（二）托人送

当本人不宜当面赠送礼品时，委托第三者赠送，可以显示自己对此十分重视，或者避免对方的拘谨和尴尬。不过受委托之人要说明送礼人不能亲自赠送的原因，而且应在礼物的包装盒内留下送礼人的名片以便受礼人知晓。

（三）邮寄送

邮寄送过去很少见，随着现代人们生活节奏的加快，通过邮局或快递公司来送礼已经很常见了。注意一般要有附言，写明送礼缘由和姓名。

一般来说，如果送礼者能够亲自当面送礼的话，最好当面送礼，这样可以充分发挥礼物的作用，加深双方的情感交流。

五、受赠礼仪

（一）心态开放

接受礼品时，受赠者应保持客观、积极、开放、乐观的心态，要充分认识到对方赠礼行为的郑重和友善，不能心怀偏颇，轻易比较礼品的价值高低或作出对方有求于己的判断。

（二）仪态大方

受礼时，受赠者应落落大方，起身相迎，面带微笑，目视对方，耐心倾听，双手接受。受礼后与对方热情握手。不可畏畏缩缩、故作推辞或表情冷漠、不屑一顾。

（三）受礼有方

按照国际惯例，受礼后一定要当面拆启包装，仔细欣赏，面带微笑，适当赞赏。切不可草率打开，丢置一旁，不理不睬。中国人比较含蓄，不习惯当面打开，所以与国人交往时也可遵守这一传统习惯。另外，不是有礼必受，对于有违归越矩送礼之嫌的，应果断或委婉拒绝。

（四）表示谢意

接受礼品时，应充分表达谢意。表达时应让对方觉得真诚、友好，若是贵重礼品，往往还需要用打电话、电子邮件等方式再次表达谢意，必要时还应选择适当的时机加以还礼。

【相关实训】

	馈赠技巧展示活动
活动内容	结合本项目所讲的内容，以学习小组为单位，设置情景为机场迎接、同事生日、母亲节、客人送别等，模拟送礼、受礼、表示感谢，进行现场展示，比一比哪个小组的效果最好

续表

	馈赠技巧展示活动
活动目的	让学生掌握馈赠技巧
活动形式	情景模拟
活动步骤	划分小组；小组讨论；情景模拟；答案交流
物品准备	教师可以进行拍摄录像，将学生完成任务的过程记录下来，课堂上可以进行分析

【思考讨论】

1. 怎样把握好馈赠时机？

2. 列举你熟悉的国际交往中的馈赠礼仪？

【项目相关链接】

花言花语

长期以来，人们以花表意，赋予了鲜花丰富的寓意，形成了特有的花言花语。

梅花：坚贞不屈；　　木棉：英雄豪情；

荷花：纯洁、高尚；　　桂花：美好、吉祥；

水仙：秀丽、脱俗；　　牡丹：雍容、华贵；

菊花：高洁、坚贞；　　兰花：典雅、高洁；

并蒂莲：夫妻恩爱；　　风信子：胜利、竞技、得意；

蝴蝶兰：我爱你；　　康乃馨：伟大、神圣、慈祥的母亲；

玫瑰：美丽纯洁的爱情；　　满天星：关心、纯洁、喜悦；

茉莉：和蔼可亲；　　马蹄莲：永结同心、吉祥如意；

万年青：友谊长存；　　百合花：团结有好、百年好合。

【项目测评】

姓名：　　小组名称：　　项目组长：　　日期：

测评内容	测评标准	标准分值	测评结果(√通过、×未通过)
礼品选择	准确表达礼品选择考虑的因素	20分	
赠送鲜花	准确描述10种不同鲜花的含义	15分	
馈赠技巧	准确表达至少5个馈赠小技巧	10分	
馈赠时机	举出常见的馈赠时机	15分	
礼品馈赠忌讳	明确礼品馈赠的注意事项	25分	
外国的礼品馈赠	举出3个国家的礼品馈赠要求	15分	
自我评价：	小组评价：	教师评价：	总评：

模块小结

本模块主要是从技能的角度，阐述在诸多旅游社交活动中，见面交往、位次、接待拜访和馈赠礼仪是几种最常见的日常交往方式，旅游从业人员只有掌握了这些日常交往礼仪，才能在旅游工作中得心应手。本模块主要分为见面礼仪、位次礼仪、接待拜访礼仪、馈赠礼仪四个项目内容，通过详细介绍它们的基本要求和注意事项，要求掌握其知识、原则与方法，并且在旅游活动中进行具体运用，以提高自己的人际交往能力。

综合实训操练

北京一旅游团 10 余人将到广州参观调研 3 天，他们乘坐飞机于上午 10 点左右到达白云机场。由于是重要的商务团，旅行社杨经理将与导游小刘一起前往迎接。

训练内容：

1. 机场迎接时该实施哪些见面礼仪？
2. 送团时如果要表达广东人的热情，如何馈赠礼品？
3. 请同学们以组为单位，每组写出详细的接待计划。

应用模块

模块一
酒店服务礼仪

礼仪名言引入

我们是为绅士和淑女服务的绅士和淑女。

——里兹·卡尔顿酒店创始人：凯撒·里兹

学习目标

1. 能将前厅的服务礼仪自然运用于服务工作中。
2. 理解客房服务的礼仪本质。
3. 熟练掌握中餐的服务礼仪。
4. 熟练掌握西餐的服务礼仪。

模块内容结构

本模块讲的是酒店主要部门服务的礼仪，主要从三个方面来论述，本模块的内容结构如下：

酒店业是现代旅游业的三大支柱之一，主要为有住店需要的游客提供住宿和餐饮等服务，是一个比较综合的服务部门。酒店服务礼仪也是旅游服务礼仪的一个重要组成部分，本章主要阐述的内容直接对客服务部门的服务人员的礼仪，主要包括厅房服务礼仪和餐饮服务礼仪。

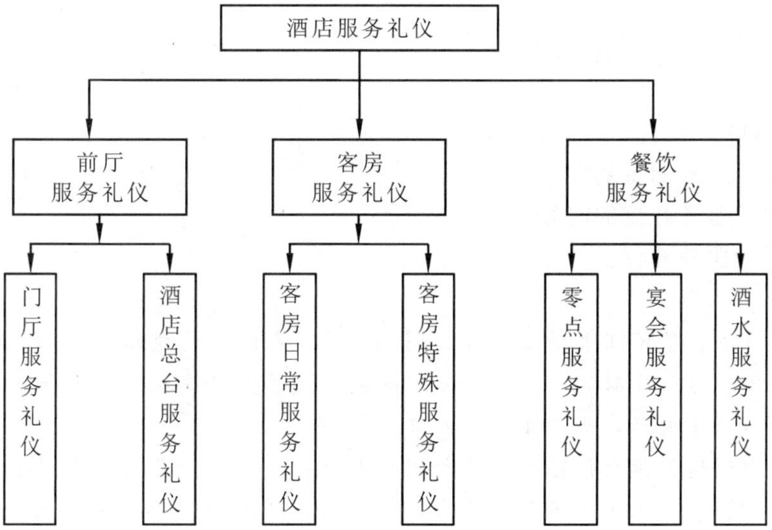
酒店服务礼仪
前厅服务礼仪
客房服务礼仪
餐饮服务礼仪
门厅服务礼仪
酒店总台服务礼仪
客房日常服务礼仪
客房特殊服务礼仪
零点服务礼仪
宴会服务礼仪
酒水服务礼仪

项目一　前厅服务礼仪

【项目目标】

1. 认识前厅服务的重要性。
2. 了解门厅服务礼仪的内容。
3. 掌握总台服务礼仪。

【引例】

一天早晨9点，某酒店大堂黄副理接到806号客人的投诉电话："你们酒店怎么搞的，我要求叫醒服务，可到了时间，你们却不叫醒我，误了我乘飞机！"，不等黄副理回答，对方就"啪嗒"一声挂了电话，听得出，客人非常气愤。

黄副理意识到这投诉电话隐含着某种较为严重的势态，于是查询当日806房的叫醒记录，记录上确有早晨6点半叫醒服务要求，根据叫醒仪器记录和总机接员回忆，6点半时确为806房客人提供过叫醒服务，当时客人曾应答过，黄副理了清楚情况断定，责任不在酒店，但黄副理仍主动与806房客人联系。

"孔先生，您好！我是大堂副理，首先对您误了乘飞机而造成的麻烦表示理解。"黄副理接着把了解的情况向客人作了解释。但客人仍怒气冲冲地说："你们酒店总是有责任的，为什么不反复叫上几次呢？你们应当赔偿我的损失！"客人的口气很强硬。

"孔先生，请先息怒，现在我们暂时不追究是谁的责任，当务之急是想办法把你送到要去的地方，请告诉我，您去哪儿，最迟必须什么时候到达。"

黄副理的真诚，使客人冷静下来，告诉他明天早晨要参加西安的一个商贸洽谈会，所以今天一定赶到西安。黄副理得知情况后，马上请酒店代售机票处更改下午去西安的机票，而代售处下午西安的机票已售完。黄副理又打电话托他在机场工作的朋友，请务必想办法更改一张下午去西安的机票，后来又派专车去机场更改机票。

孔先生接到更改的机票后，才坦诚自己今晨确实是接过叫醒电话，但应答后又睡着了，责任在自己，对黄副理表示歉意。

问题提出：

1. 酒店总机的叫醒服务礼仪有哪些？
2. 大堂副理在处理投诉时应注意哪些礼仪？

任务一　门厅服务礼仪

【任务分析】

教师：

1. 准备PPT，帮助同学们回忆酒店前厅门厅主要工作岗位的职责内容。
2. 准备相关案例，说明迎宾员和行李员服务礼仪的重要性。
3. 示范迎宾员和行李员服务的标准礼仪。
4. 指导学生分组分角色练习，并进行总结。

学生：

1. 复习并熟悉门厅主要工作岗位的职责内容。

2. 分组分角色模拟迎宾员和行李员的接待过程，并观察其他组有哪些不足。

3. 掌握迎宾员和行李员服务的标准礼仪。

【相关知识】

前厅是酒店的门面，是客人对酒店的第一印象和最后印象，因此，前厅服务是整个酒店服务中的重中之重，对前厅服务礼仪的要求也较高。

一、迎宾员的服务礼仪

大门迎宾员的主要职责是迎送客人进出大门，工作过程中，应注意以下礼仪。

(一)仪表端庄

大门的迎宾员最能代表酒店的形象，是客人到酒店看见的第一人。迎宾员的服饰应该华丽而笔挺、仪表整洁而自然、仪容端庄且大方、仪态标准且礼貌、态度谦逊而温和，站在门前精神要饱满，随时准备为客人服务。

(二)主动迎接

迎宾员在看到客人或客人乘车抵达时，首先，应立刻上前主动迎接客人，应到车辆停到相应位置，一手拉开车门，一手挡住车的上沿，以免客人碰头。遇到下雨天，应撑伞迎接；遇到老人、小孩或其他特殊人群，应在得到允许之后，帮助客人下车。其次，要主动帮客人开门，等到全部客人进入酒店之后，再回到工作岗位(见图 1-1-1)。

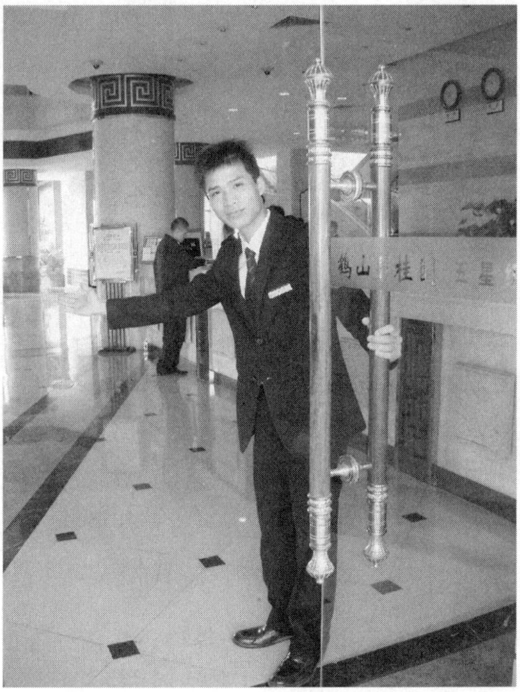

图 1-1-1　迎宾员应主动为客人拉门

(三)热情问候

在迎接到客人之后，迎宾员应面带微笑热情向客人问好，“欢迎光临”，“您好”。应对同时到达的游客一视同仁，问候不到的客人应使用目光语，尽量使每一位客人都感受到亲切的问候。

(四)礼貌欢送

客人离店时，要引导接送客人的车辆到相应的位置上，以方便客人上车。将车门打开，请客人入座，检查客人的衣裙是否在车门之外，以免影响车门关闭。将车门关闭之后，向客人微笑致意，并欢迎下次再来，可以说“再见、欢迎下次光临”、“祝您一路顺风”等。最后在车子消失之前要招手致意，目送客人。

二、行李员的服务礼仪

行李员的工作主要是帮客人提携行李，工作过程中，应注意以下礼仪。

(一)尊重客人

行李员应主动帮客人提携行李，但要注意是在征询客人同意的前提下，切不可强行帮助。

(二)爱护行李

提携行李过程中应轻拿轻放，动作稳妥，装行李车时，大而重在下，小而轻在上，注意稳固性。推车过程中应注意用力均匀，特别转弯时要保持平稳，同时保持仪态的优雅(见图 1-1-2)。

图 1-1-2 推行李车的方法

(三)礼貌等待

客人办理入住手续时，要在客人身后侧耐心等待，注意标准的站姿。

(四)规范引领

引领客人时，走在客人左前方 1.5 米处，注意根据客人的速度，调整自己的步伐节奏，保持与客人合适的距离。搭乘电梯时，将一只手按住电梯门，请客人先入电梯；进入电梯后靠近电梯控制台站立；出电梯时，让客人先出，继续引领客人到房间。

(五)礼貌离开

将客人送入客房之后，应微笑向客人告别，不要无故停留，询问客人是否有其他要求后退出客房，并将门轻轻关上后才离开。

【相关实训】

	礼宾员和行李员服务的模拟
活动内容	结合本任务所讲的内容，以学习小组为单位，在教师设定的场景条件下，在课堂上模拟礼宾员和行李员的服务流程，其他同学仔细观察，指出不妥之处
活动目的	掌握礼宾员和行李员的服务礼仪
活动形式	课堂模拟
活动步骤	划分小组；小组讨论；分角色模拟演示；指出不足
物品准备	教师可以进行拍摄录像，将学生完成任务的过程记录下来，课堂上可以进行分析

【思考讨论】

一天，某酒店门口，张小姐从出租车上下来，迎宾员小李立刻迎上去，并同时用笔在纸上写备注之后，给张小姐打开门，按照服务程序将张小姐迎入酒店。张小姐在办理完入住手续准备交钱的时候，突然发现自己的手提包落在出租车的后座上，顿时紧张万分，因为自己的随身的物品，包括手机、钱包都在里面，正在焦急万分时，小李走上来，劝她不要着急，因为在她到达酒店的同时，他记下了出租车的车牌号码。于是张小姐立刻与出租车公司联系，经过一番努力，张小姐终于找回了自己的包。

问题提出：

1. 认识门厅服务礼仪的重要性。
2. 分析迎宾员的服务礼仪的流程。
3. 从客户角度，确立酒店服务礼仪的标准。

任务二　酒店总台服务礼仪

【任务分析】

教师：

1. 准备 PPT，帮助同学们回忆酒店前厅总台主要工作岗位的职责内容。
2. 准备相关案例，说明前厅总台服务礼仪的重要性。
3. 示范前厅总台服务的标准礼仪。
4. 设计不同的场景，指导学生分组分角色练习，并进行总结。

学生：

1. 复习并熟悉前厅总台主要工作岗位的职责内容。
2. 分组分角色模拟前厅总台的接待过程，并观察其他组有哪些不足。
3. 掌握前厅总台服务的标准礼仪。

【相关知识】

一、总台接待服务礼仪

总台主要负责接待任务，为客人办理入住、离店手续，提供保险箱服务，回答客人的提问，处理客人的留言。

（一）精神饱满

前台接待要站立服务，站姿要标准，同时面带微笑向客人礼貌问候：“欢迎光临”，然后询问客人有什么需要。

（二）礼貌服务

为客人服务时，应面带微笑，语言上注意使用敬语，礼貌提醒客人注意事项，耐心回答客人提问；动作上注意双手递送客人的物件及填写的表格，将表格上的字朝向客人方向，与客人交流时注意眼神交流（见图 1-1-3）。

图 1-1-3 递送物品用双手

（三）快速服务

服务时注意效率，办理入住服务和离店服务时应正确且快速，不要让客人等候太久时间。

（四）坚持原则

注意维护酒店的规章制度，严格按照制度规定办事，耐心向客人解释，遇到违反制度的客人处理时要注意方式方法，尽可能地维护酒店利益的前提下维护客人的自尊。

二、话务员的服务礼仪

话务员的工作主要是接听电话，处理客人的问题。

（一）电话礼仪

注意应遵守一些基本的电话礼仪：接线应在三声之内，超过三声应向客人致歉；接线后应先问候客人，保持微笑，声音应保持甜美、清楚，音量要适中，语气要恭敬、耐心并使用敬语，例如可以说“您好，××酒店”；注意倾听对方讲话，记录重要内容和做好客人的留言记录；通话结束时应等对方先挂机，挂电话前要说感谢的话。如要打电话给客人时应预先做好准备，用谦和的语气自报家门，注意长话短说等（见图 1-1-4）。

图 1-1-4 酒店话务员

（二）服务礼仪

当客人要打国际或国内长途电话时，应主动做好转接服务，客人直拨长途电话时，应做好记录；替客人转接外来电话时，应征求客人同意再接入，尊重顾客的意愿；客人通话过程中，应遵守职业道德，注意尊重他人隐私，切忌偷听。

（三）叫醒服务

叫醒服务的礼仪是按响客人房间的电话时，三秒钟一次，不要长按不停，按五次之后没有接听的话，停顿 2～3 分钟之后再按，三次之后还是没有人接电话应通知客房服务员实地察看。

三、大堂副理的服务礼仪

大堂副理的工作主要是处理客人的投诉和意见，协调酒店和客人的关系，监督协调各部门之间的关系。

(一)树立形象

大堂副理是对客服务的代表，外在形象要求良好，要五官端正，站姿服务(见图 1-1-5)，坐姿、走姿要标准而得体，而且还要有良好的修养，语言规范，彬彬有礼，注意保持稳定的情绪，特别是面对情绪激动的顾客时，尤要保持冷静的心态和诚恳的态度。

图 1-1-5　大堂副理的形象

(二)礼貌待人

对待客人要注意礼貌，客人过来时，应及时上前主动询问，了解客人的需求，察言观色，运用适当的方式安慰客人，让客人缓解情绪，放松心情；还要注意处理客人的需求时要尽可能给予客人一个肯定答复，如确实难以做到，应向客人耐心地解释，并灵活处理。

(三)实时反馈

在处理客人的要求过程中，要注意了解客人的心理，向客人及时反馈事情的进展，使客人放心。

【相关实训】

	前厅总台服务礼仪的练习
活动内容	结合本任务所讲的内容，以学习小组为单位，在教师设定的场景条件下，在课堂上模拟前厅前台服务人员的服务流程，其他同学仔细观察其服务礼仪，指出不妥之处
活动目的	掌握总台服务人员的服务礼仪
活动形式	课堂模拟
活动步骤	划分小组；小组讨论；分角色模拟演示；指出不足
物品准备	事先设置不同的场景条件，教师可以进行拍摄录像，将学生完成任务的过程记录下来，课堂上可以进行分析

【思考讨论】

你认为前厅服务礼仪中最重要是哪一个方面？说说原因。

【项目相关链接】

有些人的头碰不得

迎宾员在迎接客人下车时要将手放在车门的上沿，这对有些人来说是非常难以接受的。比如宾客若是佛教界人士，则不能挡，因为他们认为用手一挡，“佛光”就被遮住了，是不能接受的。其次，有些国家，如泰国、斐济，他们的头是不能被人随便摸的，而迎宾员将手放在车门的上沿，有时难免会碰到客人的头，所以，对不同的人，迎宾员应区别对待，如果能事先通过预订系统了解客人的国籍或某些信仰的禁忌，以减少工作的失误。

【项目测评】

姓名：　　　　小组名称：　　　　项目组长：　　　　日期：

测评内容	测评标准	标准分值	测评结果(✓通过、×未通过)
作业准备	查找和组织资料能力	10分	
课堂实训	文字表述能力	10分	
角色模拟	组织、协调能力	10分	
角色扮演	合作能力	10分	
实际演练	礼仪与服务技巧评价	15分	
案例分析	知识掌握评价	15分	
课堂讨论	技能掌握评价	15分	
课堂组织	岗位应用评价	15分	
自我评价：	小组评价：	教师评价：	总评：

项目二　客房服务礼仪

【项目目标】

1. 了解客房服务都有哪些服务内容。

2. 掌握日常客房服务中应注意的服务礼仪。

3. 对特殊客人或面临紧急情况，能够及时果断地处理。

【引例】

某酒店客房，一位四十来岁的客人陈先生要赶火车，提着旅行包从512房间匆匆走出，走到楼层中间拐弯处服务台前，将房间钥匙放到服务台上，对值班服务员说："小姐，这把钥匙交给您，我这就下楼去总台结账。"却不料服务员小余不冷不热地告诉他："先生，请您稍等，等查完您的房后再走。"一面即拨电话召唤同伴。李先生顿时很尴尬，心里很不高兴，只得无可奈何地说："那就请便吧。"这时，另一位服务员小赵从工作间出来，走到陈先生跟前，将他上下打量一番，又扫视一下那只旅行包，陈先生觉得受到了侮辱，气得脸色都变了，大声嚷道："你们太不尊重人了！"

小赵也不答理，拿了钥匙，径直往512号房间走去。她打开房门，走进去不紧不慢地搜点：从床上用品到立柜内的衣架，从衣箱里的食品到盥洗室的毛巾，一一清查，还打开电控柜的电视机开关看看屏幕。然后，他离房回到服务台前，对陈先生说："先生，您现在可以走了。"陈先生早就等得不耐烦了，听到了她放行的"关照"，更觉恼火，待要发作，或投诉，又想到要去赶火车，只得作罢，带着一肚子怨气离开酒店。

问题提出：

1. 客房服务礼仪的本质是什么？

2. 服务员在查房时应注意哪些礼仪？

任务一　客房日常服务礼仪

【任务分析】

教师：

1. 准备PPT，帮助同学们回顾酒店客房日常服务内容。

2. 准备相关案例，说明服务礼仪的重要性。

3. 示范酒店客房中各种日常服务的标准礼仪。

4. 设计不同的场景，指导学生分组分角色练习客房不同的日常服务礼仪，并进行总结。

学生：

1. 复习并熟悉酒店客房日常服务内容。

2. 分组分角色模拟酒店客房各种日常服务，并观察其他组有哪些不足。

3. 掌握酒店客房日常服务的标准礼仪。

【相关知识】

一、迎接服务礼仪

目前，酒店一般会为VIP客人的到来准备一个迎接服务，服务人员在迎接时应注意以下的礼仪。

（一）礼貌恭候

接到来客通知之后，应到电梯楼口或楼梯口等候，客人到了之后应及时主动向客人问候，表示欢迎。

（二）引领入房

引领客人进入相应的客房，注意适当地帮助有困难的客人，到客房门口，先敲门三下、稍等片刻再敲三下，然后用钥匙牌开门，礼貌地将客人引入客房。

（三）适当介绍

面带微笑，用尊敬的语气向客人清楚、简要地介绍房间的设施和使用功能，以及酒店的其他各项设施。

（四）礼貌告退

问清客人没有其他的要求之后，向客人礼貌告别，后退一步，离开房间时轻关房门。

二、进门礼仪

（一）敲门礼仪

如需进入客人房间，要注意进门之前先按门铃，按三下之后停顿，不可长按；门铃之后或者没有门铃，要注意敲门，敲两次，每次三下，同时说："客房服务。"

（二）进入房间

如无人应答，用钥匙牌开门进入，保持门敞开的状态，如有人应向客人问好；如门口有"请勿打扰"的牌示时，应注意不要打扰，如超过下午两点，应报告上级，并打电话给客人主动询问。

三、客房清洁

（一）开门清扫

按照规定的顺序依次清洁客房；工作车应保持干净卫生，各种服务用品摆放整齐，清洁过程中，应将工作车横停在客房门口，保持房门打开的状态(见图 1-2-1)。

图 1-2-1 清扫房间时行李车应放在打开的门口

（二）尊重客人

一般情况下，服务人员应按照酒店规定的顺序：VIP→请即打扫→退房→住人房→空房，依次打扫客房。如有客人有“请勿打扰”的表示，则不应打扰；如客人在房间里，应注意征询客人意见，是现在清扫，还是等客人离开之后清扫。

（三）礼仪禁忌

清洁时注意动作要轻，特别是有客人在场的情况下，尽量避免干扰客人的休息和工作，离开时应礼貌说：“对不起，打扰了，谢谢。”注意清洁过程中不要接听客房电话，不要东张西望，不要与客人长谈，不能随便动用客人物品，不能品尝客人食品。

四、住店服务

（一）洗衣服务

提供洗衣服务时注意对客人的衣服不分质量平等对待，注意了解客人对洗衣方式的选择，尽量满足客人对洗衣时间的要求。

（二）接待访客

对于来访者，应热情接待，请来访者登记，核对被访人的姓名和房号，在客人同意的情况下，尽快安排客人会面；同时，要注意如被访者不同意会面，要以委婉的方式对客人来访者进行解释说明。接待访客过程中，如被访者不在，应以不明显的方式关注访客的动向，防止酒店的利益受损。

（三）夜床服务

开夜床的同时要简单整理一下房间，调整房间温度，将窗帘拉上，打开夜灯。如客人挂着“请勿打扰”的牌子或已经将门反锁，则不应打扰；如发现客人床上有很多物品，则暂时不要开夜床，给客人留言讲明原因。

五、离店服务

（一）礼貌欢送

客人准备离店时，询问客人的需要，尽量满足。将客人送站电梯口或楼梯口，与客人道别，欢迎下次光临。

（二）检查房间

客人走后，要迅速进入房间，检查客人有无遗忘的物品，如有的话应及时还给客人；检查房间的物品设备有无损坏，如有的话，以委婉的方式提醒客人请客人协助解决；查看客房的自费消费品的消费情况，及时报告给前台。

【相关实训】

	接待访客服务礼仪的练习
活动内容	结合本任务所讲的内容，以学习小组为单位，在教师设定的场景条件下，在课堂上模拟接待访客的服务流程，其他同学仔细观察其服务礼仪，指出不妥之处
活动目的	掌握接待访客的服务礼仪
活动形式	课堂模拟
活动步骤	划分小组；小组讨论；分角色模拟演示；指出不足
物品准备	事先设置不同的场景条件，教师可以进行拍摄录像，将学生完成任务的过程记录下来，课堂上可以进行分析

【思考讨论】

1. 目前，有些酒店让客人自己说明在房间消费的自费的食品和酒水，分别从酒店管理角度和客人守信任角度说说你的看法。

2. 案例分析

王先生于昨天入住了某酒店，今天有一个很要好的朋友要来。上午9点，客人准时来访，正当两个人谈得非常愉快的时候，每天例行的客房清洁时间到了。听见敲门声，王先生即说了声："请进。"客房清洁员进来之后，礼貌地说了声："对不起，打扰了。"就开始打扫房间，王先生和他的朋友，因为有了外人在场，气氛也不如先前无所顾忌了。当服务员打扫完了之后，礼貌告别离开了。不一会儿，王先生的朋友因有事也告别离开了。不知怎么回事，王先生总感觉这次与朋友的会面不是那么尽兴，可又不知是什么原因。

问题提出：

1. 服务员的做法有哪些合理之处，又有哪些不合理之处？

2. 如果有客人在房间，服务员应注意哪些礼仪？

任务二 客房特殊服务礼仪

【任务分析】

教师：

1. 准备PPT和相关案例，帮助同学们回忆酒店客房日常服务之外的特殊服务内容。

2. 示范酒店客房中特殊服务过程中需要的标准礼仪。

3. 设计不同的场景，指导学生分组分角色练习客房某种特殊服务礼仪，并进行总结。

学生：

1. 复习并熟悉酒店客房特殊服务内容。

2. 分组分角色模拟酒店客房特殊服务，并观察其他组有哪些不足。

3. 掌握酒店客房特殊服务的标准礼仪。

【相关知识】

一、特殊客人

(一)VIP服务

在重要客人(VIP)客人到来之前应了解其基本情况及喜好，以提供有针对性的个性化服务。对重要客人要表现出充分的尊重，尤其应注意细节服务。

(二)残疾客人

对残疾客人的服务应注意表情自然，不要区别于其他正常人，着眼于细微处的服务。引领客人时注意要不动声色地带领一条最近的路线，安排低楼层的房间，帮助服务不宜过多，不宜太主动，要充分尊重客人的自尊。

(三)醉酒客人

对醉酒客人的处理不要自作主张，及时通知保安部门和上级部门，不要单独扶客人回房间，及时清除客人的呕吐物，不要刺激客人，对客人损坏的设施设备要通知保安部门和上级部门出面协调处理。

二、意外事故

服务人员在上岗前应接受基本的有关意外事故处理的培训，在特殊情况下，能够及时、果断、正确地处理。服务人员应有敏锐的安全意识，发现有任何异常时，应及时报告，并作出正确的反应。

(一)客人患病

客人发生突发性疾病时，不要随便移动病人，应仔细观察客人的反应，迅速判断客人情况，及时报告，通知其家属，但不得随便给客人用药或治疗，应提醒家属是否有紧急药品。

(二)火灾事故

发生火灾时，服务人员应注意保持冷静，迅速判断现场情况，采用有效的求救方式，组织客人自救，寻找最佳逃生路线，引导客人及时逃生。情况危急时，缓解客人紧张，不要盲目行动，耐心等待救援。如没有什么危险，应积极参与救火。

(三)失窃事故

失窃现象在酒店时有发生，服务人员应时刻保持警惕，不给盗贼可乘之机。而一旦发生应果断处理，迅速报告，保护现场，同时要安慰顾客，缓解客人情绪。

【相关实训】

	应急处理的练习
活动内容	全体同学以组为单位，每一组利用课余时间收集资料并总结整理，常见的重疾发作的主要症状及处理方式
活动目的	了解常见的突发性疾病的症状和处理方式
活动形式	学生课堂讲解
活动步骤	划分小组；分组收集资料；整理资料；向同学们汇报
物品准备	学生可做成幻灯片形式，使汇报的资料更加形象

【思考讨论】

李先生的双腿残疾，要依靠轮椅代步，但他很反感别人把他当成照顾对象，而是自强自立，自己开创了一家网络公司，也算是小有成就，因开会来到某市，入住当地一家酒店。一进门，行李员礼貌的上前问道，请问，需要帮忙吗？他摆了摆手，表示不需要，行李员见状就离开了。办理好入住手续之后，李先生自己提着不多的行李，找到电梯，坐到相应楼层之后，进入到自己的房间，自始至终，酒店并没有对李先生额外照顾，但却让李先生感觉很轻松。实际上，酒店的监控室里，李先生从进酒店到进房间的这段过程中，都受到服务员的密切关注，一旦有什么情况，离他最近的服务人员会立刻出现向客人提供帮助。

问题提出：

1. 了解残疾客人的心理。
2. 对于特殊客人，服务人员提供服务时应注意哪些问题？

【项目相关链接】

一、快速醒酒的方法

1. 蜜水治酒后头痛。蜂蜜中含有一种特殊的果糖，可以促进酒精的分解吸收，减轻头痛症状，尤其是红酒引起的头痛。另外，蜂蜜还有催眠作用，能使人很快入睡，第二天起床后也不会头痛。

2. 西红柿汁治酒后头晕。西红柿汁也富含特殊果糖，能帮助促进酒精分解，一次饮用300毫升以上，能使酒后头晕感逐渐消失。实验证明，喝西红柿汁比生吃西红柿的解酒效果更好。饮用前若加入少量食盐，还有助于稳定情绪。

3. 新鲜葡萄治酒后反胃、恶心。葡萄中含有丰富的酒石酸，能与酒中乙醇相互作用形成酯类物质，达到解酒目的。如果在饮酒前吃，还能有效预防醉酒。

4. 西瓜汁治酒后全身发热。西瓜具可以清热去火，能加速酒精从尿液中排出。

5. 柚子消除口中酒气。实验发现，柚肉蘸白糖吃，对消除酒后口腔中的酒气有很大帮助。

6. 芹菜汁治酒后胃肠不适、颜面发红。这是因为芹菜中含有丰富的B族维生素，能分解酒精。

7. 酸奶治酒后烦躁。酸奶能保护胃黏膜、延缓酒精吸收，其中钙含量丰富，对缓解酒后烦躁尤其有效。

8. 香蕉治酒后心悸、胸闷。酒后吃1～3根香蕉，能增加血糖浓度，降低酒精在血液中的比例，达到解酒目的。同时，它还能减轻心悸症状、消除胸口郁闷。

9. 橄榄治酒后厌食。橄榄自古以来就是醒酒、清胃热、促食欲的“良药”，既可直接食用，也可加冰糖炖服。

二、几种简单有效的救火方法

1. 用水喷洒在燃烧物上或火源附近的可燃物上，使其熄灭，并阻止火势扩大。

2. 用淋湿的棉被盖在火焰上，使其因缺乏氧气而熄灭。

3. 将距离火源最近的可燃物移走，使火焰因缺乏可燃物而熄灭。

【项目测评】

姓名：　　　　小组名称：　　　　项目组长：　　　　日期：

测评内容	测评标准	标准分值	测评结果（√通过、×未通过）
作业准备	查找和组织资料能力	10分	
课堂实训	文字表述能力	10分	
角色模拟	组织、协调能力	10分	
角色扮演	合作能力	10分	
实际演练	礼仪与服务技巧评价	15分	
案例分析	知识掌握评价	15分	
课堂讨论	技能掌握评价	15分	
课堂组织	岗位应用评价	15分	
自我评价：	小组评价：	教师评价：	总评：

项目三　餐饮服务礼仪

【项目目标】

1. 了解餐饮服务有哪些服务内容。
2. 掌握餐饮零点服务和宴会服务应注意的服务礼仪。
3. 对特殊客人或面临紧急情况，能够及时果断地处理。

【引例】

某餐厅，一桌来店就餐的客人点了文林食府招牌的烤全羊。客人吃了一阵，找来服务员说你们这羊肉臭了！就餐的客人肩膀上文着身，五大三粗的，把服务员小姑娘吓得都哭了，只得把李总给请来了。李总一来，问明原因，又仔细检查了羊肉，最后发现异味来自于羊头。原来羊是吃草的，而羊的口腔很容易残留草渣。如果羊头清理不干净的话，上火一烤，加热后羊头就容易产生草腥味。在弄明白原因之后，李总幽默地说道："对不起，我们这儿羊忘了刷牙啦，它太不讲卫生了！这是我们的疏忽，非常对不起。这顿就算是我们请您的。"顾客听完哈哈一乐，最后也没让店家免单，之后还经常带自己的亲戚朋友来光顾。

问题提出：

1. 检查菜肴问题时，应注意哪些礼仪？
2. 餐厅中处理顾客投诉时幽默的重要性。

任务一　零点服务礼仪

【任务分析】

教师：

1. 准备 PPT 和相关案例，指导学生复习餐厅零点服务的流程。
2. 播放有关的视频和图片，并做示范，使学生掌握标准服务礼仪的做法。
3. 设计不同的场景，指导学生分组分角色模拟餐饮服务的流程，并进行总结。

学生：

1. 讲一下印象最深的就餐经历。
2. 分组分角色模拟餐饮服务的流程，并观察其他组有哪些不足。
3. 掌握酒店餐饮服务的标准礼仪。

【相关知识】

一、迎宾服务

（一）热情欢迎

迎宾员应采用标准的站姿准备随时迎接客人，衣着整齐，精神饱满，面带微笑；对即将进入餐厅的客人，应及时上前迎接，热情向客人表示欢迎，询问客人是否预订等。

（二）礼貌引领

在客人左前方 1.5～2 米处引领客人进入餐厅，在转角处应注意提醒客人，用手势向客人指示方向，手势要注意五指并拢，与手腕保持在同一水平面，注意与客人保持适当的步伐节奏。对于年老体弱或需要照顾的客人，在征得同意后，要提供特殊的照顾和关怀。

（三）适时引位

如客人已有预订，引导客人至提前预留的座位。如没有预订，应征得客人同意后引导入座。一般原则是将带小孩的客人安排在偏角落的位置；情侣应安排在较隐秘的位置；老年人应安排在离过道较近的位置等等。

（四）座位已满

在餐厅座位已满的情况下，应向客人如实说明，同时尽量挽留客人。对等待的客人不能忽视怠慢，应及时提供茶水或杂志，实时向客人通报可能等候的时间，同时感谢客人的理解和等候，也可让客人在等候过程中先点菜。在等候客人比较多的情况下，服务员应记好客人到达的顺序，有空座时依次请客人入座。

二、点菜服务

（一）熟悉菜单

首先，点菜员应熟悉菜单上所罗列的菜肴，包括菜肴的口味、主要原料、主要做法，尤其是本餐厅的招牌菜；其次，点菜员要了解本餐厅主要推销的菜肴，实时了解本餐厅的新菜。

（二）点菜姿势

客人要求点菜时，点菜员将菜单打开第一页，放在客人目光前方偏 30 度左右的地方，提醒客人请客人点菜；客人点菜时，点菜员应站在客人右侧方，上身微倾，仔细倾听客人的要求，同时兼顾在座其他客人的点菜要求(见图 1-3-1)。

图 1-3-1　点菜服务

（三）适当推销

客人要求推荐招牌菜时，点菜员要在观察客人特点、了解其就餐目的的基础上，根据客人要求向客人推荐价钱合适、数量适中的菜肴；在客人点菜过程中，应适当提醒客人菜肴有无重复、数量是否合适等方面。当客人要点菜单上没有的菜肴时，应根据本餐厅的规定迅速决定是请示上级还是委婉地向客人解释。

(四)重复点菜

客人点完菜肴之后，点菜员应向客人重复所点菜肴，征得客人同意之后再下单。重复时应姿态大方，口齿清楚，表达流畅。

三、上菜服务

(一)上菜位置

中餐的上菜位置应是陪同客人的右后侧，或者是离包厢门较近、离厨房较近或较方便的位置，也可以是客人之间较宽松的位置。应避开小孩所坐的位置。在征求客人意见之后确定上菜位置。每次上菜之前，应提醒客人注意。

西餐的上菜位置一般选择在客人的右后侧。

(二)菜肴上桌

上菜应注意不要打断客人，如客人正在领酒或聊天，上菜应推迟。上菜时用手指捏住盘的边缘即可，切忌手指碰到菜肴。菜肴上桌前，应自觉检查菜肴和餐具有无异常。

中餐上菜时应清楚地向客人报上菜名，并将菜肴利用转盘转到主人和主宾前面。上菜的同时注意调整菜肴位置，使菜肴在饭桌上的摆放保持美观，应“一中心、二平放、三三角、四四方、五梅花”，注意相似口味的菜肴分开摆放，荤菜与素菜菜肴混合摆放。

西餐上菜要按照头盘、汤、副菜、主菜、甜点、咖啡的顺序依次上菜。上菜时注意撤下上一道菜的餐具，西餐服务时要根据所撤餐具名称来判断上菜时间。

四、席间服务

(一)更换骨碟

中餐席间，当骨碟中的杂物有三分之二时，应注意给客人更换干净的骨碟。更换骨碟时，应站在客人右后方，先将脏的骨碟和杂物放在托盘上，然后将干净的骨碟放在客人前面相应的位置。

西餐就餐过程中，杂物放在餐盘的一边，撤换餐具时应同时换掉。

(二)换烟灰缸

更换烟灰缸时，为防止烟灰飞散，应将干净的烟灰缸扣在需要更换的上面，一起端到托盘上，然后将干净的烟灰缸放在桌子上。

(三)斟茶倒酒

客人就餐过程中，服务员应注意观察客人的需要，及时斟茶，在客人喝酒干杯之后及时续满酒水。斟倒酒水时，应站在客人右后方，做到不急不缓，不洒不溢。

(四)分菜服务

分菜时注意要量量而分，即每人所分到的菜肴分量、质量应差不多，最好盘中能剩出少量菜肴。

五、结账服务

(一)准确迅速

客人要求埋单时，应及时将账单送至收银台。拿到计算好的账单之后，拿给客人之前应先大致检查一下有无错误或不当之处。

(二)送至客人

将账单双手递给客人，注意除非客人要求，否则不要主动报出账单的数目，耐心解答客人的问题。

(三)收取餐费

收到客人的餐费之后，应当面点清，并向客人说清所收到的数额；如客人是用有密码的卡类支付，礼貌地请客人移步收银台输入卡的密码。

(四)餐费找零

将客人的餐费交到收银台之后，将找回的零钱和发票一起双手交给客人，并迅速离开。

六、离店服务

(一)打包服务

客人要求打包时，应及时拿出饭盒，如需收费应向客人事先说明。将客人要求打包的菜肴分类装入饭盒，注意将口味相似的菜肴装在一起，防止串味。

(二)礼貌提醒

客人准备离座前，礼貌提醒客人不要遗留物品；客人走后也要迅速检查客人有无遗漏东西，同时检查餐厅的设施设备有无遗失或损坏，如有的话，迅速报告上级，请上级出面处理。

(三)恭送顾客

客人未离开餐厅前，不要忙着收拾餐具，应礼貌恭送客人，欢迎客人的再次光临。

【相关实训】

	点菜服务员服务礼仪的练习
活动内容	全体同学以组为单位，由同学自己设计菜单，自己设计场景和对话，然后分角色扮演点菜员应如何帮客人点菜
活动目的	掌握点菜服务员的服务礼仪
活动形式	课堂模拟
活动步骤	划分小组；分组讨论；现场模拟
物品准备	设计制作菜单的材料

【思考讨论】

张小姐多年不见的同学因出差顺路来找她叙旧，张小姐请这个同学去餐厅吃饭。两个人走进餐厅才发现，因为是周末，所以人特别多，竟然没有位子了。餐厅服务员请他们等一下，帮他们加一张桌子。不一会儿，在靠近窗口的位置，已经加好了一张餐桌。张小姐入座之后，向服务员表示要点菜了。服务员走开了，可是过了5分钟还没有回来，张小姐又叫住了另一个服务员，说要点菜，而这位服务员也让她们等一下，就走开了。又等了5分钟，还是没有回来，张小姐很奇怪，再次叫住了经过的一个服务员，问道："怎么回事，我两次都要点菜，可是没有人理？"这时，服务员向她解释道，客人太多，菜单不够，还没有空闲的菜单，而点菜员也都在忙，暂时还没有过来。"那也要跟我们讲一下啊！"说完，张小姐拉着她的同学气呼呼地走了。

问题提出：

1. 这家餐厅服务员的做法有哪些合理之处？哪些地方地合理？
2. 说说餐厅服务礼仪的本质是什么？

任务二 宴会服务礼仪

【任务分析】

教师：

1. 准备PPT和相关案例，指导学生复习餐厅宴会服务的流程。
2. 播放有关的视频和图片，并做示范，使学生掌握标准服务礼仪的做法。
3. 设计不同场景，指导学生分组分角色模拟餐饮宴会的服务流程，并进行总结。

学生：

1. 讲一下自己对未来婚宴的设计，分析一下宴会顾客的心理。
2. 分组分角色模拟餐饮服务的流程，并观察其他组有哪些不足。
3. 掌握酒店餐饮宴会服务的标准礼仪。

【相关知识】

宴会是出于欢迎、答谢、祝贺、喜庆、欢送等目的而举办的一种宴请餐饮形式。宴会有服务时间集中、节奏紧张等特点。

一、中餐宴会

中餐宴会有很多分类标准。按照规格可以分为国宴、正式宴会、便宴；按照菜点性质可以分为高档宴会、普通宴会、素食宴会、清真宴会等；按照进餐形式可以分为立式宴会、坐式宴会；按照礼仪形式可分为欢迎宴会、答谢宴会、告别宴会；按照餐别可划分为中餐宴会、西式宴会、冷餐宴会、鸡尾酒会等。

中餐宴会在中国已有悠久的历史，自古就有很多传统礼节。而随着经济的增长，对外交流的增加，现在的中餐宴会在原有的特点上又增添了一些新的特征，在服务中应注意很多服务礼仪。如图1-3-2所示的就是一个中餐宴会。

图1-3-2 中餐宴会

（一）宴会准备

由于宴会服务的时间比较集中，需要在宴会客人到达之前进行认真充足的准备。

首先，服务人员应掌握宴会的详细情况，包括宴会的主题、主办单位、邀请对象、台数、人数、宴会标准、开宴时间、菜式品种，了解宾客的习惯和特殊要求。

其次，应仔细布置宴会的环境，根据宴会的不同主题和客人要求，给宴会厅营造出适宜的就餐氛围，还有餐具的数量要准备充足。

再次，宴会开始前服务人员要着装整齐，以饱满的精神状态迎接客人。

（二）礼貌迎宾

客人到达时，应及时上前迎接，引领客人到达宴会指定的休息室，为客人寄存衣帽或放到相应的衣柜。客人入座时，应为客人拉椅让座。

（三）席间服务

上菜时，应注意各桌同时或同步上菜，各桌菜肴应在数量和质量上保持一致。客人就餐过程中，应注意仔细观察，及时为客人更换骨碟、斟茶倒酒、更换烟灰缸、撤换餐盘以及处理客人的其他要求。服务时应注意忙中不乱，有条不紊，不出差错。

（四）宴会结束

宴会结束后，为客人拉椅，礼貌提醒客人带好随身物品、检查东西有无遗漏，及时帮客人取出衣帽，恭送客人离开之后开始清理餐厅。

二、西餐宴会

西餐宴会的就餐方式与中餐有很大不同，服务内容也有很大区别，但服务礼仪却有些异曲同工。如图 1-3-3 所示就是一个西餐宴会。

图 1-3-3　西餐宴会摆台

（一）宴会准备

西餐宴会摆台拿餐具时，注意切忌在餐具上留下手印。餐具应干净，无破损。

除上述中餐宴会的准备事项之外，西餐宴会应根据预订提前准备好各种酒水，特别是为提前到的客人准备餐前的鸡尾酒。

（二）礼貌迎宾

西餐宴会的迎宾服务与中餐宴会并无多大差别，但要注意西餐的座次排列与中餐有些不同。区别于中餐的圆桌用餐，西餐一般是方桌用餐，为客人引位时应参照本书所述的座次礼仪将客人引到正确位置。

（三）席间服务

西餐宴会上菜时应严格按照西餐就餐的顺序上菜，即开胃菜、汤、沙拉、海鲜、肉类、点心等。

西餐就餐具有安静的特点。客人就餐过程中，服务人员应理解客人的餐具语言。如刀叉平行放在餐盘中，应及时帮客人撤换餐具；而刀叉“八”字形摆在盘子上，表示客人并没有吃完。餐巾如放在桌子上表示客人已吃完准备离开；如放在凳子上，则表示只是暂时离开。服务员在服务过程中应眼疾手快，同时动作要轻，不发出噪音。

（四）宴会结束

同上述中餐宴会服务礼仪。

【相关实训】

	餐饮宴会服务礼仪的练习
活动内容	全体同学以组为单位，每组设立一个宴会形式和宴会要求，然后讨论要达到这样的要求，应注意哪些相应的服务礼仪。总结之后向其他同学汇报，其他同学指出其不足之处
活动目的	掌握餐饮宴会的服务礼仪
活动形式	课堂讨论
活动步骤	划分小组；分组讨论；上台汇报
物品准备	课前进行资料的调查和收集

【思考讨论】

某酒店是一家四星级酒店，其餐厅装修十分豪华。赵先生是当地一家工厂的厂长，为其父亲寿辰在这家餐厅预订了五桌宴席。宴会那天，当亲朋好友到来时，酒店餐厅进行了隆重的迎接，加上餐厅的豪华，使赵先生很有面子。但后来赵先生却有些不太满意。原来，这家餐厅为了提高服务档次，采取的是中餐西吃的方式，当菜肴端上桌向客人展示后，服务员就将其一一分给客人，然后将剩下的菜再放回桌面。赵先生本来想拍一些照片和视频留作纪念，看到的却是残羹冷饭，心里总有点儿不太舒服。

问题提出：

1. 思考一下宴会客人的心理。
2. 宴会的服务礼仪应注意哪些细节？

任务三　酒水服务礼仪

【任务分析】

教师：

1. 准备 PPT 和相关案例，指导学生复习有关酒水方面的知识。
2. 播放有关的视频和图片，并做示范，使学生掌握标准服务礼仪的做法。

3. 准备一些典型的酒瓶，指导学生模拟开酒及倒酒的服务流程。

学生：

1. 讲一下自己最喜欢的酒水，并说说其特色。

2. 练习不同酒水开酒及倒酒的服务礼仪。

3. 掌握酒水服务的标准礼仪。

【相关知识】

酒水是酒、水和饮料的总称，包括硬饮料(含有酒精)和软饮料(不含酒精)。目前，酒水，已成为餐桌上的必备品，服务员应了解各种酒水的知识，并掌握各种服务礼仪。

一、酒水知识

(一)硬饮料

硬饮料就是含有酒精的酒水，主要分为三种：蒸馏酒、发酵酒和配制酒。

蒸馏酒就是以富含天然糖分或容易转化为糖的淀粉等物质为原料，经糖化、发酵、蒸馏而制成的液体。常见的蒸馏酒有中国白酒(Spirit)、白兰地(Brandy)、威士忌(Whisky)、伏特加(Vodka)、金酒(Gin)、朗姆酒 (Rum)，一般酒精度很高。

发酵酒也称“酿造酒”，是含糖或淀粉的原料经过糖化、发酵、过滤、杀菌而取得的液体。主要的发酵酒有黄酒、啤酒、葡萄酒、清酒、果酒，一般酒精度不高。

配制酒又称“再制酒”，是以酒或酒精为基酒，配上各种药材或果汁以及其他食品饮料而制得的酒。常见的配制酒有各种药酒、滋补酒、利口酒、鸡尾酒等。

(二)软饮料

软饮料就是不含酒精的酒水，主要包括茶、咖啡、果蔬汁、牛奶、碳酸饮料、纯水。

茶起源于中国，用茶树叶子制成茶叶，泡水后饮用，有保健的功效。根据制作工艺的不同，茶一般分为绿茶、红茶、青茶(乌龙茶)、黄茶、白茶、黑茶。从全世界范围看，在以上各类茶中，以红茶的数量最大，其次是绿茶，最少的是白茶。

咖啡是用各种不同的烹煮器具将咖啡豆制成的饮料。咖啡树属茜草科常绿小乔木，而咖啡豆就是咖啡树果实内的果仁，用适当的烘焙方法烘焙而成的。

碳酸饮料，主要成分包括：碳酸水、柠檬酸等酸性物质、白糖、香料。有些含有咖啡因、人工色素等。除糖类能给人体补充能量外，充气的“碳酸饮料”几乎不含营养素，但是碳酸饮料还是深受大家喜爱，尤其受到“年轻一族”和孩子们的喜爱。

二、酒水服务礼仪

由于文化的不同，中西餐的酒水文化也有很大区别。虽然现在随着文化交流的增加，不同餐饮文化之间在不断地碰撞之中相互吸收，但在餐饮服务中，服务员还是应掌握不同餐饮文化的酒水服务礼仪。

(一)开瓶礼仪

开瓶前，应先向客人展示即将开启的酒，得到客人的确认。开瓶时，严格按照开瓶的程序进行，注意动作要轻；打开的瓶塞要保存妥当；给客人倒酒之前要注意检查酒质。

(二)斟酒礼仪

斟酒时要站在客人的右后侧，面向客人，与客人保持适当的距离。握瓶时注意将酒瓶商标朝向客人。斟酒要做到不急不缓，不洒不溢。每斟完一次酒，擦拭一下瓶口，以保持瓶口的干净。

（三）斟酒数量

中餐酒水的斟酒规则是八分满。西餐斟酒时白酒不超过四分之三，红葡萄酒约为三分之二，白葡萄酒约为二分之一，啤酒约为二分之一，香槟酒约三分之二，白兰地约五分之一。

（四）斟酒方法

香槟酒分两次斟，第一次斟三分之一，待泡沫平缓后，再斟至三分之二；斟倒啤酒时速度要慢，沿着杯壁慢慢滑倒杯中。

（五）斟酒顺序

中餐斟酒先给主宾然后按逆时针依次斟倒。西餐则按照先宾后主、先女后男的顺序，依次是女宾客、男宾客、女主人、男主人。

【相关实训】

	酒水礼仪的讨论
活动内容	全体同学以组为单位讨论，如果在服务过程中客人请你喝酒，作为服务员的你应如何处理？怎样维护客人的自尊
活动目的	掌握酒水服务的礼仪
活动形式	课堂讨论
活动步骤	划分小组；分组讨论；上台汇报
物品准备	课前进行资料调查和收集

【思考讨论】

小周是某餐厅的实习服务员，负责一个包厢的服务。这天，来了一桌客人。客人干杯之后，小周要给客人斟酒。按照以前学过的知识，她从主宾位置开始逆时针斟倒，可是有客人当场给她指出，应该先给领导倒酒，说你这个服务员连这都不懂。小周听了很委屈，她又不知道谁是领导。

问题提出：

1. 斟酒的顺序应是怎样的？
2. 酒水服务礼仪中要注意的事项。

【思考讨论】

1. 零点餐饮的斟酒和宴会的斟酒有何不同？
2. 除了上述的酒水礼仪外，你还能列举出其他的一些酒水礼仪吗？

【项目相关链接】

餐厅投诉处理

餐厅中服务的内容繁杂且琐碎，很容易收到客人投诉。处理投诉时应注意以下几方面。

1. 处理投诉的最好方法是避免投诉

餐厅管理人员应从顾客的投诉中发现管理的盲点和遗漏点，不断吸取经验教训，使服务人员善于发现问题，在客人发现之前解决问题，使投诉不断减少。

2. 善于运用幽默的语言

客人来餐厅的目的是就餐，一旦出现意外情况会忍不住发怒。服务人员应了解顾客心理，给予客人一个合理的解释，并善于利用幽默语言缓解客人情绪，使客人在笑声中平息怒气。

3. 合理对待投诉

客人投诉有利于管理者发现管理中的不足，因此管理者对投诉应抱欢迎的态度，处理投诉时尽量做到让顾客满意，可能因此还会获得一个忠实顾客。

【项目测评】

姓名： 小组名称： 项目组长： 日期：

测评内容	测评标准	标准分值	测评结果(√通过、×未通过)
作业准备	查找和组织资料能力	10分	
课堂实训	文字表述能力	10分	
角色模拟	组织、协调能力	10分	
角色扮演	合作能力	10分	
实际演练	礼仪与服务技巧评价	15分	
案例分析	知识掌握评价	15分	
课堂讨论	技能掌握评价	15分	
课堂组织	岗位应用评价	15分	
自我评价：	小组评价：	教师评价：	总评：

模块小结

本模块论及酒店的3大部门，即前厅部、客房部和餐饮部，分别对各个部门主要岗位的服务礼仪进行了具体的论述。

本模块主要是从技能的角度，阐述在具体的旅游酒店业中应如何运用和贯彻各种基本的仪表仪态礼仪，在具体的酒店岗位上应如何理解客人的消费心理、如何提供让客人满意的服务等。

综合实训操练

李先生和王小姐的婚礼将至，两人决定在某五星级酒店举行。他们预订了十桌的婚宴，并预订了该酒店两天时间的豪华套房。

训练内容：

1. 宴会厅应如何布置？

2. 宴会开始之前，应向客人确认哪些内容？

3. 客人预订的豪华套房应进行哪些准备？

4. 请同学们以组为单位，每组写出一份计划书，要求尽量详尽地写出注意事项，尤其要注意宴会礼仪的应用。

模块二
旅行社服务礼仪

●●●● 礼仪名言引入

君子以仁存心，以礼存心。仁者爱人，有礼者敬人。爱人者人恒爱之，敬人者人恒敬之。

——孟子

●●●● 学习目标

1. 掌握旅行社导游人员服务礼仪规范。
2. 能在接待游客时正确运用导游人员礼仪规范。
3. 掌握旅行社门市部销售人员服务礼仪规范。
4. 能在旅行社接待顾客时正确运用门市部人员服务礼仪规范。
5. 掌握旅行社后勤行政服务人员服务礼仪规范。
6. 能在旅行社后勤行政工作中正确运用公务礼仪规范。

●●●● 模块内容结构

旅行社行业是旅游业的三大支柱之一，也是旅游业中最重要、最具有代表性的行业。旅行社行业服务礼仪是旅游服务礼仪当中最重要的板块之一。在旅行社对客服务的主营业务中，与旅游者接触最为密切的分别是导游人员、前台业务人员以及后勤行政工作人员。在本模块中，我们将重点介绍这3类工作岗位的服务礼仪规范。

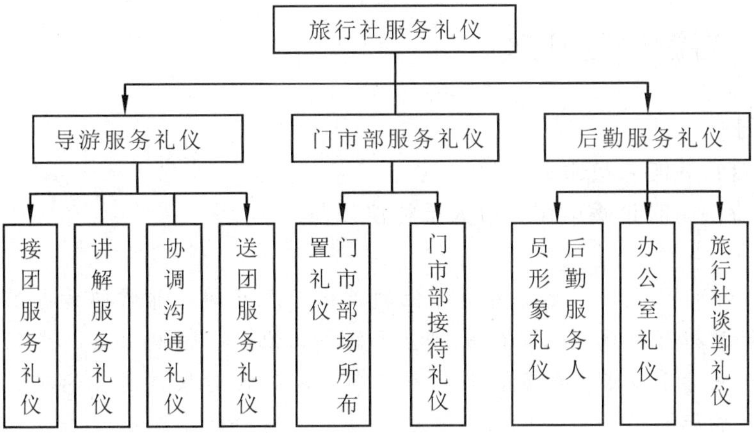
旅行社服务礼仪
导游服务礼仪
门市部服务礼仪
后勤服务礼仪
接团服务礼仪
讲解服务礼仪
协调沟通礼仪
送团服务礼仪
门市部场所布置礼仪
门市部接待礼仪
后勤服务人员形象礼仪
办公室礼仪
旅行社谈判礼仪

项目一 导游服务礼仪

【项目目标】

1. 掌握旅行社导游人员服务礼仪规范。
2. 能在接待游客时正确运用导游人员礼仪规范。

【引例】

小王刚进入旅行社成为一名导游员，他的性格活泼开朗，非常热爱导游这一职业。今天，他第一次接到旅行社计调给他的出团委派任务，他的心情既兴奋又忐忑。兴奋的是终于有机会让他一展身手；忐忑的是，作为一名新导游，他对接待游客的服务礼仪知识还比较欠缺。如何打响职场第一炮，他的心里还是没底。这时的小王心里七上八下的，不知如何是好。

问题提出：

1. 如果你是小王，在执行此次带团任务前，应该做好哪些准备？
2. 作为一名导游，应该具备哪些服务礼仪技能？

任务一 接团服务礼仪

【任务分析】

教师：

1. 指导学生做好导游接团的形象准备，并让学生形成深刻印象。
2. 备齐导游接团所需工具，对学生进行实际操作示范，并指导学生练习。
3. 分步讲解，对接团时所需注意的环节应进行强调。
4. 鼓励学生大胆创新欢迎词，同时予以指导。
5. 要求学生注意首因效应，力求给游客留下良好的第一印象。

学生：

1. 准备接站牌、导游旗、导游服、导游证、欢迎词等。
2. 做好导游带团的形象准备。
3. 学生以小组为单位进行接团角色扮演。

【相关知识】

一、导游带团形象要求

(一)仪容仪表要求

导游需要长时间在户外进行工作，工作地点不停变换。这样独特的职业环境和职业特点要求导游人员具备符合其工作特点的形象，如图 2-1-1 所示。

1. 发型要求

导游人员发型的总体要求是整洁、干净、大方，方便工作。头发要勤洗勤护理；发型不夸张，不怪异，无异味。头发的颜色应自然、协调，不追求标新立异，不染怪异的颜色。

(1)男性发型要求

男性导游员应留齐耳短发，前面刘海儿不能过眉，侧面头发不能过耳尖，后面头发不能及领。发质要求干净清爽，颜色自然，无异味，无头屑。

(2)女性发型要求

女性导游员发型要求整洁大方，前面刘海儿不能过眉，短发长度不应超过肩膀。留长发的女导游员，在工作时应尽量将头发束起，不披头散发，方便工作。头发颜色自然协调，不染怪异颜色，不留怪异发型，发型应符合个人特点和职业要求。

2. 面容修饰要求

导游人员必须给游客以精神抖擞、充满活力的感觉，在面容修饰上以干净整洁为主。男性导游员要剃净胡须，修剪鼻毛，保持脸部清爽干净；女性导游员还可以适当以淡妆示人，但避免浓妆艳抹或使用气味浓烈的化妆品。

图 2-1-1　东莞优秀导游员黄红婵工作形象

(二)服饰要求

导游人员在带团时，外面应穿着旅行社统一制作的导游工作服，佩戴好导游证 IC 卡，里面的服饰要求干净、舒适、整洁、大方，以方便工作为主。服饰的搭配要求端庄和谐，女性不能穿露背装、露肩装、低胸装、吊带衣、紧身衣、透明衣、超短裙(裤)等。除定点讲解员外，为了工作方便的需要，一般导游带团时不适宜穿高跟鞋。在不同的旅游地，导游的服饰要符合当地的气候特点，尽可能体现当地的民俗文化特色。

二、接站礼仪

接站是导游员与游客的第一次接触，因此导游必须重视其首因效应，给游客留下良好的第一印象。

(一)提前到达

导游员应提前至少半小时抵达接站地点(一般为机场、车站、码头)，采用高位手势高举写有“欢迎×××旅游团”的接站牌，采用标准式站姿站立于旅客出站口显眼的位置，等候游客到达。

(二)热情相迎

待旅游团到达后，导游员必须主动上前认找。初次与游客见面，导游员必须主动用礼貌用语向游客问好，主动与客人握手，表示欢迎之意。然后进行自我介绍，如：“各位团友大家好！我是×××旅行社的导游小王，非常欢迎大家到×××旅游！”

(三)集合登车

登车前，导游员必须清点游客人数。清点人数时，切忌用手指点游客。待清点人数无误后，导游员手持导游旗，带领游客集合登车。在引领过程中，导游员必须始终走在团队左前方 1 米处，介绍沿途的公共设施。待到达旅游车前，导游必须协助游客摆放行李，然后采用标准式站姿，恭候在汽车门旁，采用横摆式手势，微笑指引游客上车。如遇有老人、小孩、残疾人等客人，还须帮助搀扶其上车。

（四）致欢迎词

致欢迎词时，导游员应面带微笑，表情自然、柔和、大方，同时巧妙运用各种称呼语、问候语、欢迎语、介绍语和祝愿语，代表旅行社、司机和导游本人欢迎各位游客的到来，态度要真诚。

欢迎词的内容：

(1)代表所在旅行社、本人及司机欢迎客人光临本地。

(2)介绍自己的姓名及所属单位(顺带告诉客人自己的工作手机号码)。

(3)介绍司机。

(4)表示提供服务的诚挚愿望。

(5)预祝旅游愉快顺利。

【相关实训】

	模拟导游接团服务
活动内容	结合本项目所讲的内容，3～4个同学一组，以学习小组为单位，模拟导游接站时的情景。比一比哪位同学的接团服务最好
活动目的	让学生掌握接团服务礼仪规范
活动形式	角色扮演
活动步骤	划分小组；小组讨论；角色设定；情景模拟；师生交流
物品准备	(1)准备接站牌、导游旗、导游服、导游证、欢迎词等 (2)教师可以拍摄录像，将学生完成任务的过程记录下来，以备课堂上进行分析

【思考讨论】

如果导游在接站的时候，赶上非常糟糕的天气，刮着大风下着大雨，那么导游员应该如何调整自己的接站用语？

任务二 讲解服务礼仪

【任务分析】

教师：

1. 指导学生做好导游讲解的形象准备，并准备好讲解需要的导游词。
2. 备齐导游讲解所需工具，对学生进行实际操作示范，并指导学生练习。
3. 分步讲解，对接团时所需注意的环节应进行强调。
4. 鼓励学生积极创新，采取富有特色的讲解方式，同时予以指导。
5. 准备一个模拟讲解的场地进行练习，可以到实际的景区景点，也可以在校园内寻找标志性景观。

学生：

1. 准备导游讲解所需要的工具，如扩音器、导游旗、导游服、导游证等；准备好导游讲解时所需的导游词。

2. 做好导游讲解的形象准备。

3. 学生以小组为单位进行模拟讲解。

4. 注意导游词必须准备充分、熟练，适当配合肢体语言。

【相关知识】

一、讲解体姿要求

(一)站姿要求

导游员在沿途讲解时，应走在游客的左前方，为游客引路。导游员在定点讲解时，应面向游客，采用标准式站姿，目光注视全体游客，如图 2-1-2 所示。

图 2-1-2　湖北省导游大赛选手讲解环节风采

(二)手势要求

1. 话筒使用方法

导游讲解时，可使用话筒或扩音器增大音量，增强讲解效果。手臂自然抬起，手握话筒的中端靠上位置。话筒上端与嘴部保持大概 5 厘米的距离，话筒不能遮盖嘴部或离嘴部太近，以团内游客能听清为宜。话筒使用完后要关闭电源且归位，防止产生刺耳的干扰声。

2. 导游旗使用方法

(1)直举式

上臂自然打开，前臂与上臂呈 90 度夹角。手握导游旗杆下端，旗杆向上直立，旗面飘扬。导游旗切忌折叠、卷曲、乱摇、向下摆甩和在地上拖拽，如图 2-1-3 所示。

图 2-1-3　2007 年上海市导游大赛二等奖获得者惠建勇

(2)斜举式

手臂自然弯曲，导游旗杆斜靠在同侧的肩部，旗面高度以方便游客看清为准。

3. 各种手势配合使用

在讲解过程中，导游员可适当运用肢体语言拉近和游客的距离，增强讲解效果。若遇到景观离游客较近，可以采用横摆式手势和直臂式手势向游客示意。若遇到景观离游客较远，可以采用高位手势向游客示意。若遇到景观位于游客站立位置的下方，可以采用斜摆式手势示意。各种手势运用的过程中，注意五指并拢，手心向游客。

(三)表情要求

导游员讲解时应充满热情，保持微笑，态度亲和，眼神注视着游客，注意保持与游客的互动与交流。

二、讲解过程要求

(一)态度要求

导游人员在讲解时，要恪守职业道德，热情、耐心、细致地提供讲解服务。讲解态度要认真端正。切不可随意听私人电话，不可与无关人员交谈聊天，不可手插口袋、嚼口香糖或当众抽烟。

(二)语言要求

导游的语言要求正确、清楚、生动、灵活。在讲解时要做到言之有物、言之有据、言之有理、言之有情、言之有礼、言之有神、言之有趣、言之有喻。讲解内容要真实且有据可查。讲解过程中应注意多使用礼貌用语、文明优雅的语言。切不可使用粗言秽语，不可讲题材粗陋低俗的传闻和黄色笑话，不可使用触犯游客禁忌的语言。

（三）与游客互动要求

1. 讲解要有针对性

导游在讲解过程中，需要根据游客的特点进行有针对性的讲解。讲解的内容要符合游客的群体特点，重视与游客之间的交流与互动。

2. 巧妙应对失误

导游在讲解中难免会发生忘词、口误等失误。面对失误，切不可自乱阵脚，应该微笑地从容面对。若是发生忘词，可以借助与游客之间的交流，回答游客的问题或设置悬念等方式摆脱困境。若是发生口误，切不可因顾全面子将错就错、胡编乱造、蒙混过关，而应该将正确的内容重复一遍，确保讲解内容的真实性和可信度。

3. 正确处理干扰

导游在讲解过程中，有可能受到各种外来的干扰，如插话、询问、私下聊天、起哄、刁难等。面对提问式的干扰，导游要给予及时的回复，解答游客的疑问。对于不友善的干扰，导游一般不能采取批评与训斥的方式，这会让游客产生敌对的情绪，而应该不予理会或者循循善诱。

4. 摆正自己的位置

导游是一个“杂家”，必须有广阔的知识面，但导游并不是“专家”，不可能面面俱到，样样精通。当遇上真正的专家时，导游不应妄自菲薄，而应该虚心向专家型游客请教，善于与其进行交流，拉近双方的距离。若游客是外行，那导游必须充满自信，端正态度，向游客讲解景区景点的美与价值。

【相关实训】

	模拟导游讲解
活动内容	结合本项目所讲的内容，5～8个同学一组，选取校外某一景区景点，或校内某一代表性景观，进行模拟导游讲解，然后以小组为单位进行角色轮换扮演，比一比哪位同学的讲解效果最好
活动目的	让学生掌握讲解服务礼仪规范
活动形式	角色扮演
活动步骤	划分小组；选取讲解地点；角色设定；情景模拟；师生交流
物品准备	(1)准备扩音器、导游旗、导游服、导游证、讲解导游词等 (2)教师可以拍摄录像，将学生完成任务的过程记录下来，以备课堂上进行分析

【思考讨论】

假设你是一名导游，你在讲解时遇到团队中有个别不配合的游客，他们不仅没有听你讲解，而且还在扎堆大声聊天，影响了你的讲解和其他游客的聆听，这时你应该怎么办？

任务三 协调沟通礼仪

【任务分析】

教师：

1. 指导学生先准备好情景小品，然后让学生以小组为单位进行小品表演。

2. 在课堂上针对情景小品进行点评。

3. 分步讲解处理突发事件或旅游纠纷时应该注意的问题。

学生：

1. 选取素材准备情景小品。所选取的小品案例必须具有代表性；小组之间小品题材不能重复；题材可以取自于导游带团过程中有可能发生的各种突发事件和游客纠纷。

2. 学生以小组为单位进行角色扮演。

3. 在演绎小品时，应该投入角色。

【相关知识】

一、与游客的协调沟通

(一)交际态度

1. 尊重为本，以诚待客

旅游者在旅游过程中，最希望受到旅游企业服务人员和旅游目的地当地居民的欢迎和尊重，这可以满足旅游者心理上被尊重的需要。因此，作为一线接待的导游人员，必须始终以真诚的服务态度，以礼相待、以诚待人。只有这样才能拉近双方的距离，才能让旅游者信服，才会使导游的带团工作得以顺利进行。

2. 一视同仁，实现双赢

导游人员应平等对待每一位游客，一视同仁，不因游客的身份、地位、职业、年龄、肤色、国籍、金钱等原因而厚此薄彼。导游在处理与游客之间的关系时，应以大家双赢为前提，使游客利益、旅行社利益和导游个人利益实现最优。

(二)语言技巧

1. 回答技巧

导游人员在回答游客的提问时，应伴以由衷的微笑，多使用柔性语言。所谓的柔性语言，就是指能让人高兴的、柔和甜美的语言。柔性语言多体现为亲切柔和、措辞委婉、大方自然、具有说服力的语言。

然而，游客来自五湖四海，风俗习惯各异，给导游人员提出的问题也是种类繁多、千奇百怪。导游人员在回答各种各样的问题时，可以采用以下技巧。

(1)直面原则性问题

当游客提出一些涉及国家形象、政治立场、方针政策、法律法规、是非曲直等问题时，导游人员一定不能含糊回避，必须坚定立场，直面原则性问题，给予明确直接、是非分明的回答，力求消除误解和模糊认识，增进了解和相互信任。

(2)诱导式否定

游客提出问题后，导游不马上回答，而是以问题反问游客，或者向游客提出一些条件或讲一些道理，诱导游客放弃原来所提出的问题。

(3)巧妙回避

有些客人提出的问题很刁钻，或者故意为难导游，让导游人员无论是作肯定回答还是否定回答，都会左右为难。这时导游人员可以以静制动，曲折回避，四两拨千斤，恰当使用含蓄曲折的语言。

2. 拒绝技巧

(1)微笑拒绝

导游人员不直接拒绝，而是采用微笑的方式，不发表任何意见，表达出不置可否的意思。

(2)婉言谢绝

导游人员不便直接回绝游客的时候，可以用柔和、委婉以及诚恳的方式，用模糊的语言回避游客提出的要求和问题。

(3)迂回拒绝

导游人员不便于正面发表意见，而是把话题绕到另一些方面予以回应。

(4)诱导回绝

导游人员可以引导游客对问题进行逐层剖析，摆事实、讲道理，从而使游客自己认识问题，自我否定。

(三)处理突发事件

导游在带团过程中，有可能遇上各种突发事件，如自然灾害、意外事故、游客特殊要求或突发伤病等。面对这些突如其来的事件，导游首先要保持冷静，及时知会旅行社以及各旅游接待部门和旅游主管部门，请求各方面的协助。同时，导游还必须顾及游客的情绪，尽可能地安抚游客，做好游客的思想稳定工作。同时还必须按照法律法规、规章制度以及相关的法定程序进行处理，不得擅作主张，私自解决。

(四)处理游客投诉

游客投诉一般是以下两种情况导致：一是游客不明白旅游活动安排的具体细节，不了解活动安排中的特殊情况，因此产生误解而引发投诉；二是旅游接待服务的确出现问题与差错。

导游人员在面对游客投诉时，首先要保持冷静，不管是因游客误解而引发的，还是因服务出现问题而引发的，都应该认真、耐心地对待。若是因游客误解而引发的投诉，导游人员应该及时将事情的来龙去脉详细地告诉游客，消除误会和矛盾，化解僵局。若是因服务质量出现问题，工作出现失误，而引发游客投诉，导游人员应该真诚地、及时地向游客道歉，并及时协同其他部门改善旅游服务质量，以求得游客的谅解，并对游客反映的意见表示感谢。

二、与司陪人员的协调沟通

(一)相互尊重，相互支持，相互配合

导游员在带团工作中，必须与其他司陪人员进行合作。在此过程中，导游人员与司陪人员必须相互尊重、相互支持、相互配合，一起给游客提供最优质的服务。在工作中遇到问题，必须充分尊重各方意见，以旅游合同的约定为基准协商解决各种事宜。

(二)加强沟通，协调利益

导游人员在与司陪人员相处与合作的过程中，应与司陪人员建立良好的合作关系。沟通时应多使用礼貌用语，态度要谦虚、真诚。在国家法律法规和企业规章制度允许的范围内，在保障旅游者合法权益的前提下，合理分配和协调好导游人员和司陪人员之间的利益关系。

三、与接待单位的协调沟通

在带团过程中，导游员要做好与接待单位之间的协调沟通工作，要坚持原则，严格按照旅游接待合同的要求和标准提供旅游接待服务。在工作中，导游与接待单位之间要相互理解、相互尊重、相互合作，协调在接待服务过程中的矛盾与不足。若遇上接待单位擅自违反接待合同的要求更改接待标准和服务，经说服劝说无效，导游人员要坚决维护旅游者的利益。

【相关实训】

	旅游纠纷的处理
活动内容	结合本项目所讲的内容，5～8个同学一组，选取导游带团过程中有可能发生的典型纠纷案例，进行情景小品的模拟扮演。学生之间进行角色互换，评比不同的处理方式哪种最好
活动目的	让学生掌握沟通协调礼仪规范
活动形式	角色扮演
活动步骤	划分小组；编写情景小品剧本；角色设定；情景模拟；师生交流
物品准备	(1)准备情景小品剧本，准备小品所使用的道具 (2)教师可以拍摄图片和录像，将学生完成任务的过程记录下来，以备课堂上进行分析

【思考讨论】

假设导游在带团的过程中，团队中的游客因为某种矛盾分成两派，两派的意见针锋相对，互不相让。双方的僵持影响了下一步正常旅游活动的开展。作为导游的你，应该如何化解这种僵持的局面，并解决双方的矛盾？

任务四　送团服务礼仪

【任务分析】

教师：

1. 备齐导游送团所需工具，对学生进行实际操作示范，并指导学生练习。
2. 分步讲解，对送团时所需注意的环节进行强调。
3. 鼓励学生大胆创新欢送词，同时予以指导。
4. 要求学生注意末轮效应，注意维护导游的整体印象。

学生：

1. 准备好游客意见表、导游旗、导游服、导游证等。
2. 准备好导游送团的欢送词。
3. 以小组为单位进行送团角色扮演。

【相关知识】

一、送团前的准备工作

（一）物品准备

准备好游客离站时所需的各种交通票据（机票、船票或车票），准备好收集游客意见的《游客意见表》，准备好送团时的欢送词。

（二）形象准备

导游人员应该自始至终保持良好的形象礼仪规范，注重在游客心中的末轮效应，维护导游员的整体形象。切忌虎头蛇尾，让前期的努力前功尽弃。

二、送团礼仪

（一）离店服务

(1)通知游客带齐所有行李和物品，带好自己的身份证件，与行李员清点游客的行李和包装情况。

(2)与饭店进行结账，办理游客的退房手续。退房后集合游客登车。

(3)登车时，导游采用标准式站姿，恭候在汽车门旁，采用横摆式手势，微笑指引游客上车。如遇有老人、小孩、残疾人等客人，还须帮助扶携其上车。

（二）致欢送词

导游人员应该满含真切的微笑，使用真挚、富有感情的语言向游客致欢送词，表达自己的依依惜别之意。

欢送词的内容：

(1)回顾旅游活动，感谢大家的合作。

(2)表达友谊和惜别之情。

(3)诚恳征求旅游者对接待工作的意见和建议。

(4)若旅游活动中有不顺利或旅游服务有不尽如人意之处，导游人员可借此机会再次向旅游者赔礼道歉。

(5)表达美好的祝愿。

（三）意见征集和旅游线路推销

在致欢送词的同时，导游员必须表达对游客支持与配合自身工作的感谢之意。同时征集游客对自己工作的意见和建议，注意态度必须诚恳谦虚。同时，也可以适当进行旅游产品的推销，但要注意方式和方法，尽量以推荐和咨询的方式进行，切忌出现强迫型、命令型语言，造成游客的反感。

（四）送站礼仪

到达离站的地点后，导游应协助游客办理离站手续。待游客办理完手续后，导游员应该采用握手礼，一一向游客握手道别。然后采用标准式站姿，在站台前，用高位手势向客人挥手道别，祝愿客人回程顺利。待客人全部离站后，导游人员方可离开。若离站的交通工具因各种外部原因出现延误，导游员应该按照规定服务程序，对游客在滞留期间的食宿生活服务做进一步的安排。

【相关实训】

	模拟导游送团服务
活动内容	结合本项目所讲的内容，3～4个同学一组，以学习小组为单位，模拟导游送团时的情景。比一比哪位同学的送团服务最好
活动目的	让学生掌握送团服务礼仪规范
活动形式	角色扮演
活动步骤	划分小组；小组讨论；角色设定；情景模拟；师生交流
物品准备	(1)准备游客意见表、导游旗、导游服、导游证、欢送词等 (2)教师可以拍摄图片和录像，将学生完成任务的过程记录下来，以备课堂上进行分析

【思考讨论】

如果导游在送团的时候，在机场获悉，由于航空公司的原因，飞机不能准点起飞，航班被延误，游客的心情异常急躁和烦闷，这时导游员应该如何调整自己的送团工作？

【项目相关链接】

导游人员的基本素质

一、爱国主义意识

导游人员应具有爱国主义意识，在为旅游者提供热情有效服务的同时，要维护国家的利益和民族的尊严。

二、法规意识和职业道德

1. 遵纪守法

导游人员应认真学习并模范遵守有关法律及规章制度。

2. 遵守公德

导游人员应讲文明，模范遵守社会公德。

3. 尽职敬业

导游人员应热爱本职工作，不断检查和改进自己的工作，努力提高服务水平。

4. 维护旅游者的合法权益

导游人员应有较高的职业道德，认真完成旅游接待计划所规定的各项任务，维护旅游者的合法权益。对旅游者所提出的计划外的合理要求，经主管部门同意，在条件允许的情况下应尽力予以满足。

三、业务水平

1. 能力

导游人员应具备较强的组织、协调、应变等办事能力。无论是外语、普通话、地方语和少数民族语言导游人员，都应做到语言准确、生动、形象、富有表达力，同时注意使用礼貌用语。

2. 知识

导游人员应有较广泛的基本知识，尤其是政治、经济、历史、地理以及国情、风土习俗等方面的知识。

四、仪容仪表

导游人员应穿工作服或指定的服装，服装要整洁、得体。导游人员应举止大方、端庄、稳重，表情自然、诚恳、和蔼，努力克服不合礼仪的生活习惯。

——节选自《导游服务质量》(GB/T 15971-1995)

（资料来源：http：//www.cnta.gov.cn/html/2008-6/2008-6-27-20-31-36-3.html）

【项目测评】

姓名：　　　　小组名称：　　　　项目组长：　　　　日期：

测评内容	测评标准	标准分值	测评结果(√通过、×未通过)
接团服务	接团形象准备	10 分	
	接团服务规范	15 分	
讲解服务	讲解方法掌握程度	10 分	
	现场讲解效果	15 分	
协调沟通	沟通技巧的掌握程度	10 分	
	协调能力、灵活应变能力	15 分	
送团服务	送团物品准备	10 分	
	送团服务规范	15 分	
自我评价：	小组评价：	教师评价：	总评：

项目二　门市部接待礼仪

【项目目标】

1. 掌握旅行社门市部销售人员服务礼仪规范。
2. 能在旅行社接待顾客时正确运用门市部人员服务礼仪规范。

【引例】

某天，一位40岁左右，衣着普通但还算干净整洁的先生，看得出不是有钱人，带着一个十一二岁的男孩儿，一直站在旅行社门市宣传橱窗前看图片和介绍，却不走进门市。门市服务人员觉得奇怪，便主动出门，请他们父子俩进来看看更详细的宣传活页。门市服务人员对他们很友善，一直在耐心地介绍。

这时，又一位顾客进来咨询了一会儿，门市服务人员同样热情接待，细心解说，耐心服务。最后那位顾客临走时，对那父子俩说："你看的这条'我到北京上大学'线路我认为不错，比较适合暑假孩子旅游，我刚刚就给女儿报名了！"

这位先生又徘徊了约半个小时，最后沉默地离开。在出门时，门市服务人员仍然礼貌送别，并为父子俩拉门。

下午快下班时，父子俩又来到门市，并最终购买了"我到北京上大学"经济型旅游产品。

在收钱开发票的过程中，门市服务人员问："我记得你们上午来过，但是没有报名，是我们产品有问题吗？"

父亲很坦率地回答："你们比另一家贵100块钱！"

门市服务人员又问："哦？那什么吸引您最后决定参加我们的旅游线路呢？"

父亲微笑着回答："我感觉你们最热情最细心，孩子由你们带到北京，放心。"

（资料来源：徐云松，左红丽．门市操作实务[M]．北京：旅游教育出版社，2006）

问题提出：

1．这家旅行社为什么最后赢得了客人的青睐？

2．旅行社门市部服务人员应该具备怎样的服务礼仪技能？

任务一　门市部场所布置礼仪

【任务分析】

教师：

1．准备一个40～50平方米的室内场地，作为模拟门市部的地点。

2．准备若干个现有旅行社门市部的图片和设计方案，让学生认识旅行社门市部场所布置的特点。

3．讲解旅行社门市部场所布置的设计要点。

4．鼓励学生大胆创新设计方案，同时予以指导。

5．要求学生形成门市部效果图方案，有条件的可以在室内场地中进行门市部仿真设计。

学生：

1．准备室内装饰、企业装饰的相关工具书。

2．收集现有旅行社门市部的图片资料。

3．以小组为单位进行模拟旅行社门市部装潢方案设计。

4．准备现场布置模拟旅行社门市部的相关物品。

【相关知识】

一、门市部选址原则

（一）靠近目标市场

旅行社门市部的选址一定要考虑旅行社的目标市场，尽量选取在目标市场人群集中的地段。例如，以青少年学生为目标市场的，可以选址在学校附近；以家庭为目标市场的可以选址在社区、居民住宅区附近；以白领阶层、工薪阶层为目标市场的，可以选址在商业地段、写字楼、企业聚集区附近等。

（二）交通便利，人流量大

门市的客源招徕必须依赖附近聚集有大量的人流和人气。因此，旅行社门市部应选址在交通便利、人流量大的地段。例如一些交通枢纽、交通中转站、汽车站、地铁站口、商业繁华地段等。这些地方人流密度大，人员流动性强，可以为旅行社带来人气。

（三）位置醒目，集聚效应

旅行社的选址必须在人流量大、地段较为醒目的位置，容易引人注意和聚集人气。例如商业街、商业城、商业繁华地段、公园名胜附近，而且适宜在临街的位置。不过，这些地段属于黄金位置，租用成本也非常高，因此适宜作为实力雄厚大型旅行社的选址地点。

对于一些规模较小的旅行社，较难租用费用较高的繁华地段商铺，可以考虑利用行业集聚效应，选址在旅行社较为集中的地段，例如旅行社“一条街”，这样可以借鉴同行之间的经验，分享客源，提高自己的竞争力，吸引更多的旅游者。

二、门市部装潢设计

旅行社门市部就是旅行社的“门面”，是旅行社给顾客的第一印象，也是旅行社与顾客实现交易的场所。因此，门市部的装潢设计应给顾客以亲切感，而且能向顾客传达旅行社的文化、理念和品牌意识，如图 2-2-1 所示。

图 2-2-1　广东国旅国际旅行社门市部

(一)体现旅行社企业文化

门市部的装潢设计首先应体现旅行社的企业文化，凸显旅行社的企业价值观、品牌和理念，体现旅行社的个性与特色。门市部的装潢设计应纳入旅行社企业形象识别系统(CIS)的建设，尤其是视觉识别系统(VI)建设。

(二)为旅游者提供便利

旅行社门市部的一个重要功能就是实现旅行社与顾客交易的场所，以及为顾客提供咨询服务的场所。因此，旅行社装潢设计的理念必须以方便顾客为前提，在柜台安排上，在场所空间功能分布上，都应体现为顾客提供便利的原则。

(三)激发旅游者需求

旅行社门市部的装潢设计，应该充分调动各种手段刺激旅游者的旅游动机和欲望，激发旅游者需求，实现旅游产品的交易。例如，门市部广告宣传张贴，可以利用广告亮丽的色彩、鲜明的主题、精美的图片、鼓舞的文字，激发旅游者潜在的旅游需求，促使旅游购买行为的发生。

三、门市部物品摆放

旅行社门市部物品陈列的摆放有很多讲究。若设计合理，则可以起到节省空间、美化环境、展示产品、方便顾客、刺激销售等作用。

（一）科学分类

门市部的物品在摆放时应注意科学分类，尤其是旅游产品的宣传品，需按照特定的分类标准分门别类地摆放，例如按照产品价格分类，或者按照产品形态分类等。

（二）伸手可及

门市部旅游产品宣传品的摆放规则，可借鉴超市物品的摆放原理，尽量摆放在顾客伸手可及的地方，方便顾客随时索取，随时翻阅。

（三）吸引眼球

门市部物品的设计和摆放，都必须以刺激顾客视觉系统、吸引眼球为出发点。尽量通过物品的摆放为顾客营造出一种产品丰富、选择众多的感觉，进一步刺激潜在的旅游需求。

【相关实训】

	模拟旅行社门市部设计方案
活动内容	结合本项目所讲的内容，8～10个同学一组，以学习小组为单位，设计一份旅行社门市部装潢方案。比一比哪个小组的设计方案最好
活动目的	让学生掌握旅行社门市部的布置要求
活动形式	设计方案
活动步骤	划分小组；小组讨论；要求讲解；出具方案；师生交流
物品准备	(1)准备一个40～50平方米的室内场地，作为模拟门市部的地点 (2)准备布置模拟门市部的所有物品，包括前台、椅子、电脑、收款机、打印机、办公用品、企业背面墙等 (3)教师可以收集学生的设计方案作品，举办展览评比

【思考讨论】

1. 在你去过的旅行社中，哪一家旅行社的门市部给你留下了深刻的印象？

2. 如何在门市部的装潢和布置中，显示出旅行社的企业文化？

任务二　门市部接待礼仪

【任务分析】

教师：

1. 指导学生先准备好情景小品剧本，然后让学生以小组为单位进行小品情景模拟表演。

2. 在课堂上针对情景小品进行点评。

3. 分步讲解门市部服务人员接待礼仪应该注意的问题。

4. 让学生分组练习。

学生：

1. 选取案例素材准备情景小品。所选取的小品案例必须具有代表性；小组之间的小品题材不能重复；题材可以取自门市接待的常规操作、各种突发事件和游客纠纷等。

2. 做好门市部服务人员的形象准备，如穿工作制服、戴工作胸牌、适当化妆等。

3. 备齐情景模拟小品所需要的道具。

4. 学生以小组为单位进行角色扮演。

5. 在演绎小品时，应该投入角色。

【相关知识】

一、门市部服务人员形象要求

(一)仪容仪表要求

1. 发型要求

门市部服务人员的发型要求是干净清爽，颜色自然，无异味，无头屑。前面刘海儿不能过眉，短发长度不应超过肩膀。男性服务员应留齐耳短发，侧面不过耳尖，后面不能及领。女性服务员在工作时应尽量将头发束起，扎发髻，不披头散发，不留怪异发型，头发颜色自然协调。

2. 服饰要求

门市部服务人员工作时，必须统一穿着工作制服。工作制服必须上下配套，质地统一，款式搭配协调，给人以大方、专业的感觉。同时，必须佩戴好工作牌或工作胸卡，以方便顾客的识别和监督。

3. 表情要求

门市部服务人员工作时应充满热情，提供微笑服务，微笑要发自内心，表情要有亲和力。与游客交谈时，眼神应注视游客，给人落落大方之感。不要冷若冰霜，不要边吃东西边交谈。

4. 化妆要求

旅行社门市部的女服务员，在有条件的情况下应适当化淡妆，改善面部气色，切忌浓妆艳抹。

(二)仪态要求

1. 站姿要求

男性服务员站立时应该采用标准式站姿；女性服务员站立时应采用礼仪式站姿。在迎宾时应采用“丁字步”站姿。

2. 坐姿要求

门市部服务人员在工作时，应采用标准式坐姿端坐于接待台前，切忌出现弯腰驼背、跷二郎腿等不良坐姿，如图 2-2-2 所示。

3. 手势要求

在介绍旅游产品和旅行社情况时，门市部服务人员可适当运用肢体语言拉近和游客的距离。如介绍旅游产品时，向游客示意远处的旅游产品，可以采用横摆式手势和直臂式手势；向游客示意远处的其他服务柜台，可以采用高位手势。若需递交物品给游客，或接收游客的资料，应采用双手前伸式手势，双手递送或接过。

(三)语言要求

门市部服务人员在与客人的交谈中，应使用称呼语、问候语、欢迎语、应答语、感谢语、道歉语、征询语、告别语等礼貌用语。切忌语气冷淡，粗言秽语，或使用其他不文明语言。

图 2-2-2 瑞安中国旅行社门市部工作人员形象

二、门市部接待礼仪

(一)迎客礼仪

门市部服务人员应在顾客进店时主动向客人问好，主动迎上前为客人开门，面带微笑地打招呼："您好！欢迎光临×××旅行社！""请问有什么需要帮忙的吗?"用横摆式手势引导客人进店，如图 2-2-3 所示。

图 2-2-3 张家界市中国旅行社自驾车旅游接待中心服务人员

（二）咨询礼仪

顾客进店以后，门市部服务人员要仔细观察顾客是否有咨询意图。若顾客只是随便浏览，服务人员要给顾客充分的个人空间。若顾客向服务人员投来需要帮助的目光，服务人员应及时微笑迎上前去，向顾客提供及时的帮助。

（三）介绍产品技巧

若顾客想进一步获得更多关于旅游产品信息，门市部服务人员可以利用以下几种方法向顾客介绍旅游产品。

1. 突出亮点

重点向顾客介绍该旅游产品的特色与亮点，重点介绍旅游产品的价值，强调其卖点，以刺激顾客的购买欲望。

2. 示范展示

向顾客具体展示旅游产品的精美图片或视频，激发顾客的旅游动机。

3. 评价感知

利用各种产品说明、产品评价，让顾客感受、体验旅游产品的优势与价值，消除顾客的疑虑，促使顾客购买。

4. 产品对比

将不同的旅游产品进行对比，突出各产品之间的差异，促使顾客做出购买决策。

（四）送客礼仪

顾客离开时，门市部服务人员应起身站立，然后将客人引到旅行社大门，必要时行鞠躬礼，为其打开大门，礼貌地向顾客道别。"谢谢您的光临！欢迎下次再来！""请慢走！"

【相关实训】

	模拟门市游客接待
活动内容	结合本项目所讲的内容，3～4个同学一组，选取门市部接待过程中有可能出现的情景，进行情景小品的模拟表演。学生之间进行角色互换，评比不同的处理方式哪种最好
活动目的	让学生掌握门市部接待礼仪规范
活动形式	角色扮演
活动步骤	划分小组；编写情景小品剧本；角色设定；情景模拟；师生交流
物品准备	(1)准备情景小品剧本，准备小品所使用的道具 (2)教师可以拍摄录像，将学生完成任务的过程记录下来，以备课堂上进行分析

【思考讨论】

如果你是一名门市部营业员，当你正在为几名打算去旅游的顾客解答有关旅游产品的问题时，突然有几名游客结伴冲进旅行社门市部，直奔你工作的柜台，然后大声嚷嚷："你们不要光顾这家旅行社，他们太黑了，我们要投诉！"面对这个突如其来的事件，你应该怎么处理？

【项目相关链接】

旅行社门市的5S管理

清理(Swirl)——坚决清理不必要的东西，腾出有效使用空间，防止工作时误用或掩盖需要的物件。

整理(Seton)——合理放置必要物品。

清洁(Selso)——彻底清洁工作场所内的物品，防止污染源(污迹、废物、噪声)的产生，达到“四无”(无废物、无污迹、无灰尘、无死角)标准。

维持(Setketsu)——制度化，规范化，并监督检查。

素养(Shitsuke)——培养员工良好的职业习惯、积极向上的工作态度和状态。从小事做起，养成良好的习惯，从而创造一个干净、整洁、舒适、合理的工作场所和空间环境。

(资料来源：牟红，杨梅．旅游礼仪实务[M]．北京：清华大学出版社，2007)

【项目测评】

姓名：　　　　小组名称：　　　　项目组长：　　　　日期：

测评内容	测评标准	标准分值	测评结果(√通过、×未通过)
门市布置	设计方案	15分	
	布置效果	15分	
门市接待	服务形象	20分	
	门市接待规范	20分	
门市电话	接听电话	15分	
	拨打电话	15分	
自我评价：	小组评价：	教师评价：	总评：

项目三　后勤服务礼仪

【项目目标】

1. 掌握旅行社后勤行政服务人员服务礼仪规范。
2. 能在旅行社后勤行政工作中正确运用公务礼仪规范。

【引例】

小丽是旅行社的一名计调。这天一上班，她就接到一通很重要的电话。电话那边是她工作所在城市一家五星级酒店的销售部经理。酒店经理在电话中说，想在当天下午到旅行社来，和她以及她的部门领导商谈一下未来一年旅行社和他们酒店关于地接团队客房的接待合作事宜。小丽知道这是一件很重要的事情，放下电话后，她立刻走进领导的办公室，请示下午相关的接待和谈判工作。

问题提出：

1. 小丽对于下午的工作要做好什么准备？
2. 旅行社后勤服务人员应该具备怎样的服务礼仪技能？

任务一　后勤服务人员形象礼仪

【任务分析】

教师：

1. 准备 PPT，帮助学生准备后勤服务人员形象。
2. 准备好相关的后勤服务人员形象示范。
3. 示范后勤服务人员标准形象礼仪。
4. 指导学生练习，并进行总结。

学生：

1. 做好后勤服务人员的形象准备。
2. 进行后勤服务人员形象展示。

【相关知识】

一、仪容仪表要求

(一)发型要求

后勤服务人员的发型要求是自然干净整洁，落落大方，不怪异，无异味，无头屑。

(二)服饰要求

后勤服务人员工作时须穿统一的工作制服。男性要求西装、领带、衬衫、皮鞋搭配；女性要求穿着套裙或套装，上下配套，质地统一，款式搭配协调，必须佩戴好工作证，如图 2-3-1 所示。

图 2-3-1　后勤服务人员服饰要求

二、仪态要求

（一）坐姿要求

应采用标准式坐姿，切忌弯腰驼背、斜靠侧弯、跷二郎腿等不雅仪态出现。

（二）表情要求

后勤服务人员工作时要微笑服务，与人交谈时应注视对方，大方自然。

（三）行为举止

后勤服务人员在工作中应注意保持良好的行为举止，向人展示自信、大方、积极的形象，不能在办公室抽烟、进食、化妆和相互打骂开玩笑。

三、语言要求

后勤服务人员在工作中应使用称呼语、问候语、欢迎语、应答语、感谢语、道歉语、征询语、告别语等礼貌用语，文明交谈，礼貌应答。

【相关实训】

	后勤服务人员形象展示
活动内容	结合本项目所讲的内容，以学习小组为单位，选出一个形象“模特”；各小组成员在30分钟内为“模特”做好后勤服务人员形象准备；进行现场展示，比一比哪个小组的效果最好
活动目的	让学生掌握后勤服务人员的形象要求
活动形式	真人“模特”展示
活动步骤	划分小组；小组讨论；为“模特”化妆；答案交流
物品准备	教师可以拍摄录像，将学生完成任务的过程记录下来，以备在课堂上进行分析

【思考讨论】

1. 假设你去一家旅行社，看见旅行社里的工作人员都穿着衬衫和牛仔裤。你会有什么感觉？

2. 旅行社后勤服务人员如何在形象上体现自己的专业性和服务性？

任务二　办公室礼仪

【任务分析】

教师：

1. 准备一个40～60平方米的室内场所，作为模拟旅行社办公室的场地。
2. 指导学生准备好办公室里所需要的各种实训工具，例如办公桌、办公椅、办公设备等。
3. 分步讲解办公室布置和接待礼仪应该注意的问题。
4. 指导学生准备模拟场景小品，让学生分组练习。

学生：

1. 做好模拟办公室场景所需要的各种工具。
2. 做好后勤服务人员的形象准备，如穿工作制服、戴工作胸牌(证)、适当化妆等。
3. 准备模拟场景小品，学生以小组为单位进行角色扮演。
4. 在演绎小品时，应该投入角色。

【相关知识】

一、办公室的布置要求

(一)干净整洁

办公室与私人场所不同，是工作的场所，因此布置装修应干净整洁，把垃圾、纸屑等办公废物处理好。设计装潢不需铺张和豪华，让工作人员感到自在舒适，方便工作，有利于提高工作效率，如图 2-3-2 所示。

图 2-3-2　办公室效果图

(二)整齐有序

各类文件和办公物品必须归类，整齐放好，不应过多地出现私人物品。

(三)体现企业文化

办公室的装潢布置应更多地体现企业的文化和理念，可以结合企业的形象识别系统进行装饰，以展示企业特色。

(四)格局分配

办公室一般分为办公区间、会议区间和接待区间，方便功能划分。

二、办公室接待礼仪

(一)迎接礼仪

后勤服务人员面对进入办公室的造访者，应该礼貌表示欢迎，及时称呼问候："先生(小姐)，您好!"，并把造访者引领到接待室，及时送上茶水、饮料等。

(二)询问礼仪

对进入办公室的造访者，后勤服务人员应礼貌地询问其造访目的，并及时做好记录，向办公室内其他工作人员进行转达，以便尽快帮助造访者解决问题。

(三)请示领导

对造访者提出的超出自己权限范围的要求，服务人员应及时请示领导，必要时可安排其与领导会见，但必须经过妥善沟通。

（四）送客礼仪

造访者离开时，办公室服务人员应礼貌道别，然后将客人引到旅行社大门，并欢迎再次造访。必要时要留下造访者的个人信息和联系方式。

【相关实训】

	模拟旅行社办公室接待
活动内容	结合本项目所讲的内容，5～8个同学一组，选取旅行社办公室接待过程中有可能出现的情景，进行情景小品的模拟表演，并评比出哪个小组的办公室接待服务最好
活动目的	让学生掌握旅行社办公室接待礼仪规范
活动形式	场景模拟，角色扮演
活动步骤	划分小组；编写情景小品剧本；角色设定；情景模拟；师生交流
物品准备	(1)准备情景小品剧本，准备小品所使用的道具 (2)教师可以拍摄图片和录像，将学生完成任务的过程记录下来，以备在课堂上进行分析

【思考讨论】

1. 你觉得哪些物品不应该出现在旅行社的办公室里？

2. 你觉得旅行社办公室里不应出现哪些行为？

任务三　旅行社谈判礼仪

【任务分析】

教师：

1. 准备好旅行社商务谈判的模拟场地，准备好谈判场景所需的道具。

2. 指导学生先准备好谈判情景模拟剧本，然后让学生以小组为单位进行模拟情景的角色扮演。

3. 在课堂上针对情景小品进行点评。

4. 分步讲解谈判礼仪应该注意的问题。

学生：

1. 准备谈判小品的剧本，分小组进行排练。

2. 以小组为单位进行角色扮演，指出运用了哪些谈判礼仪规范。

3. 在情景模拟时，应该投入角色。

【相关知识】

一、谈判准备

（一）会场安排

双方谈判前应就谈判的时间、地点、目的、方式进行准备和安排。旅行社谈判应该以尊重客户为原则选择谈判地点。

（二）座次安排

谈判时应选择长方形或椭圆形谈判桌。若是双边谈判，一般遵循“面门为上”和“以右为尊”的原则，客方应选择面门的位置或进门方向的右侧位置，如图 2-3-3 所示。

图 2-3-3 中国与欧盟新一轮 WTO 谈判现场

(三)出席人员

出席谈判的人员一般遵循对等原则，而且双方必须准备不同知识结构的谈判代表。谈判人员必须具有决定事务的权限，而且对各种业务非常熟悉，以提高谈判的效率。

(四)议题的准备

谈判前，谈判双方应就各项谈判议题和内容做好充分准备，包括了解谈判对手的情况，熟悉各项业务和规章制度，了解行业情况和企业情况，列出谈判的底线和上限，列出各种谈判的条件等。

二、谈判原则

谈判过程中，双方应秉持互惠互利、尊重合作、双赢无败、诚实守信的原则，多进行换位思考，多进行沟通磋商，求同存异，以解决双方的矛盾和分歧。

三、谈判矛盾的解决

(一)尊重对方，换位思考

当出现矛盾和分歧时，双方应该尊重对方的立场，多进行换位思考，积极沟通，以争取双方实现最大利益。

(二)刚柔并济，以和为贵

谈判过程中，难免出现僵持的局面，在这种情况下，谈判双方不应态度强硬，咄咄逼人，而应该以“四两拨千斤”的方法，刚柔相济，不失礼节。

(三)借助客观标准解决纷争

如遇到大家僵持的局面，双方各执一词，应该多借助客观的评价标准，取得一致的共识，以化解双方矛盾，缓和气氛。

【相关实训】

	模拟旅行社商务谈判
活动内容	结合本项目所讲的内容，4～6个同学一组，模拟表演旅行社商务人员的谈判，并评比不同小组的谈判方式哪个小组处理得最好
活动目的	让学生掌握谈判礼仪规范
活动形式	角色扮演
活动步骤	划分小组；角色设定；情景模拟；师生交流
物品准备	(1)准备模拟谈判场景、所需道具等 (2)教师可以拍摄录像，将学生完成任务的过程记录下来，以备在课堂上进行分析

【思考讨论】

假设你是旅行社的后勤服务人员，在与旅游供应商的谈判过程中，谈判双方基于某些问题陷入谈判僵局，双方互不相让。作为谈判人员之一的你，应该怎么处理这种局面？

【项目相关链接】

谈判十忌

1. 准备不周；　　2. 缺乏警觉；
3. 脾气暴躁；　　4. 自鸣得意；
5. 过分谦虚；　　6. 不留情面；
7. 轻诺寡信；　　8. 仓促草率；
9. 过分紧张；　　10. 贪得无厌。

（资料来源：罗树宁．商务礼仪与实训．北京：化学工业出版社，2008）

【项目测评】

姓名：　　小组名称：　　项目组长：　　日期：

测评内容	测评标准	标准分值	测评结果(✓通过、×未通过)
形象准备	仪容仪表要求	15分	
	服饰要求	15分	
办公室接待	办公室布置要求	15分	
	办公室接待规范	20分	
商务谈判	谈判准备	15分	
	谈判实施	20分	
自我评价：	小组评价：	教师评价：	总评：

●●●● 模块小结

本模块主要是从技能的角度，阐述在具体的旅行社行业中应如何运用各种基本的仪表仪态礼仪，并介绍了在具体的旅行社工作岗位上应如何正确地运用礼仪规范，提供让客人满意的服务。

●●●● 综合实训操练

“十一”黄金周即将到来，H旅行社现在开始为其做准备。王华是旅行社的门市部业务人员，为了这一次黄金周，他联系到了B企业的一次包团出游订单，旅游产品是“华东五市七天游”。李丽是旅行社的后勤计调，王华把他接到的这份订单交给李丽，李丽必须对这份订单上的接待服务与各旅游供应商进行接触和谈判。何超是旅行社的导游，他被委派为这一次“华东五市七天游”的全程陪同导游。

训练内容：

1. 王华应该怎么跟B企业的联系人进行接触？他应该做好哪些准备去与B企业联系人谈这份订单？

2. 李丽应该怎么跟这份订单上所提到的旅游供应商进行谈判？她要做好哪些准备工作？

3. 何超接到这一次的带团任务以后，他要做好哪些方面的准备？

4. 何超在带团过程中应该怎么提供服务？

5. 请同学们分组扮演王华、李丽、何超以及旅行社和相关组织的工作人员，并进行模拟业务联系、模拟谈判和模拟导游接待活动。

模块三

其他相关企业服务礼仪

礼仪名言引入

衣食以厚民生，礼义以养其心。

——(元)许衡

学习目标

1. 掌握景区工作人员服务礼仪规范。
2. 能在接待景区游客时正确运用景区工作人员服务礼仪规范。
3. 掌握旅游交通服务人员礼仪规范。
4. 能在接待乘客时正确运用旅游交通服务人员礼仪规范。
5. 掌握旅游娱乐购物企业服务人员礼仪规范。
6. 能在娱乐购物活动中正确运用服务礼仪规范。
7. 掌握会展服务人员礼仪规范。
8. 能在会展服务接待时正确运用会展服务礼仪规范。

模块内容结构

旅游业是一个综合性产业，除了包括旅行社业、酒店业以外，还包括许多与旅游活动密切相关的企业组织。因此，旅游行业从业人员的服务礼仪除了包括旅行社从业人员和酒店从业人员的服务礼仪外，还包括其他旅游企业从业人员的服务礼仪。本模块将针对景区、旅游交通企业、娱乐购物企业、会展从业人员的服务礼仪规范进行介绍。

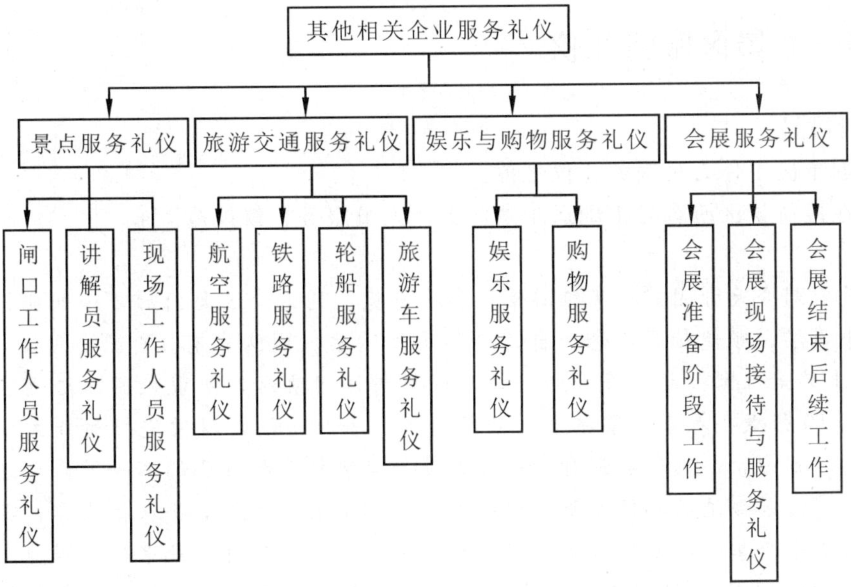
其他相关企业服务礼仪
景点服务礼仪
旅游交通服务礼仪
娱乐与购物服务礼仪
会展服务礼仪
闸口工作人员服务礼仪
讲解员服务礼仪
现场工作人员服务礼仪
航空服务礼仪
铁路服务礼仪
轮船服务礼仪
旅游车服务礼仪
娱乐服务礼仪
购物服务礼仪
会展准备阶段工作
会展现场接待与服务礼仪
会展结束后续工作

项目一 景区服务礼仪

【项目目标】

1. 掌握景区工作人员服务礼仪规范。

2. 能在接待景区游客时正确运用景区工作人员服务礼仪规范。

【引例】

导游员小刘今天带团前往某旅游景区参观游览。到达景区大门后，小刘安排团队成员在一旁集中等候，顺便拍照留念，自己去售票处购票。团队中有10个成年人，其中有两位70岁以上的老人家：赵大爷和赵大妈。小刘买好门票后，便带领团队进闸验票。进闸前，小刘把10张成年人正价票派发到团员手里，一人一张，以便进闸时能方便验票。在等候进园的过程中，赵大爷看到身旁一位大爷手里拿的票和自己的不一样，于是便好奇地询问了一下，结果旁边的那位大爷告诉赵大爷，他手里拿的是老年人优惠票，票价有6折优惠，赵大爷手里拿的票是正价票。赵大爷一听，顿时气不打一处来，他跟他老伴两个人都72岁了，自己为什么还要买正价票而不能买老年人优惠票呢？赵大爷立即找到导游小刘进行投诉。因为小刘是第一次带团到这个景区，他也感觉到很委屈，他买票的时候，景区工作人员也没跟他说明老年人可以有6折优惠呀。听了小刘的解释，赵大爷强烈要求找到景区工作人员讨一个说法。

问题提出：

1. 为什么赵大爷会投诉？小刘有什么地方做得不到位？售票员有什么做得不对的地方？

2. 作为一名景区工作人员，应该具备怎样的服务礼仪技能？

任务一 闸口工作人员服务礼仪

【任务分析】

教师：

1. 指导学生做好闸口工作人员的形象准备。

2. 准备好模拟闸口服务的各种工具，对学生进行实际操作示范，并指导学生练习。

3. 分步讲解售票环节和进闸环节所需注意的问题和步骤。

4. 鼓励学生大胆尝试，投入模拟角色，同时予以指导。

学生：

1. 准备好工作制服、模拟售票台、模拟验票器、模拟闸口等实训工具。

2. 做好闸口工作人员的形象准备。

3. 以小组为单位进行情景模拟表演。

【相关知识】

一、景区售票员礼仪规范

(一)形象要求

1. 发型要求

景区售票员的发型要求是干净清爽，颜色自然，无异味，无头屑。头发长度应为前不过眉，侧不及耳，后不及领。女性售票员若留长发，工作时应将头发束起，统一采用深色发饰。不披头散发，不留怪异发型，头发颜色自然协调。

2. 服饰要求

景区售票员工作时，必须统一穿着工作制服，同时必须佩戴好工作牌或工作胸卡，以方便游客识别和监督。如图 3-1-1 所示。

图 3-1-1　售票员形象

3. 表情要求

景区售票员工作时应热情待客，微笑服务，用亲切的眼神示意游客上前，礼貌询问游客购票的情况，熟练操作售票系统，快速出票，提高售票效率。不要冷若冰霜，不能吃东西，不能聚众闲聊。

4. 化妆要求

景区女售票员在条件允许的情况下，应适当化淡妆，改善面部气色，切忌浓妆艳抹。

(二)服务礼仪要求

1. 坐姿要求

景区售票员应统一采用标准式坐姿，端坐在售票窗前，切忌弯腰驼背、斜靠侧弯、跷二郎腿等不良坐姿。

2. 手势要求

景区售票员示意游客上前购票时，应用中位手势向旅客示意。示意时手指并拢，手心斜向上。

3. 语言要求

景区售票员应使用礼貌用语向游客问好。语气亲切和蔼，具有亲和力，一边熟练地操作售票系统，一边礼貌地向游客解释门票的价格和购买的规定。切忌神情冷漠，语气冷淡，粗言秽语，或使用其他不文明语言。

4. 出票要求

景区售票员应快速出票，严禁售票员私自留票。出票时，应礼貌接过旅客的现金，然后双手递送门票和找零。如图 3-1-2 所示。

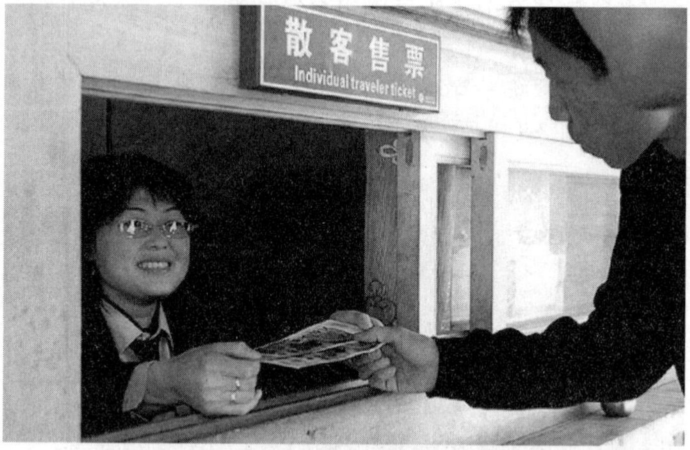

图 3-1-2 北京爨柏景区售票窗口微笑服务

二、景区闸口工作人员礼仪规范

(一)候客礼仪

闸口工作人员在没有游客进园时，应该以良好的状态准备候客。候客时应采用礼仪式站姿，站立在闸口的两旁，挺胸收腹，精神抖擞，面带微笑。切忌手插口袋、弯腰驼背、精神颓靡等不良站姿，严禁聚众聊天。

(二)热情迎客

有游客进园时，闸口工作人员应主动用礼貌用语向游客问好，面带微笑，表示欢迎之意，如："您好！欢迎您到×××旅游！请出示您的门票。谢谢!"

(三)门票查验

礼貌地让游客出示门票。查验门票时，应双手接过门票。根据不同的门票种类，有不同的查验方式。经查验无误后，纸质门票可以撕下副联，或在门票上打孔或盖印，如图 3-1-3所示。电子门票可以指引游客前往门票感应机前进行门票进园感应。指纹式门票可以指引游客前往指纹感应器上进行进园指纹识别。

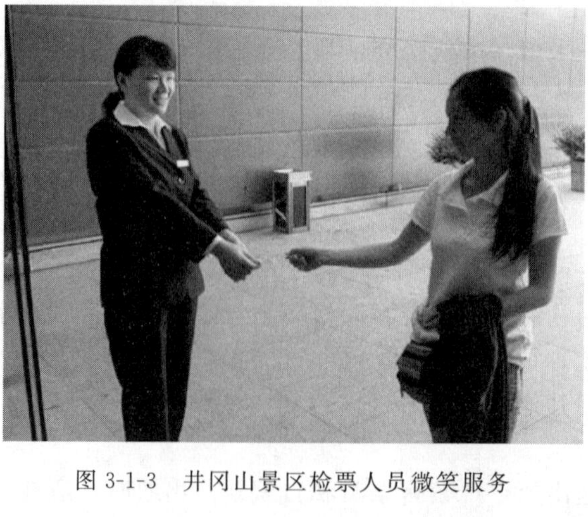

图 3-1-3 井冈山景区检票人员微笑服务

(四)游客放行

门票查验结束后，用横摆式手势，伴以15度鞠躬礼，微笑欢迎游客进园。

(五)送别游客

游客游览结束后，在离开景区闸口时，闸口工作人员应行15度鞠躬礼，微笑、礼貌地向游客道别："请慢走！欢迎下次再来！"

【相关实训】

	模拟旅游团进园服务
活动内容	以学习小组为单位，8～15个同学一组，模拟旅游团进入旅游景区时的情景，要求分售票和进闸两个情景进行，比一比哪组同学的进园服务最好
活动目的	让学生掌握闸口工作人员服务礼仪规范
活动形式	角色扮演
活动步骤	划分小组；小组讨论；角色设定；情景模拟；师生交流
物品准备	(1)准备模拟闸口、工作服、模拟门票、模拟验票器、桌椅等道具 (2)教师可以拍摄图片和录像，将学生完成任务的过程记录下来，以备在课堂上进行分析

【思考讨论】

如果你是景区的售票员，有一位外国游客前来购票，由于他不懂中文，看不懂购票说明，你应该怎么为他提供服务？

任务二　讲解员服务礼仪

【任务分析】

教师：

1. 指导学生做好景点讲解的形象准备，并准备好景点讲解需要的讲解词。
2. 备齐景点讲解所需工具，对学生进行实际操作示范，并指导学生练习。
3. 分步讲解景点讲解时所需注意的环节。
4. 鼓励学生形成富有特色的讲解方式，同时予以指导。
5. 到一个实际的景区景点，进行模拟景点讲解。

学生：

1. 准备景点讲解所需要的工具，如扩音器、讲解员制服、讲解员证等；准备好景点讲解时所需的讲解词。
2. 做好景点讲解的形象准备。
3. 以小组为单位进行模拟讲解。
4. 注意景点讲解词必须准备充分、熟练，适当配合肢体语言。

【相关知识】

一、讲解体姿要求

(一)站姿要求

讲解员在景点讲解时，应走在游客的左前方，为游客引路。到达一处景观时，讲解员应停下来面向游客，采用标准式站姿，目光注视全体游客，微笑进行讲解。如图 3-1-4 所示。

图 3-1-4 讲解员站姿

（二）手势要求

在讲解过程中，景点讲解员可适当运用肢体语言，增强讲解效果。若景观离游客较近，可采用横摆式手势和直臂式手势向游客示意。若景观离游客较远，可采用高位手势向游客示意。若景观位于游客站立位置的下方，可以采用斜摆式手势示意。各种手势运用的过程中，注意五指并拢，手心向游客。如图 3-1-5 所示。

图 3-1-5 孟良崮景区讲解员正在为游客讲解

（三）便携式扩音器使用方法

扩音器可以增大音量，增强讲解效果。便携式扩音器的使用方法一般为：根据便携式扩音器的款式不同，可以将扩音器斜挎在肩膀处，或绑在腰部。话筒与嘴部保持大概5厘米的距离，话筒不能遮盖嘴部或离嘴部太近，音量适中，以游客能听清为宜。扩音器使用完要关闭电源，防止产生刺耳的干扰声。

二、讲解过程要求

（一）态度要求

景点讲解员在讲解前，要做好充分的知识准备和心理准备。在讲解时，要恪守职业道德，热情、耐心、细致地提供讲解服务。讲解态度要认真端正，不可随意胡编乱造，不可讲不实的内容，不可随意听私人电话，不可与无关人员交谈聊天，不可手插口袋、嚼口香糖或当众抽烟。

（二）语言要求

景点讲解员的语言要求正确、清楚、生动、灵活。在讲解时应注意多使用礼貌用语、文明优雅的语言。讲解内容应该根据不同的游客类型，适当进行调整，深入浅出，以易于被广大游客接受。切不可使用粗言秽语，不可讲题材粗陋低俗的传闻和黄色笑话，讲解内容不能触犯游客的禁忌。

（三）讲解技巧

1. 应对失误的技巧

讲解员在讲解过程中，若发生忘词、口误等失误，切不可自乱阵脚，应该面带微笑从容应对。切不可因顾全面子将错就错，胡编乱造，蒙混过关，而应该将正确的内容重复一遍，确保讲解内容正确真实。

2. 处理干扰的技巧

讲解员在讲解过程中，有可能需要面对各种外部环境对讲解所造成的干扰。处理干扰的技巧有：面对游客的提问，讲解员必须及时答复；对于外部不友善的起哄，讲解员应保持冷静和镇定，不能采取批评与训斥的方式，应该不予理会，或者循循善诱。

3. 面对不懂问题的技巧

讲解员虽然在讲解前会做好充分的准备，但是也难免遇上个别“专家型”游客，问的问题讲解员不知道答案。为了避免这种情况出现，讲解员平时必须涉猎大量的知识，拓宽知识面。但是万一游客的问题讲解员不会回答，此时讲解员不应妄自菲薄，感到自卑，而应该虚心向游客请教，与其进行交流与互动，把握机会拉近双方的距离。

【相关实训】

	模拟讲解员景区讲解
活动内容	结合本项目所讲的内容，3～5个同学一组，选取校外某一景区景点，进行模拟景点讲解，然后以小组为单位进行角色轮换表演，比一比哪位同学的讲解服务最好
活动目的	让学生掌握景区讲解员服务礼仪规范
活动形式	角色扮演
活动步骤	划分小组；选取讲解地点；角色设定；情景模拟；师生交流

续表

	模拟讲解员景区讲解
物品准备	(1)准备扩音器、工作制服、讲解员证、景点讲解词等 (2)教师可以拍摄图片和录像，将学生完成任务的过程记录下来，以备在课堂上进行分析

【思考讨论】

假设你是一名景区讲解员，当你在讲解时，有游客向你提出一些问题，但这些问题并不在你掌握的知识范围内，你并不知道答案，这时你应该怎么办？

任务三 现场工作人员服务礼仪

【任务分析】

教师：

1. 备齐模拟景区现场服务所需实训工具，对学生进行实际操作示范，并指导学生练习。

2. 分步讲解景区现场服务的服务礼仪规范。

3. 指导学生分组，准备好模拟景区现场服务接待的角色分配。

4. 鼓励学生大胆创新服务方法，同时予以指导。

学生：

1. 确定好景区现场服务的角色定位。

2. 做好模拟景区现场服务人员的形象与技能准备。

3. 准备好模拟景区现场接待服务所需要的各种实训工具。

【相关知识】

景区的现场对客服务可以分为：闸口服务、讲解服务、餐饮服务、购物服务、表演服务、乘骑服务、活跃气氛服务等岗位。前两个任务已经重点针对前两项服务进行介绍。本任务将综合其他对客服务型岗位工作人员的礼仪规范进行介绍。

一、形象要求

(一)仪容仪表要求

景区服务人员应该穿着不同岗位的工作制服，制服颜色应和谐大方。发型要求整齐干净，长度要求是前不过眉，侧不及耳，后不及领。女性若是长发必须把头发束起。景区服务人员在工作时还应佩戴工牌或工作证，不能佩戴过于夸张、数量过多的个人饰物。

(二)言行举止要求

景区服务人员接待顾客应热情大方，精神抖擞，站立时应采取标准式站姿，引领客人时应采用横摆式手势，端坐时应采用标准式坐姿。切忌弯腰驼背，无精打采，精神颓靡。严禁出现其他不雅姿势。工作时不能高声叫喊或三五成群地聊天吃东西，不能抽烟、看报、干私人的事情。服务客人时，应使用礼貌用语，多征询客人的意见，耐心回答客人的问题。

(三)表情要求

景区服务人员应始终保持微笑服务，表情自然大方，要向顾客投以关注的目光，对顾客要一视同仁，切忌以貌取人、厚此薄彼，或缺乏耐性，冷落顾客。

二、服务礼仪要求

(一)热情迎客

游客来到自己的工作场所时，景区服务人员都应热情欢迎游客的到来："您好！欢迎您的到来！"向游客致以微笑和关注式眼神，让游客感觉到自己已经备受重视。

(二)现场服务

针对游客提出的要求，服务人员都应以热情、耐心的工作态度，熟练的工作技能为游客提供及时、快速、满意的服务。在提供服务时，应配合使用各种正确的手势、亲切的表情、关注的眼神，以及文明用语，让游客满意。如图 3-1-6 所示。

图 3-1-6　北京爨柏景区服务人员向游客介绍特色旅游纪念品

(三)礼貌送客

游客离开时，服务人员应向游客挥手道别："谢谢光临！欢迎下次再来！"或采用 15 度鞠躬礼送别游客，祝愿游客旅程愉快。

【相关实训】

	模拟广播寻人服务
活动内容	结合本项目所讲的内容，3～4 个同学一组，以学习小组为单位，模拟景区广播寻人的情景。比一比哪个小组的服务最好
活动目的	让学生掌握景区工作人员服务礼仪规范
活动形式	角色扮演
活动步骤	划分小组；小组讨论；角色设定；情景模拟；师生交流
物品准备	(1)准备情景小品剧本、准备广播工具等 (2)教师可以拍摄图片和录像，将学生完成任务的过程记录下来，以备在课堂上进行分析

【思考讨论】

假设你是景区购物商店的工作人员。有一对母女来到你的柜台前，小女孩吵着要母亲买一个玩偶，但是母亲不答应，小女孩当场大哭起来，母亲很严厉地训斥小女孩。母女俩的举动顿时引起其他在场游客的注意。这时你应该怎么做？

【项目相关链接】

泡温泉要注意的礼仪

一、基本礼仪

入浴前应先将身体洗干净，这是泡温泉的基本礼仪。某些温泉属酸性硫黄泉，所以不宜用含皂碱香皂，否则会产生化学变化而造成残留物。另外，浴巾、沐浴用品等也不宜在温泉中浸泡过久，以免纤维受到损坏。不能让污水溅到池内。

二、公共场所泡温泉礼仪

（一）温泉基本上都是公共浴场，还有男女混浴的露天浴场，也有穿游泳衣入浴的温泉，需提前确认。

（二）入浴时，只可带随身的小毛巾（用于冷却或擦汗之用），不可将大型的浴巾（包身体用）带入池内。带浴巾入池是非常不卫生的行为，同时也会影响到其他泡汤者的泡汤乐趣。

（三）不可将衣物带入池中（例如，不可穿衣的大众池）。

（四）不可在池子的附近吃东西、喝饮料、嚼食口香糖、吸烟等。

（五）在大众浴池中，不可对其他泡汤者投以异样的眼光。尊重自己，尊重他人。

（六）在池中不可使用肥皂、沐浴精等物品，也不可在池中做“搓洗”、“清洁”的行为。

（七）在泡温泉时，保持安静，低声交谈。

（八）当要离开池子的时候，切记要将随身物品带走，不要遗漏自己的物品。

（资料来源：http：//www.17u.net/travel _ service/line _ 850495 _ 2.html）

【项目测评】

姓名：　　　　　　小组名称：　　　　　　项目组长：　　　　　　日期：

测评内容	测评标准	标准分值	测评结果（√通过、×未通过）
售票员服务	售票员形象准备	10分	
	售票员服务规范	20分	
讲解员服务	讲解员形象	20分	
	现场讲解效果	20分	
现场工作人员服务	工作人员形象	10分	
	工作人员服务规范	20分	
自我评价：	小组评价：	教师评价：	总评：

项目二　旅游交通服务礼仪

【项目目标】

1. 掌握旅游交通服务人员礼仪规范。

2. 能在接待乘客时正确运用旅游交通服务人员礼仪规范。

【引例】

小李原本预订了下午一点钟从南京飞往广州的机票，一大早他就兴冲冲地往机场赶。到达机场后，小李被告知飞机被延误。办理登机手续的柜台前，挤满了想去广州的旅客，柜台被围得水泄不通。地勤人员只告诉了旅客航班延误，但是延误到什么时候，具体什么时候可以正常起飞，航空公司有什么安排，柜台人员一概不知。由于人数太多，柜台人员应付不了人潮，索性闭口不言，不理不睬。围在柜台前的旅客开始起哄。

小李非常着急，因为他要赶到广州，与客户见面洽谈一份很重要的合同。在拥挤中，小李放在裤兜里的钱包、手机和身份证件被挤丢了。他身上最值钱的，就是他的一块手表。

小李急得团团转，没有手机，通知不了广州那边的客户他的航班被延误；没有钱，他买不了东西也打不了公共电话；没有身份证件，他也上不了飞机。问柜台的地勤人员，什么答复都没有。这时的小李真的不知道该怎么办才好……

问题提出：

1. 这时小李应该求助谁？

2. 案例中的服务人员处理事件的态度和方法对吗？

3. 作为旅游交通服务人员，应该具备怎样的服务礼仪技能？

任务一　航空服务礼仪

【任务分析】

教师：

1. 准备一个40～50平方米的室内场地，作为模拟机场柜台和模拟机舱环境的地点。

2. 指导学生先准备好情景小品剧本，然后让学生以小组为单位进行小品情景模拟表演。

3. 在课堂上针对情景小品进行点评。

4. 分步讲解运用航空服务人员礼仪规范时应该注意的问题。

5. 让学生分组练习。

6. 准备好教学用PPT。

学生：

1. 选取素材准备情景小品。所选取的小品案例必须具有代表性；小组之间小品题材不能重复；题材可以取自地勤服务或空乘服务接待过程中的各种案例。

2. 做好航空服务人员的形象准备，如穿工作制服、戴工作胸牌、适当化妆等。

3. 备齐情景模拟小品所需要的道具。

4. 以小组为单位进行角色扮演。在演绎小品时，应该投入角色。

【相关知识】

一、地勤人员服务礼仪

(一)形象要求

1. 服饰要求

地勤工作人员应穿着整齐统一的制服。制服的款式为：男性是西装、领带、皮鞋；女性是套裙、肉色丝袜、高跟鞋、佩戴丝巾。如图 3-2-1 所示。

图 3-2-1 双流机场地勤工作人员

2. 发型要求

男性要求短发，前不过眉，侧不及耳，后不及领。女性要求刘海不能过眉。如留短发，长度不能及肩；若留长发，应将头发挽成发髻。女性要求施淡妆，但切忌浓妆艳抹。不佩戴过多的个人饰物，身上饰物不宜多于两件。

3. 仪态要求

柜台的地勤人员应采用标准式坐姿端坐在柜台后，面带微笑，眼神注视旅客。

(二)办理登机手续礼仪

当旅客来到柜台前，地勤人员应起立，面带微笑，热情地迎接客人，并采用问候语向旅客表示欢迎："您好！很高兴为您服务！请问有什么可以帮助您?"

若客人办理购票手续，应礼貌示意客人出示本人的身份证件，双手接过证件后，经核实无误填写好相关的旅客信息，帮旅客办好购票手续，收取客人的票款，然后将机票、身份证件双手递还给客人，并向旅客表示感谢。

若旅客前来办理登机手续，地勤人员也应该向客人表示欢迎，礼貌地请客人出示身份证件以及机票，核实无误后从电脑系统上为客人办理登机，将打印好的登机牌、身份证件递还给客人，然后指引客人到行李托运处办理行李托运。如图 3-2-2 所示。

图 3-2-2　香港国际机场地勤服务

（三）行李托运礼仪

首先礼貌地请旅客出示身份证件与登机牌，经核实无误后，帮助旅客将行李归类，放上行李输送带，并在旅客的登机牌上贴上行李托运单，以备检查。托运手续办完后，工作人员应双手递还给旅客身份证件、登机牌和行李托运单，并礼貌地祝愿旅客旅途愉快。

（四）安全检查礼仪

当旅客到达安检区前，地勤人员应微笑、热情地迎接旅客，请旅客出示身份证件和登机牌，经信息核对无误后，详细耐心地向旅客讲解安检的要求，提示旅客不能带上飞机的物品种类。若旅客随身携带有不符合要求的物品，建议旅客妥善处理好。

安全检查时，首先需要向旅客说明检查的要求，示意旅客配合安检工作。若需要开包检查，必须先向旅客进行说明，得到其同意后方可打开检查，不能强行开包检验。检查结束后，可以采用横摆式手势示意旅客进入候机区，并祝旅客旅途愉快。

二、乘务员服务礼仪

（一）形象要求

1. 服饰要求

航空乘务员工作时应穿着统一的制服。制服的要求是整洁，大方，无皱褶，无破损，无污损。工号牌应佩戴在左胸部的正上方。帽子底檐应距离眉上方 2～3 厘米。帽子、领带、领扣或领结应佩戴整齐，无歪斜。内衣不外露，应束在裙子或裤子里面。应采用统一的打丝巾方法，佩戴款式一致的丝巾。

2. 发型要求

空乘人员的发型要求是干净整洁，无异味，无头屑，不染发，不留怪异发型。男性要求短发，前不过眉，侧不及耳，后不及领。女性要求刘海不能过眉。如留短发长度不能及肩；若留长发应将头发挽成发髻。使用统一的深色发饰。

3. 仪容要求

女性要求施淡妆，但切忌浓妆艳抹。不佩戴过多的个人饰物，身上饰物不宜多于两件。如图 3-2-3 所示。

图 3-2-3 空乘人员形象

(二)空乘服务礼仪

1. 迎客礼仪

旅客登机时，空乘人员应采用礼仪式站姿，站立在机舱门口，面带微笑，迎接旅客。

当旅客接近机舱门口时，空乘人员应向旅客行 15 度鞠躬礼，微笑问候致意，并采用横摆式手势，引领旅客进入机舱。

如遇旅客随身带有行李，应主动上前帮助客人，协助其将行李放到座位上方的行李柜里。

如遇到老人、小孩、残疾人士登机，应多加照顾，带领他们到指定的座位就座。

2. 机上服务礼仪

(1)起飞前服务

亲切地向旅客介绍本航班的机组人员和乘务人员，详细地介绍机舱内各种设施的使用方法，示范如遇上紧急事故的逃生动作要领。飞机起飞前逐一检查旅客的安全带是否扣好，收起小桌板，礼貌示意旅客关闭手机、收音机、笔记本电脑、无线上网设施等无线电子设备。

(2)空中服务

飞机稳定进入航道后，空乘人员可以示意旅客解开安全带，逐一向旅客派发茶水、食品、报纸、杂志等。派发物品给旅客时，应把推车平稳地推到旅客座位旁边，上身微倾，礼貌示意，用柔和的语调和适中的音量询问旅客是否有需要，将旅客需要的物品双手递送。对正在闭目休息的旅客不予打扰。

(3)降落前服务

飞机降落前逐一检查旅客的安全带是否扣好，收起小桌板，礼貌示意旅客关闭手机、收音机、手提电脑、无线上网设施等无线电子设备。

3. 送客礼仪

飞机降落并停稳后，空乘人员引领旅客下飞机。旅客离开机舱时，空乘人员依然需要用礼仪式站姿站立在机舱门口，微笑地与旅客道别："旅客请慢走！欢迎下次再次乘坐本航班！"同时应向旅客行15度鞠躬礼送别旅客。

【相关实训】

	模拟航空服务接待
活动内容	结合本项目所讲的内容，4～6个同学一组，模拟航空服务接待过程中有可能出现的情景，进行情景小品的模拟表演。学生之间进行角色互换，评比不同的处理方式哪种最好
活动目的	让学生掌握航空服务接待礼仪规范
活动形式	角色扮演
活动步骤	划分小组；编写情景小品剧本；角色设定；情景模拟；师生交流
物品准备	(1)准备情景小品剧本，准备小品所使用的道具 (2)教师可以拍摄图片和录像，将学生完成任务的过程记录下来，以备在课堂上进行分析

【思考讨论】

假设你是一名空乘人员，当飞机已经平稳升至上空，你把茶水递给旅客时，因突然遇到气流飞机晃动了一下，你不小心把茶水洒到客人身上。这时你应该怎么处理？

任务二　铁路服务礼仪

【任务分析】

教师：

1. 准备一个40～50平方米的室内场地，作为模拟火车站售票窗和火车厢内环境的地点。

2. 指导学生先准备好情景小品剧本，然后让学生以小组为单位进行小品情景模拟表演。

3. 在课堂上针对情景小品进行点评。

4. 分步讲解运用铁路服务人员礼仪规范时应该注意的问题。

5. 让学生分组练习。

学生：

1. 选取素材准备情景小品。所选取的小品案例必须具有代表性；小组之间小品题材不能重复；题材可以取自售票员或乘务员服务过程中的各种案例。

2. 做好铁路服务人员的形象准备。

3. 备齐情景模拟小品所需要的道具。

4. 以小组为单位进行角色扮演。在演绎小品时，应该投入角色。

【相关知识】

一、售票人员服务礼仪

(一)形象要求

1. 发型要求

火车站售票员的发型要求是干净清爽，颜色自然，无异味，无头屑。男性服务员应留齐耳短发，前不过眉，侧不及耳，后不及领。女性服务员短发长度不应超过肩膀。若留长发，在工作时必须将头发束起，扎发髻，不披头散发，不留怪异发型，头发颜色自然协调。

2. 服饰要求

火车站售票员工作时必须统一穿着工作制服，同时必须佩戴好工作牌或工作胸卡，以方便旅客识别和监督。

3. 表情要求

售票员工作时应充满热情，提供微笑服务，亲切询问旅客买票的情况，熟练操作售票系统，快速出票，提高工作效率，给旅客以落落大方之感。不要冷若冰霜，不要边吃东西边交谈。如图 3-2-4 所示。

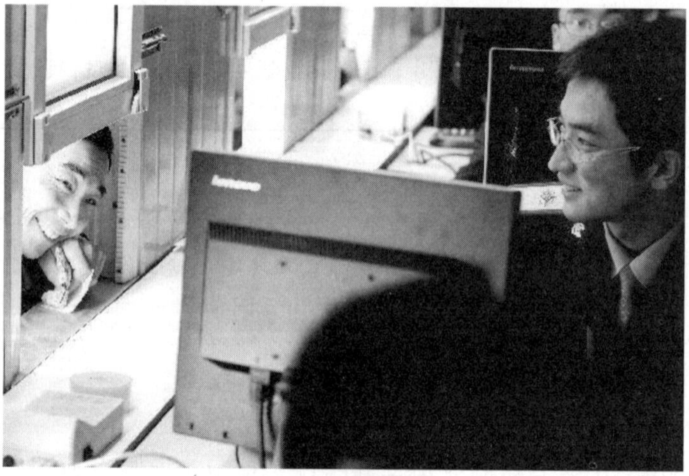

图 3-2-4　铁路售票员

4. 化妆要求

在条件允许的情况下，女售票员应适当化淡妆，改善面部气色，但切忌浓妆艳抹。

(二)服务礼仪要求

1. 坐姿要求

售票员应统一采用标准式坐姿，端坐在售票台后，切忌出现弯腰驼背，跷二郎腿等不良坐姿。

2. 手势要求

售票员示意旅客上前购票时，应用中位手势向旅客示意。示意时手指并拢，手心向旅客。

3. 语言要求

售票员在与旅客的交谈中，应使用各种礼貌用语。语气亲切和蔼，具有亲和力。急旅客之所急，想旅客之所想，一边熟练操作售票系统，一边礼貌地提供车次信息。切忌语气冷淡，粗言秽语，或使用其他不文明语言。

4. 出票要求

严禁售票员私自留票。出票时应礼貌接过旅客的现金，然后双手递送车票和找零。

二、车厢乘务员

(一)迎客服务

当火车停靠在站台时，乘务员应用礼仪式站姿，站立在各车厢的入口，面带微笑迎接旅客上车。旅客上车时，乘务员应主动向旅客问候："您好！欢迎乘坐本次列车！""请出示您的车票！"双手接过旅客的车票进行查验，经查验无误后，用横摆式手势引领旅客上车。如图 3-2-5 所示。

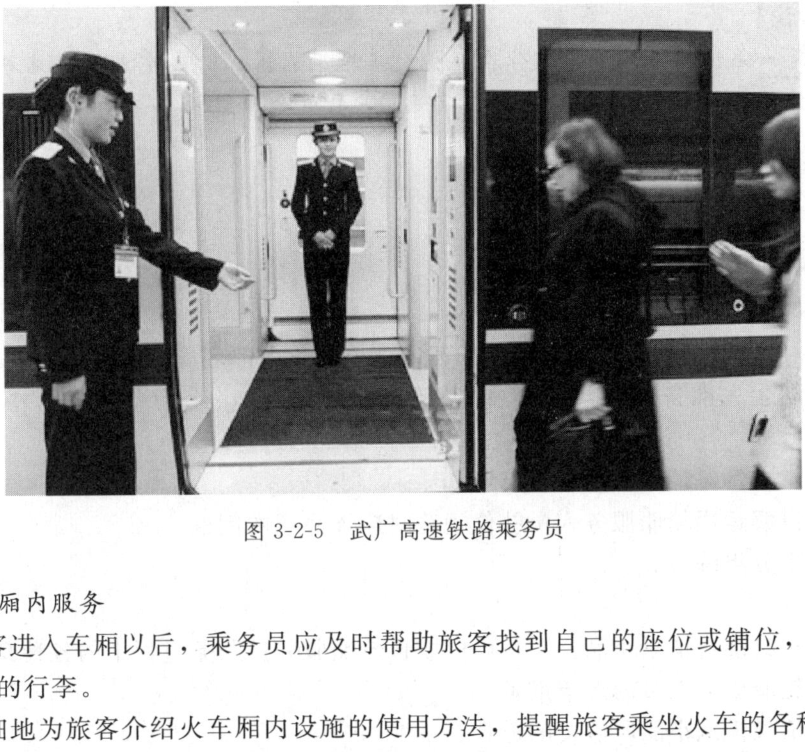

图 3-2-5　武广高速铁路乘务员

(二)车厢内服务

(1)旅客进入车厢以后，乘务员应及时帮助旅客找到自己的座位或铺位，帮助旅客放好随身携带的行李。

(2)详细地为旅客介绍火车厢内设施的使用方法，提醒旅客乘坐火车的各种注意事项。

(3)提醒旅客不要在车厢里吸烟，若要吸烟，请移步至吸烟区进行。

(4)旅客如需帮助，乘务员应立即为旅客排忧解难。

(三)送客服务

当列车到达终点时，乘务员需协助旅客有序离开。这时应礼貌地劝说旅客按照一定的顺序，相互礼让下车。如遇到需要帮忙的旅客，乘务员应及时提供帮助。旅客下车时，乘务员应以标准式站姿站立在车厢门口，微笑地行 15 度鞠躬礼，礼貌地向顾客道别："各位旅客请慢走！欢迎下次再次乘坐我们的列车！"

【相关实训】

	模拟铁路乘务员服务接待
活动内容	结合本项目所讲的内容，4～6个同学一组，模拟火车乘务员服务接待过程中有可能出现的情景，进行情景小品的模拟表演。学生之间进行角色互换，评比不同的处理方式哪种最好
活动目的	让学生掌握铁路服务接待礼仪规范
活动形式	角色扮演
活动步骤	划分小组；编写情景小品剧本；角色设定；情景模拟；师生交流
物品准备	(1)准备情景小品剧本，准备小品所使用的道具 (2)教师可以拍摄图片和录像，将学生完成任务的过程记录下来，以备在课堂上进行分析

【思考讨论】

假如你是一名铁路乘务员，当你在巡视火车车厢内情况时，突然有一名旅客急匆匆地找到你，向你反映他的包不见了，里面有3000元现金和几张银行卡。这时你应该怎么处理？

任务三　轮船服务礼仪

【任务分析】

教师：

1. 准备一个40～50平方米的室内场地，模拟船舱内部环境。

2. 指导学生先准备好情景小品剧本，然后让学生以小组为单位进行小品情景模拟表演。

3. 在课堂上针对情景小品进行点评。

4. 分步讲解运用轮船服务人员礼仪规范时应该注意的问题。

5. 让学生分组练习。

学生：

1. 选取素材准备情景小品。题材可以取自轮船服务员服务过程中的各种案例。

2. 做好轮船服务人员的形象准备。

3. 备齐情景模拟小品所需要的道具。

4. 以小组为单位进行角色扮演。在演绎小品时，应该投入角色。

【相关知识】

一、轮船服务人员形象要求

(一)仪表仪容要求

轮船服务人员工作时，必须统一穿着工作制服，同时必须佩戴好工作牌或工作胸卡。发型大方自然，方便工作为主。女性一般束发，男性一般留短发。头发长度原则为前不过眉，侧不及耳，后不及领。如图3-2-6所示。

图 3-2-6 轮船服务人员的形象

轮船服务员站立时应该采用标准式站姿，就座时应采用标准式坐姿，切忌出现弯腰驼背，全身抖动，跷二郎腿等不良姿势。向乘客示意方向或介绍设施时应采用横摆式手势和直臂式手势。若需递交物品给乘客，或接收游客的资料，应采用双手前伸式手势，双手递送或接过。

（二）表情要求

轮船服务人员工作时应提供微笑服务，表情要有亲和力。与乘客交谈时，眼神应注视游客。不要冷若冰霜；不要在工作时三五成群地聊天、吃东西；不要对旅客的需求置若罔闻。

（三）语言要求

轮船服务人员在与客人的交谈中，应使用称呼语、问候语、欢迎语、应答语、感谢语、道歉语、征询语、告别语等礼貌用语。切忌语气冷淡，粗言秽语，或使用其他不文明语言。

二、轮船服务接待

（一）迎客服务

轮船服务人员应用标准式站姿站立在客舱门口迎接乘客，面带微笑主动问候："您好！欢迎乘坐××号轮船！"用横摆式手势引领乘客进入客舱。连接码头与客舱之间的扶梯一般较长较陡，梯级较多，因此服务人员还应帮助乘客上船，提醒游客注意安全。若遇到老人、小孩、残疾人士，还应提供帮助，搀扶其上船。

（二）船上服务

乘客进船以后，轮船服务人员要引领乘客对号入座，指示乘客找到自己的座位就座。提醒乘客保持船舱的干净清洁，如需离开客舱，到甲板上或者船舱外进行活动，一定要注意安全。

礼貌、详尽地介绍轮船上各种客用设施的使用方法。定时巡舱，观察舱内乘客的情况。如遇到乘客的求助，应及时帮助解决困难。

轮船上很容易发生晕船的情况。对发生晕船的乘客要多加照顾，给予及时的帮助。必要时，要请船上的医生进行医治。

如轮船在航行过程中遇到突发情况，如台风、撞船、触礁等影响航行安全的事件，轮船服务人员应该保持冷静，处变不惊，听从船员的指挥，协助乘客一起进行自救，同心同德，共渡危难。

(三)送客服务

当轮船到达码头时，轮船服务员需协助乘客有序离开。提醒旅客在行走扶梯时注意安全。如遇到需要帮忙的旅客，乘务员应及时上前提供帮助，搀扶其下船。乘客离开船舱时，轮船服务员应以标准式站姿站立在车厢门口，微笑地行15度鞠躬礼，礼貌地向乘客道别："各位乘客请慢走！欢迎下次再次乘坐我们的××号轮船！"

【相关实训】

	模拟客轮乘务员服务接待
活动内容	结合本项目所讲的内容，4～6个同学一组，模拟轮船乘务员服务接待过程中有可能出现的情景，进行情景小品的模拟表演。学生之间进行角色互换，评比不同的处理方式哪种最好
活动目的	让学生掌握客轮服务接待礼仪规范
活动形式	角色扮演
活动步骤	划分小组；编写情景小品剧本；角色设定；情景模拟；师生交流
物品准备	(1)准备情景小品剧本，准备小品所使用的道具 (2)教师可以拍摄图片和录像，将学生完成任务的过程记录下来，以备在课堂上进行分析

【思考讨论】

若你是一名轮船客舱服务员，当你在巡视客舱情况时，发现有一名游客晕船晕得很厉害，不断地呕吐，脸色苍白。这时你应该怎么处理？

任务四 旅游车服务礼仪

【任务分析】

教师：

1. 准备一个40～50平方米的室内场地，模拟旅游车内部环境。
2. 指导学生先准备好情景小品剧本，然后让学生以小组为单位进行小品情景模拟表演。
3. 在课堂上针对情景小品进行点评。
4. 分步讲解运用旅游车服务人员礼仪规范时应该注意的问题。
5. 让学生分组练习。

学生：

1. 选取素材准备情景小品，题材可以取自旅游车服务员工作过程中的各种案例。
2. 做好旅游车服务人员的形象准备。

3. 备齐情景模拟小品所需要的道具。

4. 以小组为单位进行角色扮演。在演绎小品时，应该投入角色。

【相关知识】

一、旅游车服务人员形象要求

旅游车服务员站立时应该采用标准式站姿，就座时应采用标准式坐姿，切忌出现弯腰驼背，全身抖动，跷二郎腿等不良姿势。向乘客示意方向或介绍设施时应采用横摆式手势和直臂式手势。若须递交物品给乘客，应采用双手前伸式手势，双手递送或接过。

旅游车服务人员在与客人的交谈中，应使用称呼语、问候语、欢迎语、感谢语、道歉语、征询语、告别语等礼貌用语，态度要诚恳。切忌态度粗鲁，语气冷淡，粗言秽语，或使用其他不文明语言。

(一)司机形象要求

司机在工作时，必须统一穿着工作制服，同时必须佩戴好工作牌或工作胸卡。司机一般为男性，留短发，长度原则为前不过眉，侧不及耳，后不及领，发型大方自然，方便工作为主。勤剃须、洗澡、理发，勤剪指甲，保持个人卫生。保持制服的干净整洁，身上无异味怪味。工作时不能抽烟、喝酒、打瞌睡。如图 3-2-7 所示。

图 3-2-7 旅游车司机持证上岗

(二)乘务员形象要求

旅游车乘务员一般为女性，工作时必须统一穿着工作制服，佩戴好工作牌或工作胸卡。发型大方自然，方便工作为主，女性一般束发，将头发挽成发髻。工作时应保持微笑，表情要有亲和力。与乘客交谈时，眼神应注视游客。不要冷若冰霜；不要在工作时吃东西；不能与司机聊天；不能打瞌睡；不要对旅客的需求置若罔闻。如图 3-2-8 所示。

图 3-2-8 宜昌三峡机场“空港快线”整装待发

二、旅游车服务礼仪

(一)司机服务礼仪

1. 岗前检查

司机上岗前，要检查自身形象是否合格，还要对旅游车辆进行安全检查。保证车辆的性能、设备、装置正常完好。保持车容的干净、整洁、美观，保持车厢内的清洁卫生。出车前，要对车辆进行通风换气，保持车厢内空气的清新流通。

2. 迎客服务

在迎客时，司机应与乘务员一起，用标准式站姿恭候在车门旁边迎接乘客，面带微笑，主动向乘客点头问候：“您好！欢迎您乘坐本趟班车！”经乘务员验票后，用横摆式手势引领乘客上车。若遇到老人、小孩、残疾人士，还应提供帮助，搀扶其上车。若遇到乘客有行李需要摆放，应协助乘客把大件的行李放在车厢下部的行李厢内。

3. 途中服务

客人全部上车后，在开车前，司机应检查车门是否关好，然后发动车辆，暖车一段时间。在行车过程中，司机应该集中精神，确保车辆安全、平稳行驶。切忌开快车。车辆行驶过程中，尽量不要与乘务员和乘客聊天，保持精力的集中。经客人允许后，可以播放适度音量的音乐或视频，消除乘客旅途过程中的烦闷。

若在行车过程中，遇到道路塞车或机件故障，司机应保持冷静，切忌烦躁。若解决问题的时间较长，应礼貌地向乘客说明情况，消除乘客的疑虑。若行车过程中遇到旅客有特殊的情况需要中途下车，如上洗手间，在不影响行车安全的前提下，可以满足乘客的要求，到距离最近的加油站或休息站，让乘客解决个人问题。

行车过程中，安全是司机首要考虑的问题。因此开车时，司机严禁聊天、吃东西、打瞌睡；严禁出现超车、超速、超载等违反交通安全法规的现象。

4. 送客服务

车辆抵达目的地后，司机应和乘务员一起礼貌送客。司机应关闭所有的音乐和视频设备，打开车门，与乘务员一起，用标准式站姿恭候在车门旁边，指引乘客下车。遇上老人、小孩、残疾人士，还应主动提供帮助，搀扶其下车。需要取行李的乘客，司机应及时打开行李厢，协助乘客认找行李。最后微笑与客人道别："您好！请慢走！欢迎下次再次乘坐我们的班车！"

（二）乘务员服务礼仪

1. 岗前检查

乘务员上岗前，检查自身形象和旅游车内部的卫生情况。保持车厢内的清洁卫生，清除垃圾杂物，擦拭车窗座椅。为每一个座椅后添置杂物袋。

2. 迎客服务

在迎客时，乘务员应与司机一起，用标准式站姿恭候在车门旁边迎接乘客，面带微笑，主动向乘客点头问好："您好！欢迎您乘坐本趟班车！"乘务员在迎客时，还应主动查验乘客的车票。在验票时，乘务员应礼貌地向乘客示意出示其车票，双手接过乘客车票，经查验无误后，撕下车票的副联，将正联双手递还给乘客。然后用横摆式手势引领乘客上车。若遇到老人、小孩、残疾人士，还应提供帮助，搀扶其上车。若遇到乘客有行李需要摆放，应与司机一起，协助乘客把大件的行李放在车厢下部的行李厢内，并给行李贴好分类标签，将标签的另一联交给乘客保存，以便到达目的地后认找行李。如图 3-2-9 所示。

图 3-2-9 宜昌三峡机场"空港快线"乘务员迎客

3. 途中服务

乘客上车后，旅游车乘务员要指引乘客对号入座，帮助乘客找到自己的座位。车辆开动以后，应礼貌详细地介绍车上各种客用设施的使用方法，向乘客提示该趟班车的行车路线和行车时间，提醒乘客保持车厢内的干净清洁。如图 3-2-10 所示。

在条件允许的情况下，乘务员应逐一向乘客派发瓶装饮用水。派发瓶装水时，应采用双手前伸式手势将瓶装水礼貌地递送给客人。

旅游车上很容易发生晕车的情况。对发生晕车的乘客应多加照顾，给予及时的帮助。尽量给晕车的乘客多派发杂物袋，防止呕吐物污染车厢环境。

图 3-2-10　乘务员向乘客讲解有关注意事项

在行车过程中，遇到突发情况，如堵车、机件故障、撞车等事件时，乘务员应该保持冷静，处变不惊，及时跟司机沟通，了解车辆情况，然后及时安抚乘客的情绪，消除乘客的疑虑。若情况比较严重，应指挥乘客一起进行自救，同心同德，共渡危难。

4. 送客服务

车辆抵达目的地后，乘务员应和司机一起礼貌送客。乘务员应礼貌地告知乘客已到达终点站，提醒乘客带齐身上所有行李物品，有序下车。在送客时，乘务员和司机用标准式站姿恭候在车门旁边，指引乘客下车。遇上老人、小孩、残疾人士，还应主动提供帮助，搀扶其下车。有需要取行李的乘客，乘务员应查验其行李单，协助乘客核对认找行李。最后，乘务员与司机一起，微笑着与客人道别："您好！请慢走！欢迎下次再次乘坐我们的班车！"

【相关实训】

	模拟旅游车服务接待
活动内容	结合本项目所讲的内容，4～6 个同学一组，模拟旅游车服务员工作过程中有可能出现的情景，进行情景小品的模拟表演。学生之间进行角色互换，评比不同的处理方式哪种最好
活动目的	让学生掌握旅游车服务接待礼仪规范
活动形式	角色扮演
活动步骤	划分小组；编写情景小品剧本；角色设定；情景模拟；师生交流
物品准备	(1)准备情景小品剧本，准备小品所使用的道具 (2)教师可以拍摄图片和录像，将学生完成任务的过程记录下来，以备在课堂上进行分析

【思考讨论】

假如你是一名旅游车乘务员，当旅客全部下车后，你在例行巡查车厢时，发现了一个包，里面有一万元现金，还有若干个证件。这时你应该怎么处理？

【项目相关链接】

空姐丝巾的经典系法图解

方法一：

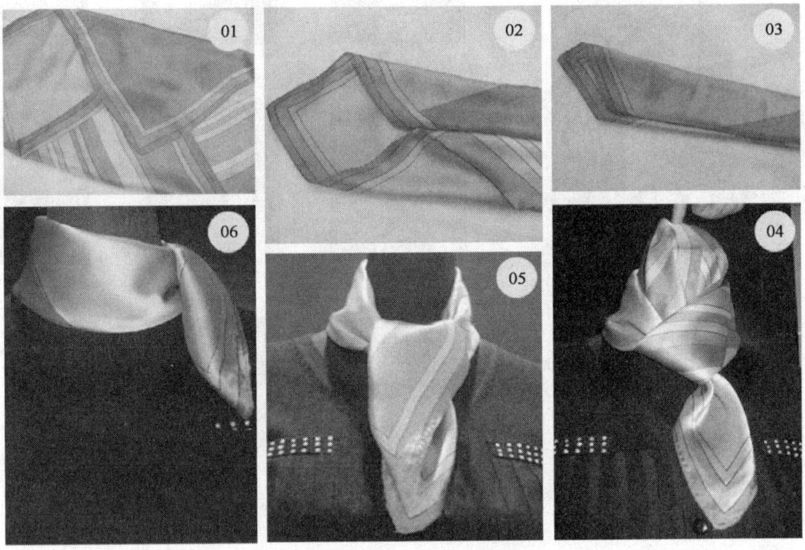

图 3-2-11 丝巾的经典系法 1

方法二：

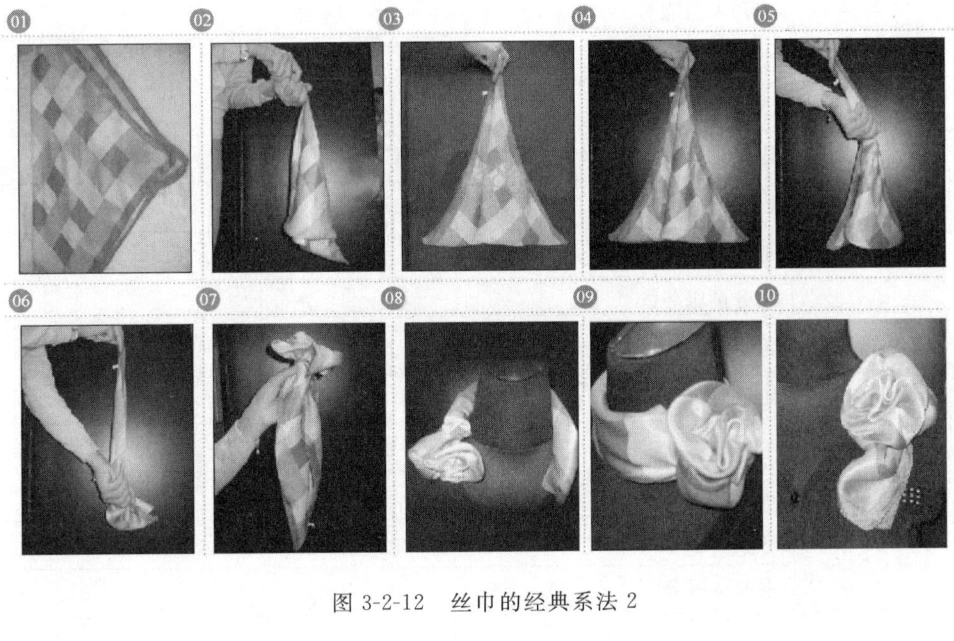

图 3-2-12 丝巾的经典系法 2

方法三：

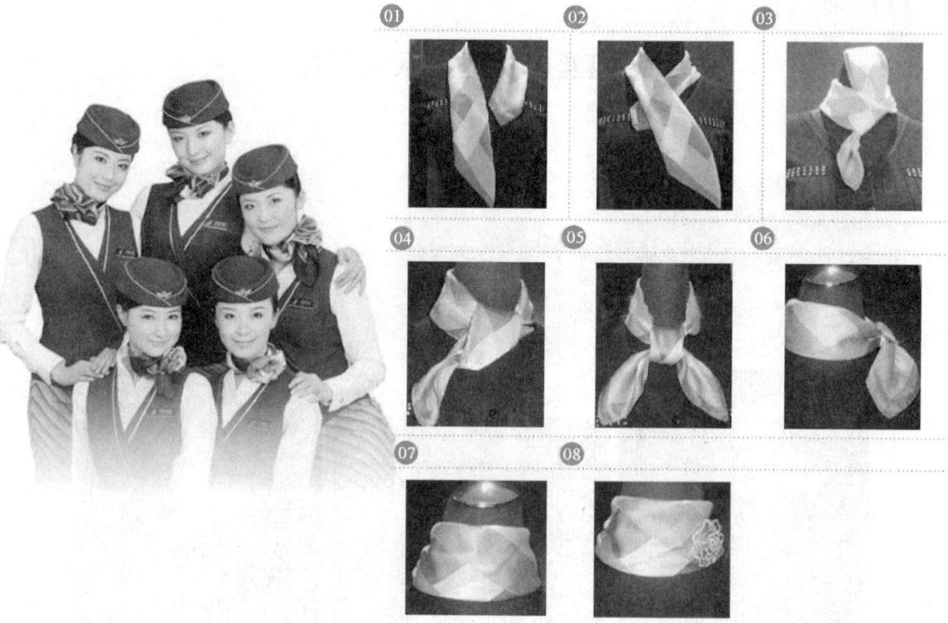

图 3-2-13 丝巾的经典系法 3

【项目测评】

姓名：　　　　　　小组名称：　　　　　　项目组长：　　　　　　日期：

测评内容	测评标准	标准分值	测评结果(√通过、×未通过)
航空服务	地勤人员形象	5 分	
	地勤人员服务	10 分	
	空乘人员形象	5 分	
	空乘人员服务	10 分	
铁路服务	售票员形象	5 分	
	售票员服务	10 分	
	乘务员形象	5 分	
	乘务员服务	10 分	
轮船服务	轮船服务人员形象	5 分	
	轮船服务礼仪	10 分	
旅游车服务	司机形象	5 分	
	司机服务	10 分	
	乘务员形象	5 分	
	乘务员服务	10 分	
自我评价：	小组评价：	教师评价：	总评：

项目三 娱乐与购物服务礼仪

【项目目标】

1. 掌握旅游娱乐购物企业服务人员礼仪规范。
2. 能在娱乐购物活动中正确运用服务礼仪规范。

【引例】

2003 年夏天，上海最热门的话题是环球嘉年华(World Carnival)。2002 年圣诞节，环球嘉年华登陆香港，为香港人民所喜爱。在短短 111 天的时间里迎接游客 200 万，营业收入近 3 亿港币，创造了上千个就业机会，成为当时疲软不振香港经济的一道亮丽风景线。

在上海，仅 23 个营业日，夏季嘉年华日均营业额达到了 300 万人民币，打破了在香港所创营业额的高纪录，高峰日入园人数达 4 万人次。与嘉年华活动相关或配套的服务业也受益匪浅。据悉，嘉年华开门后仅 11 天，浦东陆家嘴海洋水族馆售出联票 3.5 万多套，每天净增游客 3 500 人左右。前往东方明珠塔和金茂大厦的观光者中，也不乏游玩嘉年华的外地游客。据统计，2003 年，嘉年华拉动浦东旅游收入增加 6 个百分点。毗邻嘉年华的香格里拉酒店客房入住率，同比上升近 5 个百分点。世纪公园附近的经济型酒店更是“一房难求”。嘉年华运营期间对外招聘 600 名员工，担任场内收银员和管理人员，增加了社会就业。

(资料来源：吴彦，李晓明．环球嘉年华的成功奥秘：不停迁徙、时时创新．上海商业[J]．2004(1)：86—87)

问题提出：

1. 面对国际文化娱乐业的进驻，娱乐服务业的工作人员应该具备哪些礼仪技能？
2. 在娱乐业的带动下，购物需求激增，那么购物服务工作人员应该具备哪些礼仪技能？

任务一 娱乐服务礼仪

【任务分析】

教师：

1. 准备好一个 40～60 平方米的室内场所，作为模拟娱乐场所的场地。
2. 指导学生准备好模拟娱乐场所里需要的各种道具。
3. 分步讲解运用娱乐服务礼仪规范时应该注意的问题。
4. 指导学生准备模拟场景小品，让学生分组练习。

学生：

1. 准备好模拟娱乐场所里需要的各种道具。
2. 做好娱乐服务人员的形象准备。
3. 准备模拟场景小品，以小组为单位进行角色扮演。
4. 在演绎小品时，应该投入角色。

【相关知识】

娱乐服务泛指剧院、文艺表演、舞厅、歌厅等服务行业。其服务礼仪规范归结为如下几个方面。

一、形象要求

娱乐服务人员上班时应穿着统一的工作制服，保持干净整洁的外在形象。服饰应干净整洁，代表着单位的精神面貌。发型要自然大方，不留怪异发型。女性服务人员应施淡妆，但切忌浓妆艳抹。接待顾客时应热情大方、精力充沛，为顾客提供细致周到的服务，切忌委靡不振。如图 3-3-1 所示。

图 3-3-1 国家大剧院的工作人员

二、迎客礼仪

迎客时采用礼仪式站姿，引领客人时应走在客人的左前方 1 米处，并配以横摆式手势。迎客时切忌无精打采、三五成群闲聊。站立时不能插口袋，不能吃东西，不能高声叫喊。迎客时应主动上前，面带微笑，投以关注的眼神。在客人进门后，应及时以礼貌用语迎客："您好！欢迎光临！"并鞠躬 15 度致意，引领客人到指定的位置就座。

三、接待服务

（一）主动为客人提供服务

在娱乐场所，服务人员应该随时观察客人的动态。若客人示意需要帮助，应主动上前为客人提供服务。例如，在剧院或表演场所，主动为客人找到自己的位置；在歌舞厅里主动将茶水、食品、饮料、酒品、歌单等送到客人的桌上。

（二）礼貌地向客人讲清楚消费注意事项

在剧院、表演现场，或者歌厅、舞厅等娱乐场所，有一些消费的事项需要跟客人解释清楚。例如，在剧院里面不能拍照，不能打电话，不能吃东西，不能说话等；观看演出时应对号入座，不能高声喧哗，不准吸烟等；在歌舞厅里面，可能有些消费项目需要进行介绍，这时应该向客人礼貌、详细地介绍清楚，尊重客人的知情权。

四、送客礼仪

客人将要离开时，应向客人鞠躬 15 度，对客人表示感谢，并以道别语向客人告别："谢谢惠顾！欢迎再次光临！"

【相关实训】

	模拟娱乐服务接待
活动内容	结合本项目所讲的内容，5～8个同学一组，选取一种娱乐服务接待工作进行情景模拟。评比哪个小组的接待服务最为令人满意
活动目的	让学生掌握娱乐服务礼仪规范
活动形式	场景模拟，角色扮演
活动步骤	划分小组；编写情景小品剧本；角色设定；情景模拟；师生交流
物品准备	(1)准备情景小品剧本，准备娱乐模拟小品所使用的道具 (2)教师可以拍摄图片和录像，将学生完成任务的过程记录下来，以备在课堂上进行分析

【思考讨论】

假设你是剧场的工作人员，现在剧场里面传来争吵声，你过去一看，原来是两名顾客为了位置而发生矛盾争执。这时你应该如何处理？

任务二 购物服务礼仪

【任务分析】

教师：

1. 准备好一个40～60平方米的室内场所，作为模拟购物活动的场地。
2. 指导学生准备好模拟商场里所需要的各种道具，例如销售柜台、商品道具等。
3. 分步讲解运用购物服务礼仪规范应该注意的问题。
4. 指导学生准备模拟场景小品，让学生分组练习。

学生：

1. 做好模拟商场购物场景里所需要的各种道具。
2. 做好购物服务人员的形象准备，如穿工作制服、戴工作胸牌、适当化妆等。
3. 准备模拟场景小品，以小组为单位进行角色扮演。
4. 在演绎小品时，应该投入角色。

【相关知识】

一、购物场所与环境的要求

(一)干净整洁

购物场所应干净整洁，不能出现任何垃圾纸屑。各种商品展示柜台应擦拭干净，不能有灰尘。

(二)商品陈列

商品种类应丰富齐全，不同商品应分门别类摆放整齐，突出主题。摆放商品前应将商品擦拭干净，铺叠整齐，切忌布满灰尘、乱丢乱扔、乱摆乱放，影响顾客的购物情绪。最好能在柜台上摆放供顾客试用的样品。如图3-3-2所示。

图 3-3-2 商品摆放效果图

（三）明码实价

各类商品要让顾客一目了然，明码实价。价格牌上应清晰标明商品的价格、规格、产地等信息。价格应该标示在醒目的位置，标价应清晰明了，并使用国际通用计量单位。若有接待境外游客的商场，还应以不同的货币进行标价。标价的计量单位应尽量符合人们的日常生活习惯，绝不能标模糊价、标天价。

（四）营造气氛

购物场所应该营造轻松、愉快、舒适的购物氛围。商场可以顺应不同的节庆或不同的企业文化，播放不同的、能调节顾客和员工心情的音乐，例如，在春节可以播放喜庆的乐曲，在圣诞节可以播放圣诞乐曲等，或者播放相关的产品信息，如商品的折扣信息和优惠活动，以此调动顾客的购物热情和员工的工作激情。

（五）灯光要求

购物场所应保持充足的灯光照明，灯光的颜色应明亮、适宜、均匀、柔和。商场里面的灯光应该遍及室内每一个公共区域。某些商品需要灯光配合以增强其展示的效果，如珠宝首饰、工艺美术品、化妆品等。如图 3-3-3 所示。

图 3-3-3 商场效果图

二、购物服务人员形象要求

（一）仪容仪表要求

购物服务人员应该穿着统一的工作制服，若商场定位较高，服务人员的制服款式还应为正装。颜色应和谐大方，切忌刺眼的颜色。发型要求整齐干净，长度的要求是前不过眉，侧不及耳，后不及领。女性若是长发必须把头发束起，挽成发髻，并采用深色发饰。购物服务人员在工作时还应佩戴工牌或工作证，不能佩戴过于夸张、数量过多的个人饰物。如图 3-3-4 所示。

图 3-3-4　江城服务之星李婷

(二)言行举止要求

购物服务人员接待顾客应精神抖擞，热情大方，为顾客提供周到的服务。在迎客时应采取礼仪式站姿，引领客人时应配以横摆式手势，切忌斜靠在墙或柜台上，无精打采。为顾客展示商品时，应把商品双手递送，耐心为顾客介绍商品的特点与功能。在平时客人不多时，服务人员也应保持购物场所的安静，切忌高声叫喊，或三五成群地聊天吃东西，不能抽烟、看报、干私人的事情。在与客人交谈时，应使用礼貌用语，多征询客人的意见，耐心回答客人的问题。

(三)表情要求

购物服务人员应始终保持微笑服务，表情自然大方，要向顾客投以关注的目光。对顾客要一视同仁，切忌以貌取人，或缺乏耐心、冷落顾客。

三、购物接待礼仪

(一)岗前自查

购物服务人员在上岗前，必须对自己的仪容仪表、证件服饰、所售商品进行最后检查，发现问题及时改正。

(二)主动迎客

购物服务人员在迎客时应采取标准式站姿或礼仪式站姿，挺胸收腹，精神抖擞地准备迎客。当客人进入大门后，服务人员应及时迎上前，面带微笑向顾客表示欢迎：“您好！欢迎光临！”需要的话，还应开门迎客。如图 3-3-5 所示。

图 3-3-5 导购礼仪培训

（三）耐心服务

客人进入商场后，如需要帮助，服务人员应及时、迅速、热情地为客人解答疑问，排忧解难。若客人只是随便浏览商品，不需要过多的服务，服务人员可以不打扰客人，停留在客人视线可以看到的地方而与客人保持一定的距离，等候客人的示意。

客人对商品有疑问时，服务人员应耐心地为客人介绍商品的特性、功能、使用方法和优缺点，适当地给客人提建议，当好客人的购物参谋。

（四）促成交易

客人往往由于各自的背景、年龄、性别、职业、文化层次等，有着不同的心理特点和需求，这就要求购物服务人员熟悉商品特性和把握顾客心理，多与顾客进行交流和沟通，了解他们的需求，为其提供最适合他们的商品。当顾客存疑或摇摆不定时，服务人员切忌强迫销售，应因势利导，找出问题所在，使用恰当的推销技巧，化解客人的疑问和犹豫，促成交易。即使客人没有购买意愿，也应礼貌待客。

（五）礼貌送客

客人完成结账后，服务人员应将客人所购买的商品包装好，双手递给客人。在客人临走时，还应向客人解说相关的售后服务注意事项。客人离开时，服务人员应把客人送至大门，礼貌道别："谢谢您的惠顾！欢迎下次再来！"

（六）处理投诉

在购物服务过程中，难免会遇到有客人投诉的现象。若遇到客人投诉，应分清楚具体的情况再作处理。若是客人的过分挑剔，甚至是无理要求，购物服务人员应保持冷静，避免激动，等客人说完以后，耐心地向客人解释清楚，礼让三分，切忌激化矛盾。若真的是物品出现瑕疵或服务出现失误，应诚心向客人道歉，然后采取及时合理的补救措施，切忌推卸责任，翻脸不认账。

【相关实训】

	模拟商场购物接待
活动内容	结合本项目所讲的内容，3～5个同学一组，选取商场购物接待过程中有可能出现的情景，进行情景小品的模拟表演。评比哪个小组的购物服务最为令人满意
活动目的	让学生掌握购物服务礼仪规范
活动形式	场景模拟，角色扮演
活动步骤	划分小组；编写情景小品剧本；角色设定；情景模拟；师生交流
物品准备	(1)准备情景小品剧本，准备购物模拟小品所使用的道具 (2)教师可以拍摄图片和录像，将学生完成任务的过程记录下来，以备在课堂上进行分析

【思考讨论】

针对现今媒体上对旅游购物的各种负面报道，如价格陷阱、以假乱真、以次充好、专“宰”游客的现象，你如何看待现今旅游购物的种种不规范行为？

【项目相关链接】

服务禁忌用语

1. 你要的我们没有。
2. 不买看什么。
3. 这还贵啊？嫌贵就不要买。
4. 不买不要乱动，都弄乱了。
5. 到底要哪个？决定好了没有？
6. 有意见，找经理去！
7. 下班啦，明天再来！
8. 这件衣服你不合适！
9. 喊什么喊，等一会儿嘛。
10. 谁卖给你的找谁去！
11. 没办法，不能退！
12. 你先看看单子。
13. 这不是我的职责。
14. 我没空，你自己找找。
15. 我不是说过了吗？
16. 上面写着，你自己不看看？
17. 我不知道，你问别人吧。
18. 我已经说了很多遍了。
19. 没上班，你晚点来。
20. 我态度就这样，你能怎样？

【项目测评】

姓名：　　　小组名称：　　　项目组长：　　　日期：

测评内容	测评标准	标准分值	测评结果(√通过、×未通过)
娱乐服务	形象要求	10分	
	迎客服务	15分	
	接待服务	15分	
	送客服务	10分	

续表

测评内容	测评标准	标准分值	测评结果(√通过、×未通过)
购物服务接待	购物场所布置要求	15分	
	购物服务人员形象	15分	
	购物接待过程	20分	
自我评价：	小组评价：	教师评价：	总评：

项目四 会展服务礼仪

【项目目标】

1. 掌握会展服务人员礼仪规范。
2. 能在会展服务接待时正确运用会展服务礼仪规范。

【引例】

首届中国智能产业博览会将于9月在京盛装登场

以“智能体验·智慧生活”为主题的“首届中国智能博览会”将于2011年9月16日至18日在北京全国农业展览馆开展。在北京邮电大学举行了活动启动仪式。

活动组委会负责人透露，届时将有来自国内外300余家从事于计算机与互联网、智能机器人、智能电网、智能交通、智能通信、智能家居、智能建筑及智能IT产品的企业前来参展。通过举办“高端峰会对决”、“智能互动体验”、“智能产品评比”、“智能科技展示”和“项目成果签约”等15项重大活动，推进智能技术成果转化，展示智能新能源、智能新成果、智能新产业、智能新生活的美好前景。活动还设置“智能汽车”、“智能家居”、“棋类人机大战”、“智能机器人足球”等多板块体验区，邀请观众进行互动。

据悉，今年是中国人工智能学会成立30周年和世界人工智能诞生55周年，“首届中国智能博览会”由中国人工智能学会发起主办，是贯彻落实温家宝总理提出的“感知中国”的一项重要举措。主办方表示，本届智博会将秉承和弘扬理解、交流、创新、合作的智博理念，向社会各界传达智能科技和智慧生活信息，表明中国智能科学技术工作者同各领域相互交流以及实现更美好生活的强烈愿望。

（资料来源：http：//www.expo-china.com/pages/news/201101/72445/index.shtml）

问题提出：

1. 举办一场大型会展活动要做好哪些准备工作？
2. 会展服务人员应该具备怎样的服务礼仪技能？

任务一 会展准备阶段工作

【任务分析】

教师：

1. 准备好一个200平方米左右的室内场所或者校内一处较为宽广的室外场地，作为模拟会展的场地。

2. 指导学生准备好会展布置所需要的各种工具，例如展台、模型、区间隔板、展板、宣传喷图、隔离带、展品等。

3. 分步讲解会展现场布置和服务人员形象要求应该注意的问题。

4. 指导学生分组准备好模拟会展现场。

学生：

1. 确定好会展的主题，以小组为单位进行模拟会展活动，分工合作。

2. 做好模拟会展服务人员的形象准备。

3. 准备好模拟会展布置所需要的各种工具，例如展台、模型、区间隔板、展板、宣传喷图、隔离带、展品等。

4. 一切准备就绪后，开始模拟会展的现场布置与准备工作。

【相关知识】

一、会展服务人员形象准备

会展现场服务人员按分工不同，可以分为：接待员、讲解员、安保员、现场工作人员、参展商服务人员等。其基本的形象礼仪要求有以下几方面。

(一)营造大方整洁的弄错

会展现场服务人员人数众多，分工不同，但是都向来宾展示大方整洁的形象。不留怪异发型，不穿怪异服饰(参展模特工作需要除外)，应采用规范的体姿，保持干净整洁的仪容仪表，给宾客以稳重、专业的外在形色。

(二)穿着指定的制服

会展现场服务人员应按照各自的岗位要求，穿着各岗位指定的制服。例如，安保人员应穿着保安服装；讲解员、接待员和工作人员等应穿着统一配套的正装，并佩戴展场工作人员证件；模特人员应穿着指定的展示服装。

(三)给人以专业的形象

会展现场服务人员的言行举止、服饰造型应营造专业、稳重、值得信赖的形象，以便增进与客商之间的交流。参展商工作人员还应穿着或佩戴体现自身企业文化的服饰与饰品，通过视觉系统传达企业文化与企业精神。

(四)提供微笑服务和超常服务

会展的客流量往往一天以千万人次进行计算，进出人数众多。面对不停穿梭的人流，会展现场服务人员应给客人以宾至如归的感觉，多提供微笑服务和超常服务，合理疏导人流，主动为客人提供帮助，让客人在场馆的停留中享受到满意、便捷的服务。

二、会展准备工作

(一)确定主题

在举办会展活动前，会展主办单位必须先确定会展主题。主题的确定最好能依靠本地的产业优势，如广东省江门市的摩托车博览会、香港的动漫展；或者依托本地的地缘优势，如 2010 年上海的世博会、台湾的花博会、广州的广交会、深圳的高交会等。在确定会展主题后，便可邀请和落实参展单位。如图 3-4-1 所示。

图 3-4-1　2009 年香港动漫电玩节

（二）落实参展商

在确定好会展主题后，会展主办单位便可邀请与落实参展单位。参展商的质量与数量，往往决定了该次会展的成败与影响力。参展单位的业务性质可以属于会展的主题行业，也可以属于与主题相关的辅助性行业。例如，动漫展除了可以邀请制作动漫的企业外，也可以邀请培训动漫人才的院校参展。

1. 邀请方式

落实参展商的第一步，就是向主题行业的企业和相关单位发出邀请。邀请必须在会展开幕前 6 个月发出，以示对参展单位的尊重。若个别国际性重大会展活动，邀请应提前至一年甚至更早发出。邀请的方式有书信邀请、广告邀请、电子邮件邀请、传真邀请、电话邀请等。主办单位还可以与大众媒体合作，来扩大会展邀请宣传的知名度与影响力。邀请活动实际上已经是会展营销的其中一部分。

2. 邀请资料

在派发给参展单位的资料中，应该包含邀请信、展览说明书、费用说明书、会展宣传资料、参会回执、联系方式等。

3. 接受预订

主办单位可以通过电话、传真、电子邮件、网络、书信等方式，接受各参展意向单位的咨询和预订，并将预订信息录入系统，存档管理。

4. 落实参展单位

录入系统的参展商预订信息，必须逐一进行落实，并派专人进行参展商跟踪管理，待落实参展商后，分配其参展区域，并安排相应的接待工作。

5. 编制展会预算

在落实参展商后，必须根据各项内容编制会展的预算，严格规范资金使用管理。

(三)会展宣传

会展宣传的目的是扩大会展的知名度、美誉度和影响力。因此，会展宣传必须从以下几个方面进行充分的准备。

1. 宣传对象

会展的宣传对象一般有两种：一是专业观众；二是潜在的参展商。会展的宣传形式和宣传内容要分别针对这两种人群进行具体的设计。

2. 宣传形式

会展主要采用的宣传形式有：电子媒体广告、户外广告、印刷广告、网络广告、新闻发布会等。

(1)电子媒体广告——主要指电视、电影、广播等媒体广告。

(2)户外广告——主要指路牌广告、灯箱广告、交通广告、霓虹灯广告、气球广告、LED 屏广告等。

(3)印刷广告——主要指杂志、报纸、日历、海报、传单、招贴、书籍等。

(4)网络广告——常见的有横幅式广告、按钮式广告、弹出式广告、插播式广告、分类式广告、电子邮件式广告、赞助式广告、浮动式广告、链接式广告等。

(5)新闻发布会——新闻发布会是谋求新闻界对某一活动或组织进行客观公正报道的沟通方式，是一种主动联络新闻媒介的手段。

3. 宣传内容

会展在宣传内容的设置上，首先应确定宣传的主题。其次根据宣传主题设计宣传的内容，确定宣传的时间和地点。宣传品和宣传材料的制作，必须标志统一、规范。宣传内容可以结合宣传形式的不同，而进行有针对性的制作。

(四)场地布置

1. 展位安排

展位是指展品在会展中进行摆放陈列的位置。安排展位前必须先确定会场的面积。会场面积一定要结合参展商的个数和人流量的估算进行合理安排。如图 3-4-2 所示。

图 3-4-2　2009 年中国国际旅游交易会中国国际旅行社总社展位

确定好会场面积后，计算出所需的展位个数，编排好展位平面图。如图 3-4-3 所示。然后对各参展商分配展位。由于展位的位置和面积所带来的效益与其收费成正比，因此，若参展商对展位的竞争较为激烈，可以采取以下几种方式合理安排。

(1)展位拍卖。对不同展位制定不同的收费标准，然后对展位进行公开竞拍。参展商在拍卖会上进行角逐，价高者得。

(2)展位竞投。参展商根据会展主办方所公告的投标标准和投标条件进行自行报价。主办方将展位分配给报价高者。

(3)展位抽签。将展位编号，然后在公证人员的公证下进行抽签，以此确定各参展商的展位。

(4)先后有序。主办方按照参展商正式报名的先后顺序来确定其展位，先来的可以优先选择其相中的展位。

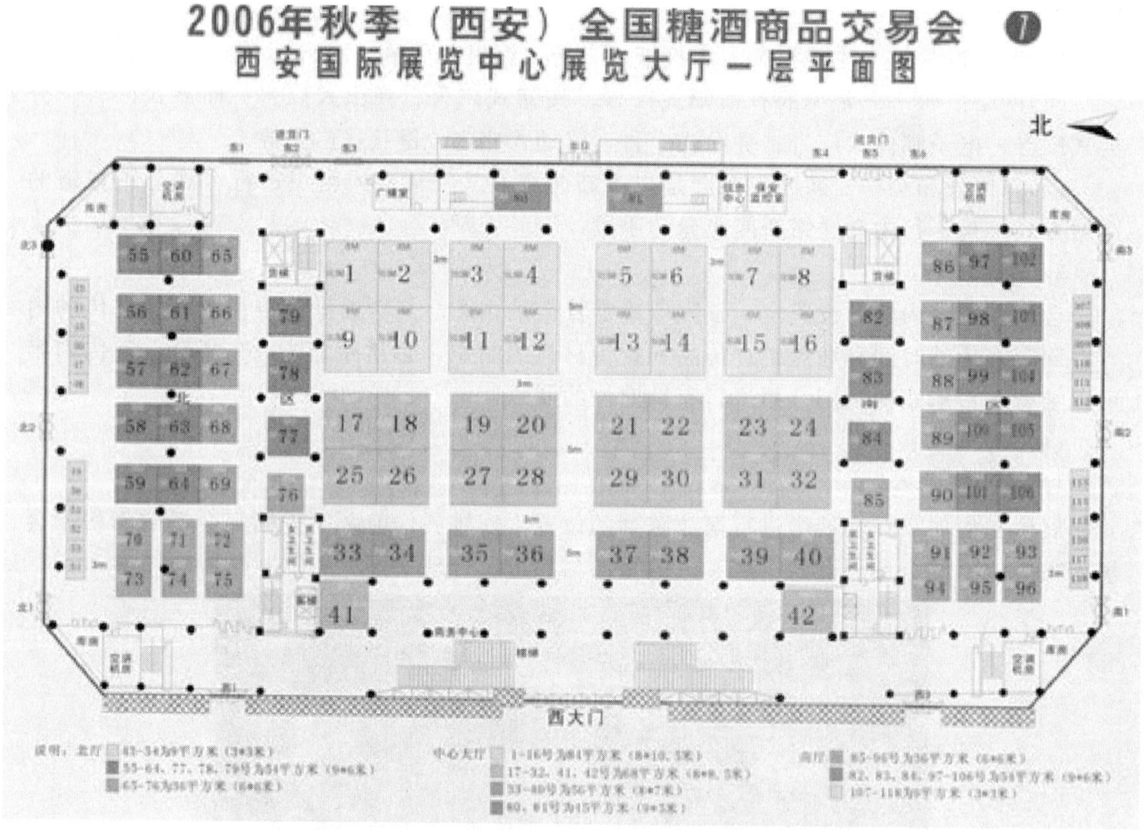

图 3-4-3 西安国际展览中心展览大厅一层平面图

2. 会场布置

展位布置要遵循以下几个原则。

(1)突出会展主题。会场的布置，无论是会展的标志、会徽、装饰、花卉、广告等，还是会展的展品、展位设计等，都要突出会展的主题。

(2)方便参展单位。会场与展位的布置，必须为参展单位提供方便，在条件允许的情况下，会场的布置应该配合参展单位的企业视觉识别系统(VI)。

(3)充分利用空间。由于场馆的平面面积有限，因此，会场的布置应充分利用上部空间，展位的装饰设计尽量往上部空间延伸。

(4)照顾观众客商。会场的布置应充分考虑进场的观众和客商的人数以及其参观顺序，以营造宽敞舒适的环境。

(5)美化会场环境。会场的布置应充分利用装饰品、花卉、展品等美化会场环境，营造出一个明亮、整洁、舒适、高雅的环境。

(6)统一会务管理。会展布置必须统一遵循主办方的管理方法与管理思想，配合现代电脑管理系统，让会场布置和管理更加有序。

3. 旗帜排列

一般大型的会展，在会展的场馆外，都升挂各参展国国旗和参展组织旗帜。旗帜的升挂排列有一定的讲究。

(1)旗帜升挂时间

在场外升挂代表国或代表组织的旗帜，时间上应该是日出升旗，日落降旗。

(2)旗面要求

各参展国国旗、各参展单位组织旗帜面积应该大体相同，具体按照各国或各组织的旗帜的法律规定。旗面不能破损、污损，应该保持旗面完好。

(3)旗帜排列顺序

若是在我国举办会展，参展国或参展商旗帜排列位次的总要求是：中央高于两侧；右侧高于左侧；前排高于后排；面积以大为上；高度以高为上。当国旗与组织旗帜悬挂时，国旗必须居于最尊贵的位置。如图 3-4-4 所示。

图 3-4-4　世博会万国旗

(五)培训人员

会展准备阶段，应对会展的工作人员进行培训。根据工作人员的不同分工，进行有针对性的知识技能培训与礼仪培训。培训的主要内容有：会展概况、展场分区、展位介绍、服务礼仪、接待事项等。

（六）安全保卫

由于会展人流量密集，无论是展馆场内还是展馆场外，安全保卫工作必须做到密不透风，以预防各种突发事件的发生。

举办大型会展必须聘请专业的保安公司，以合同的形式规范其工作范围和工作权限。展馆内部和展馆周围必须配备专业的保安人员，安装足够的安全监察设备。在展馆的各出入口，必须严格履行进入和离开的手续，必要时还需要进行安检，规范进入展馆的人群，以防不法分子的混入。

全体会展工作人员，必须树立防火、防盗、防损、防水、防恐怖袭击等安全意识，正确处理会展场内外事务，维护会展安全，使会展顺利进行。

【相关实训】

	模拟会展准备活动
活动内容	结合本项目所讲的内容，10～15 个同学一组，以某一主题设计准备一场校内会展活动。评比哪个小组的准备工作最充分、最细致、最完善
活动目的	让学生掌握会展准备阶段工作的知识与技能
活动形式	模拟会展活动
活动步骤	划分小组；准备会展现场服务人员；形象准备；道具购置；现场布置
物品准备	(1)准备好模拟会展活动所需的现场布置物品。现场服务人员做好形象准备 (2)教师可以拍摄图片和录像，将学生完成任务的过程记录下来，以备在课堂上进行分析

【思考讨论】

1. 会展现场布置过程中最艰难的部分是哪里？

2. 如何让现场布置和服务人员形象更为贴近会展主题？

任务二 会展现场接待与服务礼仪

【任务分析】

教师：

1. 准备好一个 200 平方米左右的室内场所或者校内一处较为宽广的室外场地，作为模拟会展的场地。

2. 指导学生准备好会展布置所需要的各种工具，例如展台、模型、区间隔板、展板、宣传喷图、隔离带、展品等。

3. 分步讲解会展现场接待与服务的礼仪规范。

4. 指导学生准备分组，准备好模拟会展接待的角色分配。

学生：

1. 确定好会展接待的角色定位。

2. 做好模拟会展接待服务人员的形象与技能准备。

3. 准备好会展布置所需要的各种工具，例如展台、模型、区间隔板、展板、宣传喷图、隔离带、展品等。

4. 一切准备就绪后，开始模拟会展接待工作。

【相关知识】

一、报到接待

(一)礼貌迎接

报到处接待人员应对到达的参展商进行礼貌迎接，以热情大方的态度、细心周到的服务为参展人员办理报到手续。如图 3-4-5 所示。

图 3-4-5　2008 年生活用纸年会报到现场

(二)查验证件

报到处接待人员必须仔细查验报到人员的证件，包括：身份证件、参展邀请书、通知书、介绍函等。查验时应使用礼貌用语："您好！请出示您的证件。"

(三)签到登记

查验无误后，接待人员应为报到人员进行签到登记手续。签到方式有三种：一是簿式登记，即准备红色的签到本，让客人签到；二是表格登记，即事先制作好人员名单签到表，让客人在表格上签到；三是电子签到，即把客人各项信息录入电脑系统，派发身份卡。

(四)材料收发

办好签到手续后，接待人员应向接收事先规定的参展人员要提交的材料，然后向参展人员派发相关的参展资料和文件，并做好登记。

(五)收取费用

落实参展人员的费用缴纳情况，把转账支付方式与现金支付方式进行有效分类，经财务人员清点无误后，开具有效发票或收据。

二、展位服务

（一）主动迎接

对于前来进行展位参观、咨询的客人，展位人员应热情主动地上前接待。接待时应使用礼貌用语，并展示自然的微笑。若客人想索取展品资料，应主动双手将资料递给客人。对待每一位客人应一视同仁，不能厚此薄彼。

（二）适时引导

参观展位的客人如想深入了解展品信息，或有意向进一步洽谈，展位人员应把客人引导到展品区或洽谈区。引领时工作人员须采用横摆式手势，走在客人的左前方，引领客人到适当的位置。

（三）耐心倾听

对于客人的疑问或建议，展位人员应耐心倾听，尊重客人的意见。倾听时，应向客人投以关注的眼神，并适时做出解答和回应，并有技巧地与客人进行交流与互动，尽可能为客人提供专业性建议。

（四）展示展品

展位服务人员应该根据客人的需要，向客人展示他们所需的展品以及相关资料。向客人展示展品时，应采取双手前递的方式，辅以展品解说。

（五）介绍解说

在展位客人人数不多时，展位服务人员可以采用交谈式解说方法向客人介绍展品的详细信息。若客人人数较多时，解说人员可以面向客人，伴以高位手势或中位手势，向客人介绍、展示展品的特点、性能、优势等方面的信息。如图 3-4-6 所示。

图 3-4-6　会展讲解员正在解说介绍

三、现场引导

在入（退）场人数较多时，会展现场工作人员必须对客人进行有效引导。引导的方式可以有：分批疏导、引领进场/退场、分隔队列、个别指引等方式。在引导客人时，必须采用礼貌用语，正确手势为横摆式手势，五指并拢，手心向客人，并应走在客人的左前方引领客人到达指定的地点。在引导客人的过程中，可以适当伴以场馆设施的解说。

四、签约仪式

在某些大型会展中，参展商和客商往往会就双方的合作当场签订合同，因此，会展内还应准备为双方签约仪式而准备的签约会场。

(一)签约会场布置

签约会场一般采用并列式排座。会场中央准备一张长形的签字桌，签字桌面门摆放。桌上铺上深绿色的桌布，放好签约双方签字所需的文本、签字笔、墨水、吸墨器等签约工具。签字桌中间还应摆放签约双方的代表旗帜。并列式签约座次的规定是以右为上，客方在面向门的右边，主方在面向门的左边。

桌后摆放两张供签约人就座的椅子。椅子后与后面墙体之间应预留大概 2 米的距离。后面墙体应悬挂签约仪式的宣传幕板。如图 3-4-7 所示。

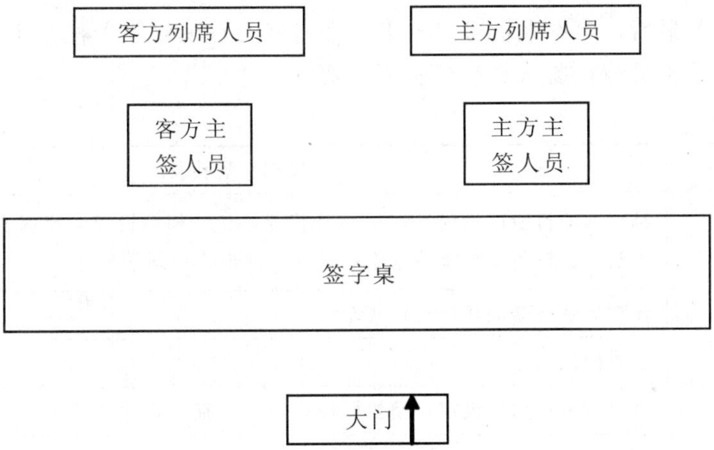

图 3-4-7　签约仪式平面图

(二)引领签约人员进场

主持人宣布签约仪式开始后，工作人员把签约人员引进场内。引领时，工作人员用横摆式手势，站位于签约人员行进方向的左前方。

一般而言，签约双方出席人员应遵循对等原则，即参加签约仪式的双方必须派出本组织职位、地位对等的两人作为主签人员。而签约仪式的列席人员站在主签人员与背景墙之间，分两方站立。站立时采用标准式站姿，人员位次为中央高于两侧，客方在面门的右方，主方在面门的左方。

(三)签约仪式

双方列席完毕后，主持人宣布签约仪式正式开始。签约双方各自打开放置于面前的合同文本，然后进行签字。签字采用“轮换制”，即先在己方保留的文本上签字，然后双方交换文本，交由对方再签字。签字结束后，双方交换回自己保留的文本，然后合影留念。如图 3-4-8 所示。

图 3-4-8 第三届中国中部投资贸易博览会签约现场

（四）祝酒仪式

在签约仪式的最后，工作人员可以把事先准备好的香槟放置于托盘中递上，在主签人员的带领下，签约人员与在场嘉宾一起祝酒庆贺。

【相关实训】

	模拟会展接待
活动内容	结合本项目所讲的内容，4～6 个同学一组，模拟扮演会展现场不同岗位的接待人员。比较各小组接待水平的差异，评出哪位同学最好
活动目的	让学生掌握会展接待礼仪规范
活动形式	情景模拟
活动步骤	划分小组；角色设定；情景模拟；师生交流
物品准备	(1)准备会展接待会场的模拟场景以及所需道具等 (2)教师可以拍摄图片或录像，将学生完成任务的过程记录下来，以备在课堂上进行分析

【思考讨论】

假设你是会展的现场接待人员，在工作中有一位客商急匆匆跑过来，说他有一个很重要的包遗漏在会场的一个展位上，但是不知道怎么折返回去，这时你应该怎么处理？

任务三　会展结束后续工作

【任务分析】

教师：

1. 准备好会展送别、会展跟踪以及会展评估等教学素材。

2. 指导学生先准备好情景模拟的角色以及剧本，然后让学生以小组为单位进行模拟情景的角色扮演。

3. 在课堂上针对情景小品进行点评。

4. 分步讲解送别礼仪应该注意的问题。

5. 以具体的案例讲解会展跟踪以及会展评估的方法。

学生：

1. 准备情景模拟小品的剧本，分小组进行排练。

2. 以小组为单位进行角色扮演。在情景模拟时，应该投入角色。

3. 在教师的引导下，分析教学案例，掌握会展跟踪与会展评估的方法。

【相关知识】

一、送别礼仪

（一）送别人的确定

针对不同身份的客人，会展主办方应派出相应身份的人前往送别。送别身份地位较高的客人，还应派车到其下榻的地方接客人，将其送到离站的地点，如机场、码头、车站等。

（二）送别礼节

送别客人，一般由客人先提出来，送别的地点一般在会展场馆的门口，送别时应和客人握手道别，并说道别语："谢谢光临"；"再见"；"后会有期"；"一路顺风"；"保重"等。对于身份较高的客人，主办方送别人还可以代表主办方向客人赠送纪念品。

二、展后跟踪

会展结束后，工作并不能就此停止，还要做好后续工作，以利于进一步总结和提高。会展跟踪工作可分为以下几个层面。

（一）致谢合作单位

会展结束后，主办方应通过电话、书信、登门等方式对合作单位致谢。致谢的对象有参展商、赞助商、合作单位、重要客户、政府部门等。对于个别重要的客户，还应专程登门致谢。

（二）意见征集

会展主办方可以通过发放调查表、征询表等方式，向参展单位征集对于本次会展的意见和建议，总结经验，改进不足。

（三）媒体跟踪

将会展的相关新闻素材提供给新闻媒体，由媒体进行跟踪报道，以此扩大会展的影响力。

三、展后评估

会展结束后评估工作的主要内容是评估会展的工作与成效，可以从会展收益、会展支出、顾客人次、参展单位数量和质量、媒体报道、意见反馈等渠道进行综合的评估。评估方法可以有专家访谈法、头脑风暴法、问卷调查法、数据分析法、会议座谈法等。

【相关实训】

	模拟会展结束后送别
活动内容	结合本项目所讲的内容，2～3个同学一组，模拟表演会展结束后送别来宾的情景。评比同学之间的送别礼仪哪位做得最好
活动目的	让学生掌握会展送别礼仪规范
活动形式	角色扮演

续表

	模拟会展结束后送别
活动步骤	划分小组；角色设定；情景模拟；师生交流
物品准备	(1)准备模拟送别情景 (2)教师可以拍摄图片或录像，将学生完成任务的过程记录下来，以备在课堂上进行分析

【思考讨论】

假设你是会展主办方工作人员。在会展结束后，有一位客商致电主办方，反映此次会展接待工作的某些不足之处。当你听到这通电话时，你应怎么处理？

【项目相关链接】

德国会展业成功奥秘

德国会展业蜚声海内外，每年举办的国际展销会有150多场，参展商达17万家，观众有1 000多万。每年参加国际展会的17万商家中有一半来自国外，约五分之一的观众为外国人。不断提高展会的质量，是德国吸引国外参展商并赢得海外观众青睐的法宝。世界顶级的专业博览会，有三分之二是在德国举办的。这些展会就像巨大的磁场一样，把世界各国的生产厂家吸引到德国来。

对名牌展会趋之若鹜并不是追求时髦，而是确有斩获。名牌展会是技术创新的群英会。这是德国展会长盛不衰的另一大奥秘。2010年的汉诺威工业博览会，世界各地参展商带来了4 000项科技发明和新产品。这样的展会可以让企业看到自己的不足和差距，看到行业的发展趋势和未来世界工业的走向。

德国会展业公开宣称，他主要是为中小企业服务的，因而得到中小企业的支持与合作。中小企业是会展业得以生存和发展的“脊梁”。它们需要发展，需要让外界了解自己，特别是自己的产品和发明创造。因此就需要与外部世界沟通并建立联系。会展业就是建立这种联系的桥梁和平台。

德国把展会业搞得如此有声有色，离不开高素质、专业化的运作和运营。对于以会展为职业的公司来说，它必须具备3个条件。首先，是拥有一张全球各大公司的联络图，并对公司的营销和产品有基本的了解。其次，本公司的员工必须具备举办国际展会的知识和技能，包括对知识产权的认识。再次，能够为参展商和客户提供一流的咨询和服务。

德国每年举办的展会，都设有一个主宾国，客人被主人待为上宾。开幕式上，宾主两国政府首脑或国家元首大都会共同出席，并发表热情洋溢的讲话，随后还要就进一步交往与合作举行会谈和磋商。德国人结合自己的特长，以展会友，把这种交友方式抬升到了国家的层面。由于涉及面更广，层次更高，包括政界和商界，因此效果更好，作用更大，且意味深长。

（资料来源：http：//www.expo-china.com/pages/news/201101/72406/index.shtml）

【项目测评】

姓名：　　小组名称：　　项目组长：　　日期：

测评内容	测评标准	标准分值	测评结果(√通过、×未通过)
会展准备	人员形象	10分	
	会场布置	10分	
	参展商邀请	10分	
会展现场接待	报到接待	5分	
	展位服务	10分	
	现场引导	10分	
	签约仪式	10分	
会展后续工作	送别礼仪	15分	
	会展跟踪	10分	
	会展评估	10分	
自我评价：	小组评价：	教师评价：	总评：

模块小结

本模块主要是从技能的角度，阐述在其他旅游企业中应如何运用各种基本的仪表仪态礼仪，并介绍了在具体的景区、旅游交通企业、娱乐购物企业以及会展企业岗位上应如何运用正确的礼仪规范，给客人提供满意的服务。

综合实训操练

某市在2010年10月9日至15日准备举办一个国际性的大型会展。美国H公司作为重要的参展商之一，派出一个由15人组成的参展团，应邀出席本次会展。这15人的团队将于2010年10月7日抵达该市准备本次的参展事宜。本次会展的承办方D公司，除了负责参展商的接待工作之外，还安排了H公司参展团队会展结束后在本市进行一系列的参观交流活动。其中包括：游览一处世界遗产景区；游览一处著名的古城商业街；到大剧场观看一场著名的京剧表演。

训练内容：

1. 为了迎接各参展商的到来，本次会展的承办方D公司应做好哪些接待工作？

2. 参展商H公司代表团启程前往该市，在乘坐飞机时，航空公司的服务人员应为这个代表团做好哪些服务工作？

3. 在游览世界遗产景区以及古城商业街时，景区工作人员和商业街服务人员应为H公司代表团做好哪些服务接待工作？

4. 在观看京剧表演时，剧场工作人员应为H公司代表团做好哪些服务接待工作？

5. 请同学们以小组为单位，每组进行情景小品模拟表演，要求写出小品的剧本以及相关的注意事项，分配好角色，课堂上进行情景模拟。

拓展模块

模块一
涉外礼仪

礼仪名言引入

善气迎人，亲如弟兄；恶气迎人，害于戈兵。

——管仲

学习目标

1. 掌握礼宾次序和国旗悬挂方法。
2. 能熟练运用迎送、会见和会谈礼节。
3. 熟悉签字、开幕、庆典的礼节。

模块内容结构

涉外礼仪，是涉外交际礼仪的简称，指在长期的国际往来中，逐步形成的外事礼仪规范，用以维护自身形象，并对涉外交往对象表示尊敬和友好。它强调交往中的规范性、对象性和技巧性。

对于涉外旅游从业者而言，个人形象除体现自身的个人修养和品位，反映自身的精神风貌与生活态度之外，在国际交往中还往往代表着其所属国家、所属民族的形象。因此，涉外旅游从业者必须时时刻刻注意维护自身形象，这就需要掌握涉外礼仪知识，懂得礼仪规范。

本模块主要学习涉外礼仪中的位次礼仪、会面礼仪和仪式礼仪。位次礼仪包括礼宾次序礼仪、国旗悬挂及国歌演奏法；会面礼仪包括迎送礼仪、会见和会谈礼仪；仪式礼仪包括签字礼仪、开幕礼仪和庆典礼仪。

模块内容结构图如下：

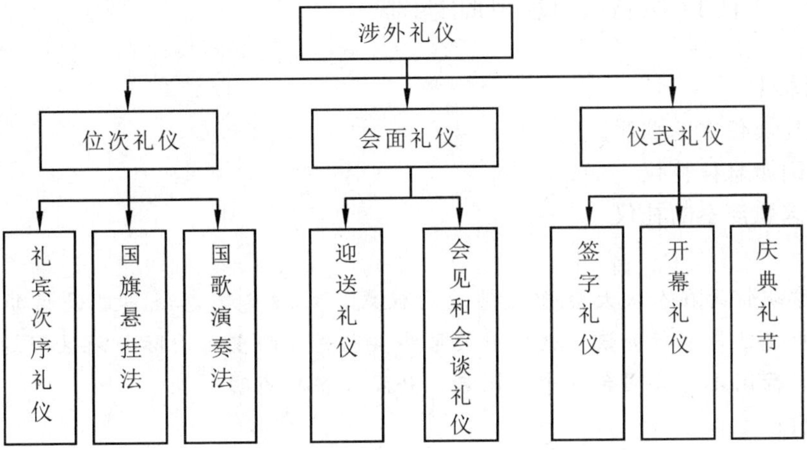
涉外礼仪
位次礼仪
会面礼仪
仪式礼仪
礼宾次序礼仪
国旗悬挂法
国歌演奏法
迎送礼仪
会见和会谈礼仪
签字礼仪
开幕礼仪
庆典礼节

项目一　礼宾次序、国旗和国歌

【项目目标】

1. 掌握礼宾位次的顺序。
2. 掌握国旗悬挂礼仪。
3. 理解国歌演奏的礼仪。

【引例】

国家主席胡锦涛在人民大会堂主持欢迎仪式，欢迎美国总统奥巴马访华。欢迎仪式后，胡锦涛同奥巴马举行会谈，就中美关系和共同关心的重大国际与地区问题深入交换意见。会谈后，两国元首共同会见中外记者，并发表联合声明。

问题提出：

1. 迎接境外国家领导人时，如何确定礼宾的次序？
2. 在会谈现场，国旗应怎样悬挂？

任务一　礼宾次序及运用

【任务分析】

教师：

1. 准备相关案例，使学生了解礼宾次序的重要性。
2. 演示常见的礼宾次序排列方法。
3. 指导学生分组分角色练习，并进行总结。

学生：

1. 分组分角色模拟涉外场合中礼宾出席的场景。
2. 掌握常见的礼宾次序排列方法。

【相关知识】

一、礼宾次序的重要性

礼宾次序，亦称礼宾序列，是指在同一时间或同一地点接待来自不同国家、不同团体、不同身份的多方来宾时，接待方依照一定规则和惯例，对出席者进行排列的先后次序。在涉外交往中，礼宾次序是礼宾工作的基础，直接体现了东道国对各国宾客所给予的待遇，从而使得其成为一个政治性较强而又较为敏感的问题。俗话说，“外事无大小”，一旦出了问题，就是大事。因此，在组织涉外活动时，要尤其重视礼宾次序问题。

在涉外活动中，常见的礼宾次序可分为两大类：第一类是区分出席者的身份高低、上下、长幼等关系，以示给高者、上者、长者相应的尊重和礼遇。另一类是为了表示所有参与者在权利、地位上是完全平等的。当关系不对等时，需要遵循一定的原则或惯例。

二、涉外工作中常用的礼宾次序排列方法

（一）按身份与职务高低

这种排列方法是针对身份、地位不同者的礼宾安排。按身份与职务高低进行排列的方法最古老、最常见、最不容易引起争议。如，国家官员由高至低的顺序是：国家元首、副元首、政府首脑、副首脑、部长、副部长。外交官则是：大使、公使、参赞、一等秘书、二等秘书、三等秘书、随员等。

(二)按字母顺序

国际多边外交活动中，当出席者身份、职务相等或相当时，通行的做法是，按照参加国国名字母顺序排列。不同场合可使用不同的文字字母。如，联合国一般以英文字母排列；上海合作组织轮流在各成员国开会时，可能按照国名的俄文或其他成员国文字的字母顺序进行排列。

联合国按英文字母排序来决定就座顺序。为避免一些国家总是在前排就座，每年会抽签一次，决定本年度大会席位以哪个字母打头，这样，各国都有机会排在前列。

需要注意的是，以字母顺序排列，多用于国名或团体名，较少用于个人的礼宾顺序排列。

(三)按就职时间先后

在各国驻某国外交团中，大使名次顺序是按照其就职时间的先后而决定的。此外，在一些多边活动中，如果出席者身份相同，可按照他们就职时间的先后排列。

三、灵活运用礼宾次序

虽然礼宾次序大体上已形成一定惯例，而在实际工作中，遇到的情况却十分复杂，切不可死记教条，应当灵活运用，适时创新。其宗旨是，礼宾次序的安排能够让众人皆满意。

例如，2003 年 10 月 20 日至 21 日，在泰国首都曼谷举行的亚太经合组织第十一次领导人非正式会议进行到与会各国领导人集体照相这一环节时，泰国礼宾部门大胆抛弃常规，采用了一种全新的排序方法。这种方法是按照与会者身材高矮来进行排列的：矮者在前，高者在后。果然，实际效果不错，受到大家的好评。

因此，在安排礼宾次序时所考虑的因素很多，如国家与国家之间的关系、活动的性质和内容、对活动的贡献大小、参加该活动者的威望和资历等。此外，有时还需要考虑业务性质、相互关系、语言交流等多种因素。

【相关实训】

	宴请外宾的接待顺序
活动内容	结合本项目所讲的内容，以学习小组为单位，2～5 个同学一组，现场模拟一段宴请外宾的接待顺序
活动目的	让学生掌握外宾的接待顺序
活动形式	角色扮演
活动步骤	划分小组；小组讨论；宴请活动；互相评论
物品准备	国旗；桌椅；水杯等

【思考讨论】

1.“外事无大小”，位次也无大小吗？

2. 接待外宾时，如果发现位次安排不妥怎么办？

任务二　国旗悬挂法

【任务分析】

教师：

1. 准备一段视频，使学生认识到国旗悬挂问题的场合及位次。

2. 绘制图片或制作 PPT，向学生展示常见的国旗悬挂方法。

3. 指导学生分组分角色练习，并进行总结。

学生：

1. 掌握常见的国旗悬挂方法。

2. 掌握国旗悬挂的原则。

【相关知识】

国旗是国家的标志之一，也是国家的象征，是由国家法律规定的具有一定形式和格式的旗帜。国旗能唤起国民的爱国热情，培养国民对国家的责任感和荣誉感。在国际交往中，通常以悬挂国旗的形式来表达对祖国的热爱或对他国的尊重。

一、悬挂国旗的场合

依照国际关系准则，一国元首或政府首脑去到他国领土访问，其住所和主要交通工具上悬挂本国国旗，是一种外交特权。作为一种礼遇，东道国在接待来访的外国元首或政府首脑时，可在隆重的场合，如在贵宾下榻的宾馆、乘坐的汽车上悬挂对方国旗。按照国际关系准则，在举行国际会议、博览会、体育比赛等活动时，官方的迎宾仪式中应悬挂所有参加国的国旗。

二、悬挂国旗的方法

常见的国旗悬挂方法有：

（一）两面国旗并挂（见图 1-1-1）

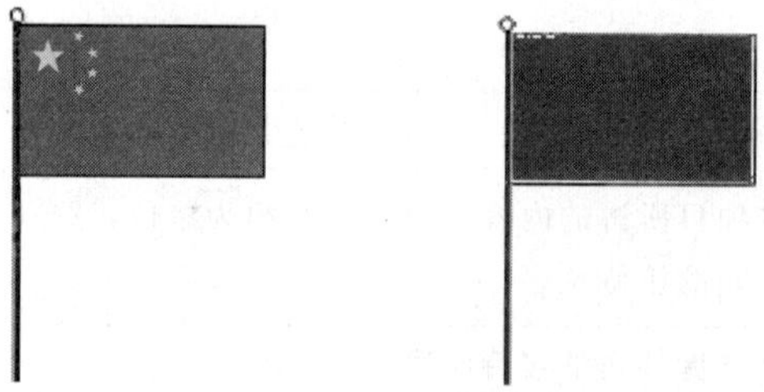

图 1-1-1　两面国旗并挂

（二）三面以上国旗并挂

多面国旗并挂，主方在最后。如属国际会议，无主客之分，则按规定的礼宾顺序排列（见图 1-1-2）。

图 1-1-2 三面以上国旗并挂

(三)交叉悬挂(见图 1-1-3)

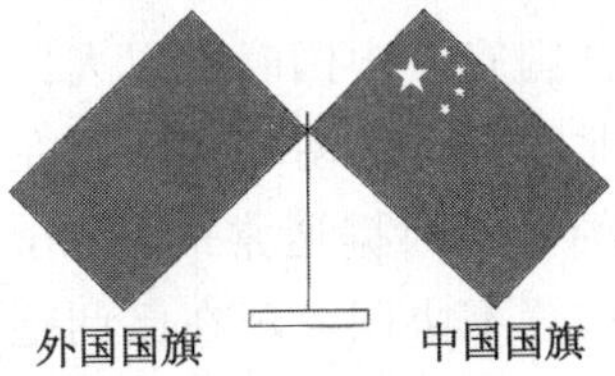

图 1-1-3 交叉悬挂

(四)交叉挂(见图 1-1-4)

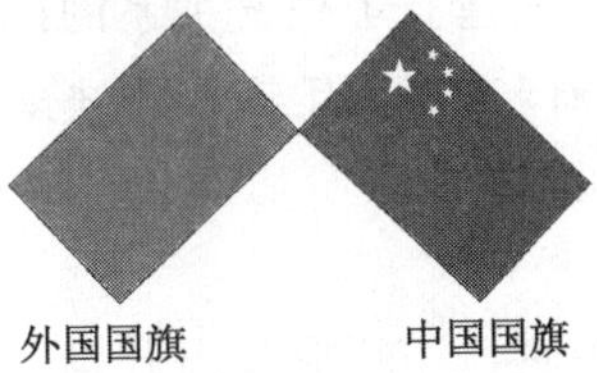

图 1-1-4 交叉挂

(五)竖挂

竖挂的国旗一种是客方为反面，主方为正面的(见图 1-1-5)。

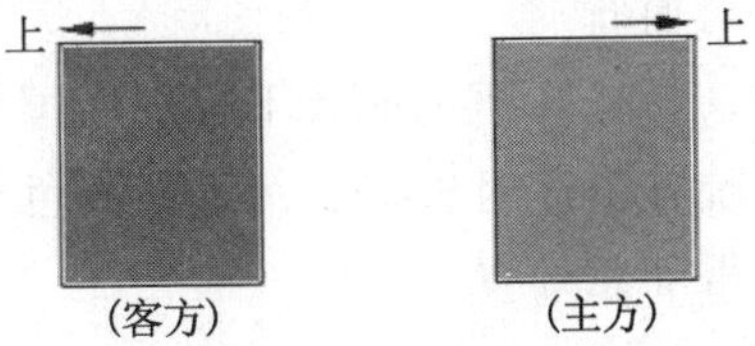

图 1-1-5 竖挂

竖挂国旗的另一种是双方均为正面(见图 1-1-6)。

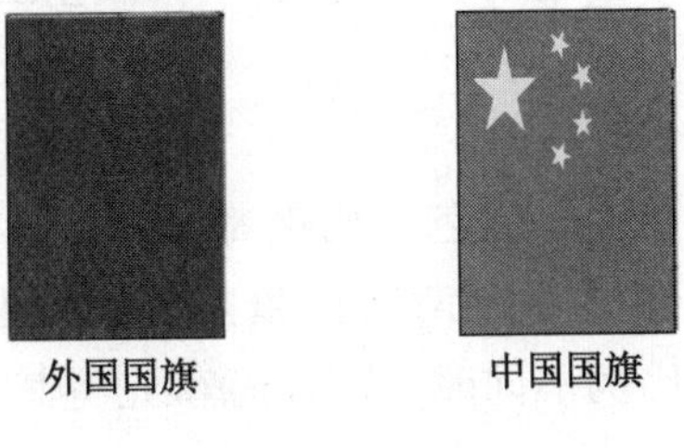

图 1-1-6 竖挂

三、悬挂国旗位次

国旗悬挂也有位次排列之分。按照国际惯例，并排悬挂的国旗应以右为上，以左为下，即客方在右，主方在左。例如，在检阅台或主席台两侧悬挂两国国旗时，坐在主席台上的人的右侧旗杆上悬挂客方的国旗，东道国的国旗悬挂在另一侧的旗杆上。所谓主客，是以举办活动的主人为依据的，而不是以举行活动的所在国为依据的。

悬挂多国国旗时，东道国的国旗要置于显著的位置，其他国家的国旗按字母次序以东道国国旗为中心，排列于左右两侧。如，在我国举办的国际会议(包括国际体育赛事)，需要悬挂参加国的国旗时，依照我国的国旗法，我国国旗应置于优先位置。

中国领导人会见客人，一般不需要悬挂国旗，但在特殊情况下，可以悬挂国旗。如，两国之间的会谈，一般都需要悬挂国旗。中国时常以人民大会堂东大厅作为会谈之所，过去常把中外两国国旗挂在东大厅北门屏风的南端，客旗在右(西侧)，主旗在左(东侧)。然而，东大厅是以其西门作为正门的，若根据通常的礼节，主方谈判人员应坐背门的一侧，即西侧。这样，就与中方国旗的位置不协调。现在已调整为：外旗在左(东侧)，中旗在右(西侧)，以便与双方会谈人员座位相协调。有时，国旗也可摆放于主谈人的右前方。

四、悬挂国旗的原则

(一)不可随意悬挂外国国旗

在一般情况下，只有同我国正式建立了外交关系的国家的国旗，才能在我国境内的室外或公共场所按规定升挂。如果有特殊原因需要升挂未建交国国旗，必须事先经过省、市、自治区人民政府外事办公室批准。

(二)日出升旗，日落降旗

如果在建筑物上或室外悬挂国旗，一般应日出升旗，日落降旗。如遇特殊情况、需悬挂国旗以示志哀时，可以先将国旗升至杆顶，然后再下降到离杆长约三分之一处。国际上，有些国家志哀时不是降半旗，而是在国旗上方悬挂黑纱表示。平时升国旗一定要升至杆顶。日落降旗时，也应先将旗升至杆顶，然后再降下。

(三)不能使用破损或污损的国旗

在国际交往中，悬挂破损、污损、褪色或者不合规格国旗，有损国家形象，也是对交往国的不尊重。在我国，国务院办公厅对破损、污损、褪色或者不合规格的国旗出台了专门的回收办法，个人或团体不得随意处置。

(四)国旗不能倒挂

国旗是不能倒挂的。而部分国家的国旗由于其文字和图案的原因，也不能竖挂和反挂。有些国家明文规定，凡竖挂国旗则需另行制作，将图案转正。在正式场合悬挂国旗时，需要把正面面对观众，即以旗套的右边为准。如果把两面国旗挂在墙上，应避免采用交叉挂法或竖挂法。

(五)国旗比例保持一致

各国国旗的图案、式样、尺寸、颜色、比例都是依照本国宪法中的有关规定制作的。然而，不同国家的国旗比例是不同的，两面国旗悬挂在一起时，一大一小会显得极不协调。因此，当并列悬挂的国旗比例不同时，应注意事先将其中一面适当地放大或缩小，以使人们在视觉上感觉对称。

【相关实训】

模拟国旗悬挂场景，分小组进行演示，以落实国旗悬挂的几种方法。

	国旗悬挂
活动内容	结合本项目内容，以学习小组为单位，分别设计几种国旗悬挂场景
活动目的	让学生掌握常见的国旗悬挂方法
活动形式	情境模拟
活动步骤	划分小组；小组讨论；演示；评价交流
物品准备	小旗子、桌椅、旗杆等

【思考讨论】

美方倒挂菲国旗忙澄清　纯属失误　请勿追究

美国总统贝拉克·奥巴马2010年9月24日在纽约与东南亚国家领导人会晤，相关照片发布在一些国家的政府网站。照片显示，与会领导人身后依照惯例挂着各国国旗。

一切似乎没什么不妥。突然，有人注意到，菲律宾总统贝尼尼奥·阿基诺三世身后的菲律宾国旗红条在上、蓝条在下，属于倒挂。而根据菲律宾法律，倒挂国旗表示国家处于战争状态。

美国驻菲律宾使馆女发言人丽贝卡·汤普森26日说，倒挂菲律宾国旗之举纯属失误。

菲律宾政府网站全文刊登美方声明。菲律宾外交部发言人埃德·马拉亚说，菲律宾政府相信这起事件乃是出于失误，希望不会阻碍美国与东盟合作。

（资料来源：http：//www.daynews.com.cn/sjdsb/Aban1324/A15/1034486.html）

问题提出：

如何避免此类事情的再次发生？

任务三　国歌演奏的礼仪

【任务分析】

教师：

1. 准备相关案例，使学生了解国歌演奏的礼仪。
2. 准备视频，播放国歌演奏实景。
3. 指导学生分组分角色练习，并进行总结。

学生：

1. 根据案例，模拟情境，分组演示演奏事件。
2. 掌握各国的国歌礼仪，特别是我国国歌礼仪的方法和原则。

【相关知识】

国歌同国旗一样，是一个国家的象征之一，一般只在正规迎送场合和仪式上演奏。当外国领导人来访时，在其欢迎仪式上，军乐队高奏两国的国歌。这时，乐队以管乐为主，服装须整齐划一。为表示对客人的尊重，通常先行演奏外国的国歌。

有的国家规定，正式场合演奏国歌时，本国公民都应跟着旋律轻声应和。有的国家还要求同时行举手礼，军人则要行军礼。在这方面，我国无明文规定，只要求在演奏国歌的时候，全场人都要起立，姿态端庄、表情严肃，任何人不可嬉笑、喧哗，不得在场内随意走动。

在运动会的颁奖仪式上，当升国旗奏国歌时，在场观众一定要起立。特别在演奏他国国歌时，观众更应起立，以示对该国的尊重。许多国家规定，除了进行现场直播的电视台摄像记者，其余记者在演奏国歌时，都应立正，而不应有任何特殊。

此外，国歌的曲调和配器都有诸多严格的规定，任何人不得随意更改，更不能以戏谑的方式在酒吧或歌舞厅等娱乐场所里演奏或演唱国歌。

【相关实训】

模拟一场国歌演奏的场景。

	国歌演奏
活动内容	结合本项目内容，以学习小组为单位，设计一场国歌演奏场景。活动分为设计组、演示组和评价组
活动目的	让学生掌握国歌演奏的礼仪
活动形式	情境模拟
活动步骤	划分小组；小组讨论；演奏国歌；评价交流
物品准备	各国国歌、音响设备、帽子等

【思考讨论】

1. 如何理解国歌演奏礼仪？

2. 阅读下面这则案例，请指出失误的原因。

“这是一次对西班牙队和西班牙全国的攻击行为，他们在开幕式上演奏的国歌，根本不是西班牙国歌!”现在的西班牙国歌应该是《皇家进行曲》，只有乐曲，没有歌词，据说是200多年前西班牙国王卡洛斯三世钦定的曲目；而《里耶戈将军之歌》则是西班牙内战前佛朗哥政府时期的一段临时“国歌”，歌词字里行间充满了改天换地的激情，还有一段将女王斩首的内容。

场上播音员立刻对刚才的事件作了道歉，并宣布将在今天后面的比赛前补奏正确版本的西班牙国歌《皇家进行曲》。比赛的管理人员在最短的时间内找到了《皇家进行曲》的乐谱，并重新演绎了一遍这首已有200多年历史的西班牙国歌，戴维斯杯决赛大幕才算正式拉开。而此时，西班牙官员已经尽数离场。

（资料来源：http：//sports. sina. com. cn/s/2003-12-01/1558113174s. shtml)

【项目相关链接】

中华人民共和国外交部关于涉外升旗和使用国旗的规定(节选)

第二条

(一)下列外国贵宾以本人所担任公职的身份单独或率领代表团来华进行正式访问时应当升挂国旗：

国家元首、副元首；

政府首脑、副首脑；

议长、副议长；

外交部长或国防部长、总司令或总参谋长；

率领政府代表团的正部长；

国家元首或政府首脑派遣的特使。

（二）接待外国国家元首（含副元首）和政府首脑时，在重大礼仪活动场所，如欢迎仪式、欢迎宴会、正式会谈、签字仪式等，升挂中国国旗和来访国国旗。

（三）接待外国政府副首脑时，在重大礼仪活动场所，如正式会谈、签字仪式等，升挂中国国旗和来访国国旗。

（四）接待本条第一款中其他外国贵宾时，在重大礼仪活动场所，如正式会谈、签字仪式等，可以悬挂中国国旗和来访国国旗。

（五）接待本条第一款中所列的外国贵宾时，可以在贵宾的住地升挂来访国国旗，在贵宾乘坐的交通工具上悬挂中国国旗和来访国国旗。

（六）外国国家元首如有特制元首旗，可按对方意愿和习惯做法，在其座车和下榻的宾馆升挂元首旗。

（资料来源：http：//www.cdpf.org.cn/gjhz/content/2007-11/21/content _ 76189 _ 2.html）

【项目测评】

姓名： 小组名称： 项目组长： 日期：

测评内容	测评标准	标准分值	测评结果（√通过、×未通过）
礼宾次序排序方法	准确说出3种常用方法	25分	
国旗悬挂方法	准确表达6种悬挂方法	25分	
国歌演奏礼仪	准确描述国歌演奏基本礼仪	25分	
综合知识	说明重要场合的注意事项	25分	
自我评价：	小组评价：	教师评价：	总评：

项目二 迎送、会见、会谈

【项目目标】

1. 掌握迎送的基本礼节。
2. 掌握会见的基本礼节。
3. 掌握会谈的基本礼节。

【引例】

中国有句老话："巡抚出朝，地动山摇。"说的是古时候巡抚出门时很威风，回避开道，黄土垫道，敲锣打鼓。

2010年4月12日，中国国家主席胡锦涛离京赴美。当地时间12日11时，胡锦涛主席乘坐的专机抵达华盛顿安德鲁斯空军基地。停机坪上，美方官员和中国驻美大使等热情迎候。11时03分，胡锦涛主席走下舷梯，同美方官员和中国驻美大使等一一握手，随后乘车离开机场，整个过程仅持续了5分钟。人们注意到，与以往不同的是，这次机场没有出现欢迎队伍和欢迎横幅。这是我国领导人出访礼宾改革的新举措。

（资料来源：http：//news.sohu.com/20100414/n271491209.shtml）

问题提出：

1. 我国礼宾改革有哪些新举措？
2. 迎送、会见、会谈要注意哪些礼节？

在接待外宾过程中，我们经常遇到一些礼仪程序和不同方式的活动，如迎送、宴请、会见、会谈等。这里重点学习与接待工作直接有关的迎送、会见、会谈礼仪。

任务一　迎送礼仪

【任务分析】

教师：

1. 准备相关案例，使学生了解迎送礼仪的重要性。
2. 演示迎送礼的主要内容。
3. 指导学生分组分角色练习，并进行总结。

学生：

1. 分组分角色扮演涉外场合中的迎送礼。
2. 理解在迎送过程中需要特别留心的事项。

【相关知识】

迎来送往是最为常见的社交礼节。三国时，张松代表西川的刘璋向曹操献西川地图，曹操怠慢张松。张松拜见曹操，等候了三日，方得通姓名，曹操认为“松有何能”，不以礼迎送张松，并乱棒打出。张松回西川路上，碰到刘备派赵云远远迎接，驿门外关羽又迎接，次日，“玄德引着伏龙凤雏亲自来接，遥见张松，早先下马等候”。送张松时又深情谊谊，极尽隆重礼节，使张松感动至极，献上西川地图，才使刘备有可能占领西川。刘备的成功在于对张松一行的重要性认识深刻，并以隆重礼节迎送，感动了对方，从而达到了自己的目的。

中国人强调，凡事应善始善终。迎接与送别，实际上就是涉外接待工作的始和终，它们在涉外工作中占有重要地位。在国际交往中，对来访的外国客人，通常视其身份、访问性质以及两国关系等因素，安排对应的迎送活动。

一、迎送

（一）确定迎送规格

一般来说，确定迎送规格，需要依据来访者的身份和访问目的，适当考虑两国关系，还要注意国际惯例，综合平衡。主迎送人通常都同来宾的身份相当，但由于国家体制不同、当事人年高不便出面、临时身体不适或不在当地等各种原因，其迎送人的身份可能不完全对等。遇到这些情况，需灵活变通，可由职位相当的人士，或由副职出面。

(二)掌握抵达和离开的时间

从迎送的时间来看，迎接人员应当在飞机(火车、船舶)抵达之前到达机场(车站、码头)；送行则应当在客人登机之前抵达(离去时若有欢送仪式，则应在仪式开始之前到达)。如客人乘坐班机离开，应通知其按航空公司规定的时间抵达机场。

(三)献花

对于重要客人，献花以示欢迎。如行程中安排有献花，花材宜用鲜花，并注意保持花束整洁、鲜艳。菊花、杜鹃花、石竹花、黄色花朵等均不适合用作献花花材。有的国家习惯送花环，或者送一两枝名贵的兰花或玫瑰花等。这个活动一般由儿童或女青年在参加迎送的主要领导人与客人握手之后，将花献上。

(四)介绍

客人与迎接人员见面时，需要互相介绍。通常做法是，先将前来欢迎的人员介绍给来宾，可由礼宾交际工作人员或其他接待人员介绍，也可由欢迎人员中身份最高者来作介绍。客人初到一个地方，行为上较拘谨，主人可以主动与客人寒暄，减少客人的拘束感。

(五)陪车

客人抵达后，从机场(车站、码头)到住地，以至访问结束，由住地到机场(车站、码头)，有的会安排主人陪同乘车，也有的不安排陪同乘车。上车时，最好让客人从右侧门上车，主人从左侧门上车，这样可以避免从客人座前穿过。如果客人已经先行上车，坐到了主人的位置上，则不必请客人挪动位置。

二、对一般客人的迎送

当迎接一般客人时，无官方正式的仪式，主要是做好各项安排工作。如果客人是熟人，则可以不必作介绍，仅向前握手，互致问候即可；如果客人是首次前来，接待人员应主动打招呼并自我介绍。当迎接的是大批客人时，可事先准备好特定的标志，如上书“欢迎光临”的牌子，也可以准备一些小旗子，这样客人从远处就容易看到，也可以使客人一目了然，便于寻找主人，并主动前来接洽。

三、迎送工作中的几项具体事务

(1)迎送身份高的客人时，应事先在机场(车站、码头)安排贵宾休息室，准备好客人常喝的饮料。到达酒店后，可播放高雅的音乐，消除客人的旅途疲劳，另外，还可准备一些最新的报纸或杂志。员工要训练有素，以便给客人留下美好而愉悦的第一印象。

(2)提前安排好汽车，预订好住房。如果条件允许，在客人到达之前可将住房和乘车号码通知客人。如果做不到，可印好住房、乘车表，在客人抵达时，及时地发放到每个人手中，或通过对方的联络秘书转达。

(3)须指派专人协助办理入出境手续及机票(车、船票)和行李提取或托运手续等相关事宜。遇重要代表团时，人数众多，行李也多，应将主要客人的行李先取出。同时，请对方派人配合，及时送往住地，方便客人随时取用。

(4)客人抵达住处后，不宜马上安排活动，应当稍作休息，给对方留下一定的更衣时间。迎候人员可先暂时离去，走前一定要告诉外宾下一步的活动计划，并征得其同意。同时，应当为外宾留下主人的电话号码，以便为其提供及时的帮助。

(5)在迎接外宾的整个过程中，迎候人员应始终面带微笑，以表示欢迎之意。切不要故作矜持，一语不发。

【相关实训】

假设你是外企的总经理，迎接一西班牙高管，模拟这一场景。分成小组，练习把外宾从机场送至酒店的过程。

	迎接高管
活动内容	结合本项目内容，以学习小组为单位，模拟迎接西班牙高管的过程。活动分3组人员：场景设计组、演示组、评价组
活动目的	让学生掌握迎接礼仪
活动形式	情境模拟
活动步骤	划分小组；小组讨论；迎接过程；评价交流
物品准备	工作装、行李箱等

【思考讨论】

1. 迎送外宾时需要注意哪些事项？

2. 除了需要注意迎送的基本流程外，迎送人员在服装上有没有要求？

任务二　会见和会谈礼仪

【任务分析】

教师：

1. 准备相关案例，使学生了解相关的会见和会谈礼仪。

2. 指导学生分组分角色练习，并进行总结。

学生：

1. 分组分角色扮演涉外场合中会见和会谈的礼仪。

2. 在了解会见主要内容的基础上，掌握会见的主要准备工作；掌握会谈的会场布置；注意会谈语言的运用和话题选择。

【相关知识】

一、会见

会见，国际上一般称为接见或拜会。身份高的人士会见身份低的，或是主人会见客人，均称为接见或召见；身份低的人士会见身份高的，或是客人会见主人，则称为拜会或拜见。拜见君主，称谒见或觐见。“接见”一词，令人感到有点不平等，似是以上见下的意思，现已较少使用。“召见”，则多用于提出交涉、抗议等场合。中国不作上述区分，一律统称为会见。会见后的回访，称为回拜。

（一）会见的内容

就其内容来说，会见有政治性的、礼节性的和事务性的，或者兼而有之。礼节性的会见一般时间短，话题广泛。政治性的会见一般涉及双边关系、国际局势等重大政治性问题。事务性的会见则有一般的外交交涉、业务商谈等。

（二）会见座位安排

会见通常安排在会客室或办公室，宾主各坐一边。国家元首会见时，有其独特的礼仪程序，如简短致辞、赠礼、合影等。在我国，习惯在会客室会见客人。客人坐在主人的右边；译员、记录员安排坐在主人和主宾的后面。其他客人则按礼宾顺序在主宾一侧就座；主方陪见人在主人一侧就座。座位不够时，可在后排加座。

（三）会见的准备工作

1. 邀请

(1)邀请的方式

外宾来访，通常是由东道国先发出邀请。被邀者在接到邀请函之后，须及时给予答复，并尽快办理有关手续。

(2)邀请的时间

有些国家对邀请外国领导人来访，作了某些规定。例如，我国规定，应邀来访的国家元首、政府首脑访华的天数一般以 5 天为限，最长不得超过 7 天。

(3)外宾接待的费用

关于接待外宾的费用，比较通行的做法是，来访者的国际旅费由来访者自己负担；来访者在抵达东道国国境后的住宿交通等，则由东道主招待。告别宴会或答谢宴会产生的全部费用，由来访者自理。

2. 接待前的准备工作

(1)确定来宾的基本情况

为了搞好接待工作，在外宾抵达之前，就应做好充分的准备。先要明确来访外宾或代表团的基本情况，例如，来访外宾的总人数，是否包括主宾和其他人员的配偶，来访人员的性别、职务、礼宾次序等情况。这些均可由对方事先提供。

(2)确定访问日程

访问日程一般由东道国首先提出。日程草案拟订好后，可先将主要内容告知对方，以便听取对方的意见，并使对方有所准备。

(3)做好行程安排

日程安排应松紧适当。如果活动安排太少，客人在宾馆里无所事事，会感到受冷遇；而活动安排太多，又会令客人感到筋疲力尽。美国前总统艾森豪威尔谈起英国女王的访美日程时说："她们一定希望有时间能休息安静一下。如果助手敢把我的日程安排得像她们的那样紧张，我就要把他解雇。"

(4)确定接待规格

接待规格的高低可从各方面表现出来，如宴会规模的大小，出席宴会的主方人员的身份；礼仪活动的隆重程度，甚至住房和交通工具的安排，也会被人视为接待规格高低的反映。在拟订接待计划和安排活动日程时，对国家领导人的接见，要给予特别的重视。

(5)确定安保工作计划

按照国际上通行的做法，国宾来访，自入境的那一刻起，其安全保卫的责任，就落在东道国的肩上。东道国政府应同来访国的政府相互配合，精心制订保护计划，包括现场控制、警察护送、近身保卫、交通安全、食物品尝以及其他一切必要的技术和预防性措施。

（四）会见注意事项

客人到达时，主人在门口迎候。可以在大楼正门迎候，也可以在会客厅门口。如果主人不到大楼门口迎候，则应由工作人员在大楼门口迎接，引入会客厅。会见结束时，主人应送至车前或门口握别，目送客人离去后再回室内。

礼节性的会见，一般不会逗留过久，半小时左右就可告辞，除非主人特意挽留。日常交往中，客人来访，相隔一段时间后，应予以回访。如果客人为祝贺节日或生日等来访，则可不必回访，而选择在对方的节日、生日时前往拜望，表示祝贺。

二、会谈

会谈是指双方或多方就重大的政治、经济、军事、文化等问题，以及其他共同关心的问题交换意见。会谈也指洽谈公务，或就具体的业务进行谈判。会谈，相对来说内容较为正式，政治性或专业性比较强。

(一)会谈座位的安排

会谈双方人员面对面而坐。主方背门，客方面门。主谈人居中，陪同人员按礼宾顺序分别在各自主谈人的两侧入座，右高左低。为了便于交谈，我方一般会安排译员坐在我方主谈人的右侧，外方的译员坐在其主谈人的左侧，以使两译员面对面。这样，主方二号人物只能在主谈人左侧，三号人物则在译员的右侧。如果会谈长桌一端朝向正门，则以入门方向为准，右为客方，左为主方。三方以上的多边会谈，多采用三边、多边或圆形桌面。各方座位安排，一般按照各方名称的字母顺序排列。而小范围的会谈，也可不用长桌，只设沙发，双方座位按会见座位安排。

(二)会场布置

会谈桌一般用鲜花加以装饰。每人面前摆放着座位卡、扩音设备、纸、铅笔、饮料、出席会谈人员名单及座位图。双方会谈人员身后安排记录桌，以供现场记录人员和新闻记者等人员就座。座位卡应是双面，分别印成中文和外文。中方人员，中文只印其名字及职务；外文则称先生或女士。中方部级及以上高官外文姓名前，还需加尊称阁下。外宾外文只印姓名和尊称，不印职务，如：H. E. MR. ×××。但中文仍需要注明其部门和职务，姓名加尊称，如：×××先生或阁下等。若字数太多可缩写。

(三)会谈语言

在涉外交往中，与外商谈话时表情要自然，语言亲切和气，表达流畅得体。谈话时可适当地加些手势，但动作不宜过大。切忌手舞足蹈或用手指点人。谈话时的距离适中，太远或太近均不适合，更不要拖拖拉拉、拍拍打打。

谈话中要使用礼貌语言，如："您好"，"请"，"对不起、打扰了"，"再见"等。见面时一般先问好，如："身体好吗？""最近如何？""一切顺利吗？"对新结识的人，常问："你是第一次到中国(或本地)吗？""来中国多久了？""你喜欢我们的城市吗？"

(四)会谈话题的选择

在国际交往中，话题的选择是极其重要的。在选择话题时，须注意把握以下 3 条大的原则。

1. 要选择外宾喜闻乐道的话题

无论是哪一个国家、哪一个民族的人，都会对体育比赛、电视电影、文艺演出、风景名胜、旅游度假、烹饪小吃等话题感兴趣。如果条件许可，可事先研究一下交往对象的兴趣爱好，这样比较容易获取谈话的话题。

2. 不要选择迎合他人的话题

在涉外交往中，不能对少数外国人的无理取闹而曲意逢迎、百般讨好。面对重大的国内外事件，要事先统一好口径，对于非原则性问题可以各抒己见。既不可要求外宾评论我国的内部事务，也不可对他人出于恶意的攻击诽谤听之任之。如果以暴露国家或企业的秘密来吸引外宾的谈话兴趣，是不合情理的。

3. 要回避外宾忌讳的话题

同外宾交往时，要注意其对某些话的忌讳，如：过分地关心或劝戒；个人的私生活；令人不愉快的事物；随意地评论别人。不要谈论自己不怎么熟悉的话题，要明白"闻道有先后，术业有专攻"。在涉外活动中，必须坚持"知之为知之，不知为不知"，不能不懂装懂。如果外宾主动谈起我们不熟悉的话题，应当洗耳恭听，必要时可如实相告，并虚心请教。

三、采访与招待礼仪

会见、会谈，如允许记者采访，也只是会谈前的几分钟。进入实质性谈话时，媒体和其他无关人员均须退出。谈话过程中，除了服务人员外，其他人员一律不得随意进出。

会见、会谈时，一般只备茶水，夏天加冷饮。如会谈时间较长，则可视情况添加咖啡和点心。主人、主宾之间的茶几上可摆放鲜花。

如有合影安排，最好是在宾主握手之后，入座之前。合影时，主人居中，其右手边、左手边分别为主宾、客方的第二号人物，主客双方人员应间隔排列。第一排人员既要考虑人员的身份，也要考虑场地的大小，即能否都摄入镜头。一般情况下，两端均由主方人员把边。

【相关实训】

根据金正昆教授讲授的国际交往中的"八不问"(年龄不问、收入不问、婚姻不问、工作不问、住址不问、经历不问、信仰不问、健康不问)，设置八个不同的场景，分别体验不同的效果。

	"八不问"
活动内容	结合"八不问"内容，以学习小组为单位，分八组设计场景进行演示
活动目的	让学生掌握涉外礼仪中的会谈礼仪
活动形式	情境模拟
活动步骤	划分小组；小组讨论；演示；评价交流
物品准备	桌椅、服装及相关道具

【思考讨论】

1. 如何选择会谈话题？

2. 在一次接待重要外宾时，你发现局长的讲话与你先前的讲话精神不仅不一致，而且在某一关键的地方还出了错误，你怎么办？

【项目相关链接】

涉外礼仪案例

与客人见面时，除了要注意相应的流程外，还需要注意一些相关的待人礼仪。下面的例子可以很好地说明这个要求。

1. 方经理去波兰进行商务考察前，特意对当地的风俗做了一番研究。他知道见到女士要行吻手礼。到了波兰，方经理一见到彬彬有礼的女士就主动把对方的手拉过来，狠狠亲上三口，吓得女士们芳心大乱。

分析：波兰盛行吻手礼，但吻手礼一般要在女士先伸手而且手作下垂式时，对方才可将该女士的手轻轻放置手中吻之，嘴也不可过于接近女士的手。

2. 郑伟是一家大型国有企业的总经理。有一次，他获悉有一家著名的德国企业的董事长正在本市进行访问，并有寻求合作伙伴的意向。于是他想尽办法，请有关部门为双方牵线搭桥。让郑总经理欣喜若狂的是，对方也有兴趣同他的企业进行合作，而且希望尽快与他见面。到了双方会面的那一天，郑总经理对自己的形象刻意地做了一番修饰。他根据自己对时尚的理解，上穿夹克衫，下穿牛仔裤，头戴棒球帽，足蹬旅游鞋。

分析：根据惯例，在涉外交往中，每个人都必须时时刻刻注意维护自己的形象，特别是要注意在正式场合自己留给初次见面外国友人的第一印象。郑总经理与德方同行的第一次见面属国际交往中的正式场合，应穿西服或传统中山服，以示对德方的尊敬，但他没有这样做。正如他的德方同行所认为的：此人着装随意，个人形象不合常规，给人的感觉是过于前卫，尚欠沉稳，与之合作之事当再作他议。

【项目测评】

姓名：　　　　小组名称：　　　　项目组长：　　　　日期：

测评内容	测评标准	标准分值	测评结果（√通过、×未通过）
迎送外宾的流程	准确说出5大流程	25分	
会见的准备工作	准确表达会见的主要工作	25分	
会谈语言	举出常用的会谈语言	15分	
会谈话题选择	明确会谈话题的选择方法	15分	
综合知识	说明重要场合的注意事项	20分	
自我评价：	小组评价：	教师评价：	总评：

项目三　签字、开幕、庆典的礼节

【项目目标】

1. 掌握签字仪式的礼节。
2. 熟悉开幕仪式的礼节。
3. 熟悉庆典仪式的礼节。

【引例】

开幕式(Opening Ceremony)历来都是奥运会的重头戏。

开幕式主要有以下仪式：

奥运会组委会主席宣布开幕式开始。国际奥委会主席和奥运会组委会主席在运动场入口迎接东道国国家元首，并引导他到专席就座。各代表团按主办国语言的字母顺序列队入场，但希腊和东道国代表团例外，希腊代表团最先入场，东道国最后。

奥运会组委会主席讲话，国际奥委会主席讲话。东道国国家元首宣布奥运会开幕。奏《奥林匹克圣歌》，同时奥林匹克旗以水平展开形式进入运动会场，并从赛场的旗杆上升起。

奥林匹克火炬接力跑，进入运动场，最后一名接力运动员沿跑道绕场一周后，点燃奥林匹克圣火，然后放飞和平鸽。各代表团的旗子绕讲台形成半圆形，主办国的一名运动员登上讲台，宣读誓言。

紧接着，主办国的一名裁判员登上讲台，以同样的方式宣读誓言。

奏或唱主办国的国歌，各代表团退场。这些仪式结束以后，是团体操或其他文艺表演。

（资料来源：http：//baike. baidu. com/view/1614298. htm）

问题提出：

1. 除了开幕式外，常见的仪式还有哪些？

2. 常见的仪式有哪些流程？

在现实生活里，可能接触到的仪式很多，诸如签字仪式、开幕仪式、庆典仪式、剪彩仪式等。每种仪式均有相应的礼节，须加以注意。

任务一　签字礼节

【任务分析】

教师：

1. 准备相关案例，使学生理解签字的礼节。

2. 演示签字活动的程序。

3. 指导学生分组分角色练习，并进行总结。

学生：

1. 分组模拟涉外场合中的签字仪式。

2. 通过对签字仪式的 3 类主要场合、签字仪式的主要准备工作、签字仪式流程的了解，使学生掌握常用的签字礼节。

【相关知识】

在国际交往中，有关国家的政府、组织或企业、单位之间经过谈判，就政治、经济、科技、文化等领域内的某些重大问题达成协议时，一般需举行签字仪式。因此，签字是一种十分常见的活动。签字礼节也是一种非常实用的礼仪方式。

一、签字的场合

签字的场合比较正式，多发生在国家与国家之间、单位与单位之间等。业务部门之间签订的协议，多不举行签字仪式。一般来说，签字仪式主要发生在以下 3 类场合。

（一）缔结条约

从礼仪的角度来考虑，国家与国家之间通过谈判，就政治、军事、科技、经济等某一领域而相互达成了协议，缔结条约或公约，可举行签字仪式。

（二）发表公报

当一国领导人访问他国时，经双方领导人商定后达成共识，发表联合公报，有时也会举行签字仪式。

（三）合作协议

在国际交往中，各地区机构或单位通过会谈或谈判，最终达成有关合作项目的协议、合同书、备忘录等，通常也举行签字仪式。

二、签字仪式

签字仪式虽然一般时间不长，但由于它涉及各方面关系，同时往往是谈判成功的一个标志，是具有“里程碑”意义的大事，应予以充分准备，做到万无一失。

（一）签字仪式的准备

1. 准备待签文本

会谈或谈判结束后，双方应指定专人按谈判达成的协议做好待签文本的定稿、翻译、校对、印刷、装订和盖印等相关工作。一旦签字，文本就具有了法律效力。因此，准备文本时，需谨慎、严肃、认真。

2. 布置签字场地

签字场地有常设的、专用的，也有临时以会议厅或会客室来代替的。总的来说，布置签字场地的原则是，一定要庄重、整洁和清静。

一间标准的签字间，地面铺满地毯，没有签字用桌椅外的陈设。正规签字的桌应当为长桌，其上最好铺设深绿色的台面。

按照仪式礼仪的规范，签字桌应当横放。签字桌后可摆放适量的座椅，面对正门主左客右。签署双边性合同时，可放置两张座椅，供签字人就座。签署多边性合同时，可仅放一张座椅，供各方签字人签字时轮流就座。也可为每位签字人各提供一张座椅。

在签字仪式开始前，应事先在签字桌上安放好待签文本，以及签字笔、吸墨器等签字时所用的文具。

与外商签署涉外商务合同时，须在签字桌上插放各方的国旗。签署双边性文本时，有关各方的国旗须插放在该方签字人座椅的正前方。签署多边性合同、协议等时，各方的国旗依一定的礼宾顺序插放在各方签字人的身后。

3. 安排签字人员

参加签字的有关各方事先要安排一名熟悉签字仪式程序的助签人，提前商定好签字的有关细节。其他出席签字仪式的陪同人员，基本上是双方参加谈判的全体人员。为了表示重视，双方也可邀请更高一层的领导人来出席签字仪式。

（二）签字仪式的程序

1. 签字仪式开始

有关各方人员进入签字厅，在既定的位次上坐好。签字者按照主居左、客居右的位置入座。对方其他陪同人员分主客两方按各自职位、身份高低为序，自左向右（客方）或自右向左（主方）排列站于各签字人之后，或坐在己方签字者的对面。双方的助签人分别站立于各方签字人的外侧，其任务是翻译待签文本，向签字人指明签字处。

2. 签字人签署文本

通常的做法是，签字人签署文本时先签署己方保存的合同文本，再签署他方保存的合同文本。在礼仪上，这一做法称为“轮换制”。这种做法使各方有机会轮流居于一次首位，以显示机会均等，各方平等。

3. 交换合同文本

这个过程主要是双方签字人交换各方正式签署的文本。交换后，各方签字人热烈握手，互祝贺词，相互交换各自签字时使用过的签字笔，以资纪念。此时，全场人员热烈鼓掌，共同祝贺。

4. 共同举杯庆贺

已签订的合同文本交换完成后，礼宾小姐用托盘端上香槟，签字人及其他相关人员当场共同喝杯香槟酒。这种方法是增添喜庆色彩的做法，在国际上是通用的。

5. 有秩序退场

请双方最高领导者及客方先退场，然后东道主才可退场。整个签字仪式不宜安排过长，以半小时为宜。

【相关实训】

设计中国国际旅行社与美国某旅行社的签字仪式，通过多位同学的配合，完整演示出来。

	合作签字仪式
活动内容	结合本项目内容，以学习小组为单位，设计一场签字仪式。活动分 3 组人员：设计组、工作组、演示组。3 组须密切配合
活动目的	让学生掌握签字仪式中的礼节
活动形式	情境模拟
活动步骤	划分小组；小组讨论；演示；评价交流
物品准备	桌椅、正装、小旗子、文件等

【思考讨论】

1. 签字仪式开始前，需要准备些什么？
2. 签字仪式的流程可以调换吗？为什么？

任务二　开幕礼仪

【任务分析】

教师：

1. 准备相关案例，使学生掌握开幕礼仪的注意事项。
2. 播放奥运会、亚运会等开幕式实况，让学生直观地了解开幕式知识。
3. 指导学生分组分角色练习，并进行总结。

学生：

1. 在了解涉外开幕式场景布置的基础上，学习开幕式的主要流程，并掌握开幕式礼仪的注意事项。
2. 分组分角色模拟开幕式场景。

【相关知识】

一、涉外开幕式的布置

涉外开幕式通常由经办一方的负责人员主持。如主办方为东道国，则由东道国方面来主持，邀请有关国家的代表团、使节团参加；还可由参展团主持，邀请东道国的有关官员出席。开幕式除双方有关人员参加外，还可酌情邀请各国驻当地的使节、外国记者等参加。

对于重大的展览会开幕式，由于有东道国的国家领导人出席，仪式一般较为隆重。而小型展览的开幕式，则相对简单。在隆重的开幕式上，会场须悬挂两国国旗，有的同时奏国歌。接着，双方致辞。致辞时主办展览一方先讲，另一方后讲。

二、开幕式礼仪注意事项

(一)开幕式的准备事项

1. 举办活动应尽早筹划与确定

邀请境外人士前来参加活动，至少在半年前就发出邀请，并寄送相关说明资料。

2. 分工明确

由多个机构共同举办的活动时，要事先明确各自的职责分工，避免出现多头指挥、多头对外，让嘉宾无所适从的情况。

3. 确定开幕时间

确定开幕时间须充分考虑当地的交通、气候及工作习惯等因素。开幕式尽量按原定的时间举行，避免时间过长。

(二)开幕式语言

1. 身份的说明

除请礼仪小姐担任主持人之外，开幕式主持人应以适当方式来说明自己的身份。

2. 领导人名的宣布

在开幕式上宣布出席活动的领导人不宜过多。在介绍“出席××活动的领导、贵宾”中，不包括主办单位的领导人，而是指外宾或外单位的领导人。一般情况下，各主办单位领导人应排在宾客后面介绍，而主办单位的领导是国家领导人的则应先报；因外国驻华大使是外国元首的代表，活动中如有他们参加的，其位置则相应提前。

3. 言简意赅的现场语言

在开场的称呼中，可按国际惯例称为“女士们、先生们”，或“贵宾们、女士们、先生们”，后面不再加“朋友们、同志们”。讲话中，“欢迎”、“感谢”之类的句子要尽量地归纳，以减少鼓掌的时间。当需要现场翻译时，中文讲完时中方人士不宜立即鼓掌，而应在翻译完后，中外双方共同鼓掌，以示对外宾的尊重。

考虑到翻译上的困难，讲话中尽量避免使用“三改一加强”、“扫黄打非”等常用的缩略语或惯用语、引用古诗或谚语。

在对外讲话、整理的文件和资料中，宜用“我国”、“中国政府”等。

介绍地方或企业情况时，应重点突出，语言简练。切忌由古至今长篇大论，人文地理面面俱到；也忌数字的堆砌。如有必要，可提供文字资料。

4. 需要提醒的现场纪律

在重要活动中，要适时提醒出席者关掉手机，或将其调至静音状态。

【相关实训】

预演一场××旅游节开幕式。

	××旅游节开幕式
活动内容	结合本项目内容，以学习小组为单位，预演一场旅游节开幕式。活动设计人员：导演、主持人、工作人员和嘉宾
活动目的	让学生掌握开幕式礼仪的注意事项
活动形式	情境模拟
活动步骤	划分小组；小组讨论；情境模拟；评价交流
物品准备	正装、音响设备、稿件等

【思考讨论】

1. 如何布置开幕仪式现场？

2. 开幕式用语需要特别注意什么？

任务三 庆典礼节

【任务分析】

教师：

1. 准备相关案例，使学生掌握庆典活动的相关礼节。

2. 播放有关的庆典视频，促进学生对知识的理解和掌握。

3. 指导学生分组分角色练习，并进行总结。

学生：

1. 分组模拟涉外场合中庆典活动流程的情境。

2. 通过对庆典活动种类的了解，掌握庆典活动策划的主要环节，并密切注意相关事项，避免工作上的失误。

【相关知识】

庆典活动是某个组织或机构围绕着重大事件或重大节日而举行的庆祝活动仪式。其目的是为了激发某种感情、鼓舞斗志、宣传教育、扩大知名度和影响力或树立良好的公众形象。

一、庆典的种类

庆典活动的种类很多。常见的有以下几种。

(一)节庆典礼

节庆典礼是指围绕重大节日和纪念日而举行的庆祝活动。重大节日指的是公共节日，如国庆、元旦、春节、建军节、“三八”妇女节、青年节、圣诞节等；纪念日指的是企业成立周年纪念日。这类庆典活动是定时举行的，通常结合当时的中心任务而举办。

(二)庆功典礼

庆功典礼是指根据单位或成员获得某项荣誉、取得某些重大成就、业绩、进展而举行的庆祝活动。如，某市荣获“全国卫生城市称号”、某轿车厂的“第 100 万辆轿车下线”、某企业荣获“建设部评定装饰施工一级和设计甲级企业”、某电视机厂“超大屏幕彩色电视机开发研制成功”等。

（三）开业典礼

开业典礼是指单位或机构成立、企业开始正式营业时隆重举行的庆祝仪式。这类典礼的目的主要是为了扩大宣传，树立组织机构的公共形象。

（四）奠基典礼

奠基典礼是指重大的工程项目如楼宇、道路、桥梁、码头、车站、河道、水库、电站等建设项目正式开工时，举行破土动工的仪式。这类庆典起着庆祝和纪念的作用。

（五）竣工典礼

竣工典礼是指某工程项目完工时举行的庆贺仪式。包括建筑物的落成、安装完工、重大产品成功生产等。这类典礼一般在竣工现场举行。

（六）通车典礼

通车典礼是指重大交通建筑如公路、铁路、桥梁、隧道、地铁等，在正式交付使用前举行的庆祝活动。

（七）通航典礼

通航典礼又称首航仪式，是指飞机、轮船正式开通一条新航线时举行的庆祝活动。

二、组织策划庆典活动

庆典活动要取得成功并收到预期效果，必须对庆典活动进行周密的策划和认真的组织。需重视以下环节。

（一）制订庆典活动方案

每一个庆典活动，都必须制订一个活动方案，说明典礼的名称、规格规模、时间地点、邀请范围、典礼形式、基本程序、筹备工作、经费安排、主持人等。

（二）确定参加活动的对象

庆典活动要邀请有关领导、知名人士、新闻记者、行业及社区公众代表参加。一般来说，应邀人员会是各界代表、与活动主题相关的有关人士。

（三）安排庆典活动程序

庆典程序一般包括：重要来宾留言或题字；主持人宣布庆典活动开始；奏国歌或奏乐，并介绍重要来宾；领导人致辞和来宾代表讲话；剪彩或其他参观活动等。有的还可以安排座谈、文艺节目、宴请等活动。

（四）现场布置和物质准备

庆典现场的布置，要根据庆典内容确定。一般包括：音响、音像设备，会场、舞台或现场的横幅、彩旗、标语、气球、鲜花等设置。如果有需要剪彩的，还要准备缎带、手套、剪刀和托盘。

（五）安排接待工作

庆典活动要有专门的礼宾接待人员。重要来宾的接待，要由对应等级的负责人亲自完成。要安排专门的接待室，以便正式仪式开始前让来宾休息和交谈。此外，还要有专人负责引导入场、签到、留言、剪彩等工作。

（六）后勤保障和安全保卫工作

成功的庆典活动有极为到位的后勤保障工作，主要包括：茶水供应、纪念品发放、现场秩序维护和安全保卫工作。

三、组织庆典应注意的问题

庆典活动的策划组织，要注意适时、适度、隆重和节俭。

（一）适时

庆典活动应适时举行。选择一个好时机，可以为典礼增色，也能增强活动的效果。节日、纪念日这些典礼的时间是固定的，一般只能提前，不能推后。有些庆典要注意相关领导能否出席、气候及前后节庆情况等因素。

（二）适度

庆典活动是一种礼仪性的活动，一定要有精品意识，典礼过多或过滥，均会影响到庆典活动的质量和效果。此外，典礼的规模和形式要与单位和项目的情况大体相符。

（三）隆重

隆重的庆典既可以鼓舞人心，又可以扩大社会影响。在现场布置、程序安排、形式选择等环节上要多下工夫，努力营造隆重热烈的气氛。同时，还要力求创新，突破一般化的庆典活动，给人留下深刻印象，取得良好的效果。

（四）节俭

庆典活动既要办得隆重热烈，又要追求简朴务实。从规模和规格上需严格控制，邀请人员的级别、数目要适当，切不可一味地追求“高、大、全”。

【相关实训】

设计某涉外酒店庆祝成立十周年庆典活动，并展示出来。

	××酒店十周年庆典
活动内容	结合本项目内容，以学习小组为单位，设计一场十周年庆典活动。设置3个小组：一组为设计人员，一组为演示人员，一组为评委人员
活动目的	让学生掌握庆典的流程及礼仪
活动形式	情境模拟

续表

	××酒店十周年庆典
活动步骤	划分小组；小组讨论；演示；评论
物品准备	稿纸、音响设备、正装、条幅等

【思考讨论】

1. 庆典有哪些类型？

2. 组织庆典要注意哪些问题？

【项目相关链接】

剪彩仪式的由来

1912年，美国的圣安东尼州的华狄密镇上有一家大百货公司将要开张。老板威尔斯严格地按照当地的风俗办事，在早早开着的店门前横系着一条布带，万事俱备，只等开张。这时，老板威尔斯十岁的女儿牵着一只哈巴狗从店里匆匆跑出来，无意中碰断了这条布带。这时在门外等候的顾客及行人以为正式开张营业了，蜂拥而入，争先恐后地购买货物，真是生意兴隆。不久，当老板的一个分公司又要开张时，想起第一次开张时的盛况，又如法炮制。这次是有意让小女把布带碰断。果然财运又不错。于是，人们认为，让女孩碰断布带的做法是一个极好的兆头，因而争相效法，广为推行。此后，凡是新开张的商店都要邀请年轻的姑娘来撕断布带。

后来，人们又用彩带取代色彩单调的布带，并用剪刀剪代替用手撕，有的讲究用金剪子。这样一来，人们就给这种正式做法取了个名——“剪彩”。剪彩的人也逐步被一些德高望重的社会名流甚至是国家元首代替。

（资料来源：http：//hi. baidu. com/shibuditou/blog/item/e14054fbdf98de66034f56a2. html）

【项目测评】

姓名： 小组名称： 项目组长： 日期：

测评内容	测评标准	标准分值	测评结果（√通过、×未通过）
签字仪式的场合	准确说出3个主要场合	15分	
签字仪式准备工作	准确表达签字仪式的相关准备工作	20分	
开幕式注意事项	准确描述开幕式的基本礼仪	20分	
组织庆典注意的问题	准确描述庆典礼仪的注意事项	20分	
综合知识	说明仪式礼仪的核心	25分	
自我评价：	小组评价：	教师评价：	总评：

模块小结

本模块主要是从培养学生知识能力、方法能力和社会能力的角度，阐述在涉外礼仪活动中常见的位次、迎送、会见、会谈、签字、开幕、庆典等仪式需要注意的礼仪礼节。

礼宾次序可按身份与职务高低、按字母顺序、按就职时间先后等进行排序。常见的国旗悬挂方法有并挂、交叉挂、竖挂等。

迎送外宾时需要确定迎送规格、掌握抵达和离开的时间，并掌握献花、介绍和陪车的礼仪。会见前，先要邀请客人、确定来宾的基本情况、确定访问日程、做好行程安排、确定接待规格、确定安保工作计划。会谈中，要使用礼貌语言，宜选择外宾感兴趣的话题，回避外宾忌讳的话题。

签字仪式主要发生在缔结条约、发表公报、合作协议等场合。仪式开始前需要准备待签文本、布置签字场地、安排签字人员，其程序规范、庄重而热烈。开幕式活动应尽早筹划与确定，明确分工，并确定开幕时间。庆典主要有节庆典礼、庆功典礼、开业典礼、奠基典礼、竣工典礼、通车典礼、通航典礼等。庆典活动应适时、适度、隆重，且注意节俭。

综合实训操练

A酒店王董事长某年10月20日在酒店大会议厅主持仪式，欢迎法国某跨国酒店集团总裁来中国商谈事宜。欢迎仪式后，王董事长与John总裁举行了会谈，就双方共同关心的酒店合作事宜深入交换意见。会谈后，双方签订一份合作协议。

实训要点：

1. 如何布置欢迎、会谈、签字会场？
2. 落实欢迎仪式、会谈和签字仪式的流程。
3. 在这些仪式中，需要注意哪些问题？

模块二

礼仪与禁忌

礼仪名言引入

人无礼则不生，事无礼则不成，家无礼则不兴，国无礼则不宁。

——荀子

学习目标

1. 了解我国主要客源国的习俗。
2. 掌握主要客源国的主要禁忌。
3. 掌握我国主要少数民族的礼仪和禁忌。

模块内容结构

本模块讲的是我国主要客源国、少数民族的礼仪和禁忌，主要从两个方面来论述。本模块的内容结构如下。

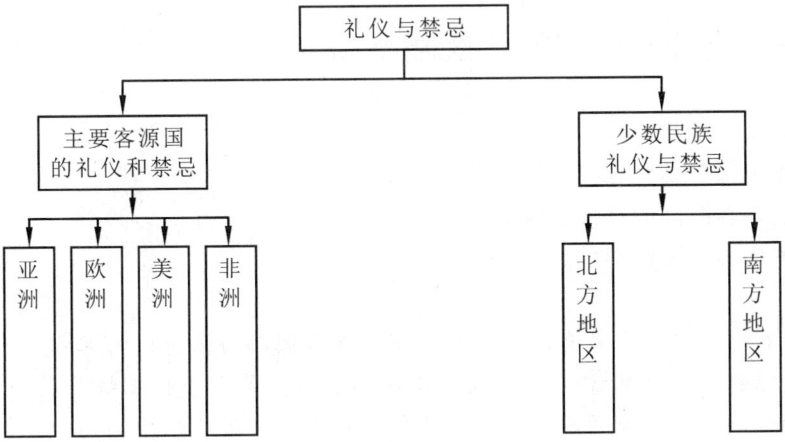
礼仪与禁忌
主要客源国的礼仪和禁忌
少数民族礼仪与禁忌
亚洲
欧洲
美洲
非洲
北方地区
南方地区

项目一 主要客源国的礼仪和禁忌

【项目目标】

1. 了解我国都有哪些客源国。
2. 掌握主要客源国的日常礼仪。
3. 理解主要客源国的禁忌。

【引例】

某国际旅行社接待一个来自法国的旅游团，在接团时为旅游团的客人每人准备了一份礼物。礼物是旅行社专门从杭州订制的名牌丝质手帕。每个手帕上绣着精美的花草图案，而且都是单独装在一个特制的小纸盒内，看起来十分美观大方。中国的丝织品一直都是游客的必买商品之一，预想应该会受到顾客的欢迎。

旅行社的工作人员带着礼物在机场迎接客人。当把礼物赠送给客人时，却发现客人很不高兴。原来，在客人看来，丝帕上的菊花是很不吉利的，是不能用来当礼物的，认为是旅行社有意为之的。

问题提出：

1. 有哪些国家认为菊花是不吉利的?
2. 不同国家对花草的禁忌有哪些?

任务一 亚洲地区国家的礼仪和禁忌

【任务分析】

教师：

1. 准备一些有关亚洲地区国家礼仪和禁忌的案例。
2. 将不同国家的礼仪进行比较分析。
3. 指导学生分组分角色练习不同国家的见面和社交礼仪，并进行总结。

学生：

1. 查询资料，了解亚洲地区有哪些国家。
2. 通过比较，掌握亚洲地区主要客源国的礼仪。
3. 分析文化背景，理解亚洲地区主要客源国的禁忌。
4. 分组模拟不同国家的见面和社交礼仪。

【相关知识】

亚洲，是七大洲中面积最大、跨纬度最广、东西距离最长、人口最多的一个洲。其覆盖地球总面积的8.6%，陆地总面积的29.4%。人口总数约为40亿，占世界总人口的60%。我国位于亚洲地区的客源国主要有日本、韩国、泰国、印度等国家。

一、日本礼仪和禁忌

日本是我国国际旅游的重要客源国。无论是旅游消费总额还是旅游来华人数，在来华旅游的外国人中，日本人一直名列前茅。日本主要的礼仪和禁忌有以下几点。

(一)见面礼节

日本人非常注重礼节，特别是对上级和长辈都要用敬语。在与他人见面时通常是以鞠躬礼作为见面的行礼方式。人际交往中，初次见面通常要交换名片。

（二）饮食习惯

日本饮食俗称日本料理，口味比较清淡，做工比较精致。日本饮食以大米为主食，多用海鲜、蔬菜，讲究清淡和味鲜，忌讳油腻。日本人不吃肥猪肉和猪的内脏，也有一些人不吃羊肉和鸭肉。就餐时，日本人用筷子有“忌八筷”之说，即忌添筷、忌迷筷、忌移筷、忌扭筷、忌插筷、忌掏筷、忌跨筷、忌别筷。

（三）礼仪禁忌

菊花是日本皇族的标志，一般不能用来送礼；荷花在日本仅用于丧礼活动。

日本人喜欢猕猴和绿雉，是日本的国宝和国鸟；喜欢鹤和乌龟。不喜欢金色和金银眼的猫，也不喜欢狐狸和獾。

日本人忌“4”“8”数字，商人也忌讳2月和8月。送日本人婚礼礼金时，避免偶数，他们认为偶数容易导致夫妻分裂。

二、泰国礼仪和禁忌

泰国的正式名称是泰王国，以佛教为国教，是佛教国家。官方语言是泰语，英语为通用语。印度主要的礼仪和禁忌有以下几点。

（一）社交礼节

泰国人注重礼仪，对长辈非常尊重，敬语用得比较多。泰国人行的见面礼是合十礼，一般不与人握手，特别是异性之间。合十礼有四种规格，双手举得越高，越表示对对方的尊重。

在泰国人的生活中，佛教地位至高无上。拜见高僧时，要行跪拜礼。无论是上层人士还是平民百姓，遇见僧人必须行礼，僧人都概不答礼，即使对国王也不例外。泰国人的服饰喜欢用鲜艳的颜色，用不同色彩表示不同日期。例如，黄色代表星期一，粉红色代表星期二，绿色代表星期三，橙色代表星期四，淡蓝色代表星期五，紫色代表星期六，红色代表星期日。泰国的传统服饰如图2-1-1所示。

图2-1-1　泰国传统服饰

（二）饮食习惯

在口味上，泰国人喜欢辛辣、鲜嫩的食物。以稻米为主食；鱼和青菜为副食。不喜欢过咸或过甜的食物，也不吃红烧的菜肴。饭后习惯吃一些水果，喜欢榴莲，但一般不吃香蕉。泰国是用右手抓取食物，绝不能以左手取食。

（三）礼仪禁忌

头部在泰国被认为是智慧之所在，是神圣不可侵犯的，是不能随便触摸的，即使是小孩的头，也不能被随便触摸。泰国人认为，身体的下部接触佛像是对佛像的亵渎。晴天路遇和尚时，如果从和尚面前经过，必须绕开和尚的身影。泰国人认为脚部是卑贱的，绝对不能把脚掌冲向佛。

三、印度礼仪和禁忌

印度，是印度共和国的简称，是南亚次大陆最大的国家，是最悠久的文明古国之一，具有绚丽多样、极为丰富的文化遗产和旅游资源。印度主要的礼仪和禁忌有以下几点。

(一)社交礼节

见面时，双方都要在胸前双手合十致意。在社交场合，男子相见或分别，有时会握手，有时行合十礼，但异性之间不能相碰。印度人是用摇头表示赞同，用点头表示不同意。印度传统服饰礼仪如图 2-1-2 所示。

图 2-1-2 印度传统嫁衣

(二)饮食习惯

印度人的主食有大米及面食，烹调方式有炒、煮、烩 3 种，喜欢加入各种香料，尤其是辛辣类香料。印度食素者特别多，而且社会地位越高的人越忌荤食。根据教规，牛在印度是神圣的动物，印度教教徒和锡克教教徒不吃牛肉，伊斯兰教徒不吃猪肉，耆那教徒则既忌杀生，又忌肉食。

(三)礼仪禁忌

印度人大多信奉印度教。他们习惯用百合花当做悼念品，所以忌讳白色。他们忌讳弯月的图案，把 1、3、7、13 视为不吉利的数字。他们忌讳左手传递东西或食物。伊斯兰教徒禁食猪肉，也忌讳使用猪制品。在市场上陈列的花环，禁止人们用鼻子嗅或用手摸，有上述行为将受到人们的厌恶。

【相关实训】

实训 1

	课堂讨论
活动内容	现在韩剧很流行。请喜欢韩剧的同学说说，从韩剧中可以看出韩国有哪些礼仪和禁忌？对韩国的了解还有哪些？
活动目的	了解韩国的礼仪
活动形式	课堂讨论，课堂发言
活动步骤	上台讲解课堂讨论的内容

实训 2

	资料查询
活动内容	学生分组查询亚洲地区还有哪些客源国国家。总结相关资料之后，向其他同学做一下汇报
活动目的	了解其他国家的礼仪
活动形式	分组查询资料；整理总结；课堂发言
活动步骤	查询资料；分组讨论；以幻灯片形式汇报

【思考讨论】

1. 日本与韩国的礼仪和禁忌有何异同？
2. 泰国禁忌中与宗教有关的有哪些？
3. 印度国家的宗教礼仪有哪些特点？

任务二　欧洲主要国家的礼仪和禁忌

【任务分析】

教师：

1. 准备一些有关欧洲地区国家礼仪和禁忌的案例。
2. 将不同国家的礼仪进行比较分析。
3. 指导学生分组分角色练习不同国家的见面和社交礼仪，并进行总结。

学生：

1. 查询资料，了解欧洲地区有哪些国家。
2. 通过比较，掌握欧洲地区主要客源国的礼仪。
3. 分析文化背景，理解欧洲地区主要客源国的禁忌。
4. 分组模拟不同国家的见面和社交礼仪。

【相关知识】

欧洲是欧罗巴洲的简称。“欧罗巴”一词据说最初来自腓尼基语的“伊利布”一词，意思是“日落的地方”或“西方的土地”。欧洲(Europe)面积 1016 万平方千米，共 45 个国家和地区，约 7.28 亿人，约占世界总人口的 12.5%，是人口密度最大的一个洲。我国位于欧洲地区的客源国主要有俄罗斯、英国、法国、德国、意大利等国家。

一、俄罗斯礼仪和禁忌

(一)社交礼节

亲吻是俄罗斯人常用的重要礼节。日常生活中，长辈吻晚辈的面颊 3 次(先右、后左、再右)，男子间只能拥抱，亲兄弟姐妹见面，可拥抱亲吻。在比较隆重的场合，男人要弯腰亲吻女子的右手背。在社交场合，一般以握手礼最为普遍。在迎接贵宾之时，俄罗斯人通常会向对方献上“面包和盐”。

(二)饮食习惯

俄式西餐的晚餐通常由 3 个部分组成：凉盘、热菜和茶。俄罗斯人的饮食讲究量大实惠，油大味厚，以面食为主，喜欢酸、辣、咸味，偏爱炸、煎、烤、炒的食物，尤其爱吃冷菜。

（三）礼仪禁忌

俄罗斯人视“葵花”为国花，最讨厌“13”这个数字，最忌讳13个人聚在一起，而最偏爱数字“7”，认为“7”意味着美满幸福或成功。赠送鲜花要注意送单数，只有在追悼亡人时，花才送双数。镜子被视为“神圣物品”，打碎镜子意味着个人生活将出现疾病和灾难；盐具有驱邪避灾的力量，打翻盐瓶、盐罐是家庭不和的预兆。

二、英国礼仪和禁忌

（一）社交礼节

英国人见面时互相握手，互道“早安”或“晚上好”。称呼英国人要用“不列颠人”。英国人具有典型的“绅士”风度，不尊重女性在英国会被视作没有教养的表现。在英国，未经邀请或约定就去拜访英国人的家庭被视作对别人私生活的干扰，是非常失礼的举动。

（二）饮食习惯

英国人以英、法式西餐为主，口味清淡，喜欢吃清炖的菜，喜欢喝清汤，不吃辣的，也不喜欢吃浓汁的菜。菜的数量不要多，但质量要精，讲究花样，讲究原汁原味。英国人忌吃动物内脏、肥猪肉、无鳞鱼的软体动物。

（三）礼仪禁忌

由于宗教的原因，英国人认为“13”是个不吉祥的数字，日常生活中尽量避免“13”这个数字；忌讳使用大象图案，认为孔雀是一种淫鸟、祸鸟；忌送百合花、菊花。

英国人有排队的习惯，加塞是一种令人不齿的行为；在英国购物，最忌讳的是砍价，认为一件商品的价钱合适就买下，不合适就走开。

三、法国礼仪和禁忌

（一）社交礼节

法国人在社交场合与客人见面时，一般惯以握手为礼，少女向妇女也常施屈膝礼。法国是公认以吻表示感情的国家，但吻的部位不同所表示的含义也不一样，有着严格的界限。在法国一定的社会阶层中“吻手礼”也颇为流行。

（二）饮食习惯

法国是世界三大烹饪王国之一。他们讲究菜肴的色、香、味、形，操作上很重视掌握火候。饮食上，法国人一般都喜欢吃略带生口、极为鲜嫩的美味佳肴；不爱吃无鳞鱼；也不爱吃辣味重的菜肴。法国人喜欢喝酒，对菜肴和酒的搭配很讲究。他们把用餐看成是件大事情，有些人认为不能站着吃饭，不能用手抓取食物，这样做有失风度。

（三）礼仪禁忌

法国人很忌讳“13”这个数字，认为“13”、“星期五”都是不吉利的，甚至是大祸临头的一种预兆；忌讳黄色，对墨绿色也极为反感，视孔雀为祸鸟，认为仙鹤是蠢汉和淫妇的象征；忌讳男人向女人赠送香水，这有过分亲热或有“不轨企图”之嫌；忌讳别人打听他们的政治倾向、工资待遇以及个人的私事。

四、德国礼仪和禁忌

（一）社交礼节

德意志人比较注重礼节形式。德意志人在社交场合与人见面时，一般惯行握手礼；与熟人、亲朋好友相见时，一般惯施拥抱礼；情侣和夫妻间见面惯施拥抱礼和亲吻礼。德意志民族是一个讲究秩序的民族。约会必须事先安排，准时赴约是十分必要的。德国人责任心极强，办事认真仔细，对工作从不敷衍塞责。

(二)饮食习惯

德意志人很讲究食物的含热量，以面食为主，肉食在一日三餐中占据了突出的地位。他们不喜欢过于肥浓的菜肴；不爱吃辣；不太爱吃鱼虾。德国的啤酒、葡萄酒在全世界享有盛名。

(三)礼仪禁忌

德国人忌讳“13”和“星期五”。忌讳在公共场合窃窃私语，不喜欢他人过问自己私事。他们认为核桃是不吉祥之物；忌讳四人交叉握手，认为这是不礼貌的做法；忌讳蔷薇、菊花，认为这些花是为悼念亡者所用的，是不能随意作为礼品送人的。

德意志人认为，谁在路上遇到烟囱清扫工，便预示着一天都会交好运。他们对白鹳倍加喜爱，并视其为国鸟，把白鹳在屋顶筑巢看成为吉祥之兆。

【思考讨论】

1. 英国和法国的礼仪和禁忌有何异同？
2. 德国礼仪的特点是什么？
3. 俄罗斯国家的礼仪中亚洲特色和欧洲特色各有哪些表现？

任务三　美洲地区国家的礼仪和禁忌

【任务分析】

教师：

1. 准备一些有关美洲和大洋洲地区国家礼仪和禁忌的案例。
2. 将不同国家的礼仪进行比较分析。
3. 指导学生分组分角色练习不同国家的见面和社交礼仪，并进行总结。

学生：

1. 查询资料，了解美洲和大洋洲地区有哪些国家。
2. 通过比较，掌握美洲和大洋洲地区主要客源国的礼仪。
3. 分析文化背景，理解美洲和大洋洲地区主要客源国的禁忌。
4. 分组模拟不同国家的见面和社交礼仪。

【相关知识】

美洲包括北美洲和南美洲，总称亚美利加洲。美洲的经济发展很不平衡，除美国和加拿大是经济发达的国家以外，其他都是发展中国家。

大洋洲位于太平洋西南部和南部赤道南北的广大海域中，在亚洲和南极洲之间。近年来，大洋洲国家非常重视发展旅游业。

一、美国礼仪和禁忌

(一)社交礼节

美国人性情开朗，不拘小节，与客人见面时，一般都以握手为礼。他们的另外一种礼节是亲吻礼，是在彼此关系很熟的情况下施行的一种礼节。接到请帖赴宴，要注意及时告诉主人参加与否，注意参加的宴会有无服装的规定，赴宴时一般不提前到达，而是准时或迟到 5～15 分钟。

（二）饮食习惯

美国人在饮食上一般都比较随便，没有过多的讲究。美国人习惯在餐桌上备用调料自行调味，不习惯厨师烹调中多用调料。美国人饮食上忌食各种动物的五趾和内脏，不吃蒜，不吃过辣的食品，不爱吃肥肉，不喜欢清蒸和红烩菜肴。

（三）礼仪禁忌

美国人大多数信奉新教和罗马天主教，忌讳“13”、“星期五”、“3”，认为这些数字和日期，都是厄运和灾难的象征；忌向妇女赠送香水、衣物和化妆用品；忌送白色百合花；忌讳赠送带有你公司标志的便宜礼物。他们忌讳别人问自己年龄、买东西的价钱、见面时说“你长胖了！”。

二、加拿大礼仪和禁忌

（一）社交礼节

加拿大人在社交场合与客人相见时，一般都惯行握手礼。亲吻和拥抱礼虽然也是加拿大人的礼节方式，但它仅适合于熟人、亲友和情人之间。

（二）饮食习惯

加拿大人以面食、大米为主食，偏爱甜味，在饮食上讲究菜肴的营养质量，爱吃烤制食品。喜欢喝白兰地、香槟酒。加拿大人喜爱中国的苏菜、沪菜、鲁菜，忌食虾酱、鱼露、腐乳以及怪味、腥味的食物和动物内脏，也不爱吃辣味菜肴。

（三）礼仪禁忌

加拿大人大多数信奉新教和罗马天主教，少数人信奉犹太教和东正教。他们忌讳“13”、“星期五”，认为“13”是厄运的数字；忌讳白色的百合花，因为它会给人带来死亡的气氛，人们习惯用它来悼念死人；不喜欢外来人把他们的国家和美国进行比较，尤其是拿美国的优越方面与他们相比，更是令其不能接受。

【相关实训】

	资料查询
活动内容	学生分组查询欧洲地区还有哪些客源国国家。总结相关资料之后，向其他同学做一下汇报
活动目的	了解其他国家的礼仪
活动形式	分组查询资料；整理总结；课堂发言
活动步骤	查询资料；分组讨论；以幻灯片形式汇报

【思考讨论】

1. 美国与加拿大的礼仪和禁忌有何异同？
2. 澳大利亚与新西兰的礼仪和禁忌有何异同？

任务四　非洲地区国家的礼仪和禁忌

【任务分析】

教师：

1. 准备一些有关非洲地区国家礼仪和禁忌的案例。

2. 将不同国家的礼仪进行比较分析。

3. 指导学生分组分角色练习不同国家的见面和社交礼仪，并进行总结。

学生：

1. 查询资料，了解非洲地区有哪些国家。

2. 通过比较，掌握非洲地区主要客源国的礼仪。

3. 分析文化背景，理解非洲地区主要客源国的禁忌。

4. 分组模拟不同国家的见面和社交礼仪。

【相关知识】

非洲的全称是阿非利加洲，意思是阳光灼热的地方。非洲约占世界陆地总面积的20.2%，次于亚洲，为世界第二大洲，其沙漠面积约占全洲面积的三分之一，为沙漠面积最大的洲。

一、埃及礼仪和禁忌

（一）社交礼节

埃及人与宾朋相见或送别时，一般以握手为礼，或者行拥抱礼。亲吻礼也是一种常用礼节，其中的“亲手礼”一般是对恩人的亲吻礼；“飞吻”是同情人间的一种亲吻礼；“亲脸”多是妇女们相见时的一种礼节。埃及人谈话时习惯站得靠近些。

（二）饮食习惯

由于受宗教的影响，埃及人用餐时习惯用手抓饭取食。埃及人爱吃羊肉、鸡肉、鸭肉、土豆、豌豆、南瓜、洋葱、茄子和胡萝卜；喜欢冷盘风味菜、带馅心的菜，以及奶油烧制的菜肴；偏爱生菜。他们不吃海参、蟹等怪状海味品；对动物内脏，除肝可以吃外，其余均不吃；不吃红烩带汁和没熟透的菜；不喜欢吃整鱼和带骨刺的鱼。

（三）礼仪禁忌

埃及人一般都比较喜欢“5”和“7”数；把葱视为真理的标志；非常喜爱仙鹤；对绿色和白色都有很深的感情。埃及人忌讳黑色与蓝色，还忌讳黄色；不喜欢大熊猫；忌讳左手传递东西或食物。埃及大多信奉伊斯兰教，禁食自死物、血液和猪肉，以及非诵真主之名而宰的动物，也禁止使用猪制品。

二、南非礼仪和禁忌

（一）社交礼节

南非一度曾为英属殖民地，因此当地种族观念根深蒂固。南非社交礼仪可以概括为“黑白分明”、“英式为主”。白种人的社交礼仪基本是英国社交礼仪的延承，见面握手，尊称“先生”、“夫人”、“小姐”，这也是南非社会普遍流行的见面礼节。亲吻礼也是一种常见的见面礼节。

（二）饮食习惯

南非当地白人平日以吃西餐为主，经常吃牛肉、鸡肉、鸡蛋和面包，爱喝咖啡与红茶；黑人喜欢吃牛肉、羊肉，一般不吃猪肉，也不太吃鱼。南非人的主食是玉米、薯类、豆类，不喜生食，爱吃熟食。

（三）礼仪禁忌

信仰基督教的南非人，忌讳数字“13”和“星期五”。南非黑人非常敬仰自己的祖先，他们特别忌讳外人对自己的祖先言行失敬。跟南非人交谈，不要为白人评功摆好；不要评论不同黑人部族或派别之间的关系及矛盾；不要非议黑人的古老习惯；不要为对方生了男孩表示祝贺。

【相关实训】

	课堂实训
活动内容	学生分组查询各国的饮食特色。总结相关资料之后，向其他同学做一下汇报
活动目的	了解不同国家的饮食礼仪
活动形式	分组查询资料；整理总结；课堂发言
活动步骤	查询资料；分组讨论；以幻灯片形式汇报

【项目相关链接】

礼仪知识和趣闻

一、泰国小知识

在泰国，上午8点和下午6点，曼谷华喃峰火车站输血服务中心和公共机构中心进行着每天两次的输血活动，并且这两个地方还播放着国歌。在播放国歌之时，所有人必须是立正姿势，并摘下帽子。否则，可能会被警察逮捕或以不尊重的罪名予以控告。即使是外国人违反了升旗时的规则也不会予以宽恕和赦免的。

二、美国趣闻

美国堪萨斯州的法律规定：星期天不准公民吃蛇肉，违反者要被处以监禁。

印第安那州加里的法律规定：吃过大蒜以后的四小时之内不准乘电车或上影剧院。

在新泽西州，如果谁在餐馆里喝汤时发出咕嘟咕嘟的声音，可能被警察拘留。

内布拉斯州活特卢的法律规定：上午7时到下午7时之间，理发师吃洋葱是违法的。

（资料来源：新浪网）

三、法国宫廷贵族礼仪

在凡尔赛宫廷鼎盛时期，有一个比国王更有权威的主宰便是“礼法”，或称“礼仪”，就像歌剧院的芭蕾舞一样，一举手、一投足都有明确的规定。

比如，一个贵妇在凡尔赛宫只有资格坐帆布折凳，到了马尔利富就可以坐方凳，而到了朗布依埃宫便坐上了靠背椅。再如，一个掌门官(他唯一的任务就是开门)必须记住：哪些人经过的时候，他应当站在门里；哪些人经过的时候，他应当站在门外。公爵一类的人到王宫小教堂可以带一块方坐垫，俗称屁股垫，但不可忘记要把坐垫放得歪斜一点，绝对不能摆正，因为摆正是王族的特权。国王接见大使时，倘若礼宾官没有在楼梯的第四级上迎接，便会引起外交风波。

大家可能以为，在这样一个井然有序、人人职责分明的宫殿里，主子们一定被服侍得舒舒服服。那可是大错特错了，因为他们自己已成为礼仪规范的奴隶，国王、王后和王子们都过着一种终身受束缚的生活。在公主们举行的舞会上，王后也前来参加一同玩乐，可是礼仪规定，不管公主们跳舞跳到哪里，位置怎样变换，她们的眼睛必须一直望着王后，结果小姑娘们的脖子扭得酸痛。

（资料来源：http：//zhidao.baidu.com/question/64393131.html）

【项目测评】

姓名：　　小组名称：　　项目组长：　　日期：

测评内容	测评标准	标准分值	测评结果(√通过、×未通过)
作业准备	查找和组织资料能力	10分	
课堂实训	文字表述能力	10分	
角色模拟	组织、协调能力	10分	
角色扮演	合作能力	10分	
实际演练	礼仪与服务技巧评价	15分	
案例分析	知识掌握评价	15分	
课堂讨论	技能掌握评价	15分	
课堂组织	岗位应用评价	15分	
自我评价：	小组评价：	教师评价：	总评：

项目二　少数民族礼仪与禁忌

【项目目标】

1. 了解我国有哪些少数民族。
2. 掌握我国主要少数民族的礼仪。
3. 理解我国主要少数民族的禁忌。

【引例】

某大学回族学生马某到校外某饭店就餐。他在服务台花了5元钱买了一张牛肉面的餐票，将票交给服务员后便坐下等候。几分钟后，饭店服务员将面端上。马某发现端上的是猪肉面而不是牛肉面，遂问服务员是不是弄错了。服务员回答说牛肉已经没有了，反正价格都一样，故给他做的是猪肉面。马某随即提出异议，说自己是回民不吃猪肉，既然牛肉没有了那就退钱。饭店不同意退钱，双方遂发生争执，饭店老板说，"你们回族就是怪，猪肉没有什么吃不得的。"马某一向严格遵守自己民族的风俗习惯，日常生活中同学、朋友也非常尊重他的风俗习惯。听了老板的那些话，马某觉得自己受到了极大的污辱，遂投诉到消费者委员会，要求店主赔礼道歉并赔偿损失。

问题提出：

1. 回族人民还有哪些禁忌？
2. 应如何正确对待这些禁忌？

少数民族指的是多民族国家中人数最多的民族以外的民族，在我国指汉族以外的民族。中国自古以来就是一个统一的多民族国家。新中国成立后，通过识别并经中央政府确认的民族共有56个。由于汉族以外的55个民族相对汉族来说人口较少，习惯上被称为"少数民族"。据2000年第五次全国人口普查统计，人口数量前20位的少数民族如表2-2-1所示。

表 2-2-1 人数前 20 位的少数民族

排名	民族名称	人数(单位：万人)	排名	民族名称	人数(单位：万人)
1	壮族	1617.88	11	侗族	296.03
2	满族	1068.23	12	瑶族	263.74
3	回族	981.68	13	朝鲜族	192.38
4	苗族	894.01	14	白族	185.81
5	维吾尔族	839.94	15	哈尼族	143.97
6	土家族	802.81	16	哈萨克族	125.05
7	彝族	776.23	17	黎族	124.78
8	蒙古族	581.39	18	傣族	115.90
9	藏族	541.60	19	畲族	70.96
10	布依族	297.15	20	傈僳族	63.49

任务一 北方地区少数民族的礼仪与禁忌

【任务分析】

教师：

1. 准备一些有关北方地区民族礼仪和禁忌的案例。
2. 展示不同民族的图片，将北方不同民族的礼仪进行比较分析。
3. 指导学生分组分角色练习不同民族的见面和社交礼仪，并进行总结。

学生：

1. 查询资料，了解北方地区有哪些民族。
2. 通过比较，掌握北方地区主要民族的礼仪。
3. 分析文化背景和宗教信仰，理解北方地区主要民族的禁忌。
4. 分组模拟不同民族的见面和社交礼仪。

【相关知识】

一、满族礼仪和禁忌

如图 2-2-1 所示。

图 2-2-1 满族人民

(一)风俗习惯

满族人主要的和最常见的礼仪形式有三种，分别是：见面礼，包括叩头礼、顶头礼、抱见礼、执手礼、鞠躬礼、擦肩大礼；请安礼，包括打千儿礼、跪安礼、蹲安礼、抚鬓礼；告别礼包括打横、相抱、亲面、执手、鞠躬。

(二)饮食习惯

满族人的主食以面为主，原料包括麦子、玉米、高粱、粟等。满族的面食品种繁多，制作精美。菜肴以肉食为主，主要有猪、羊肉，忌吃狗肉；烹饪制作以烧、烤为主，而以蒸、炖、煮、炸为辅。

满族有很多进餐习俗和饮食礼仪，如祭祀用过的神糕、神肉，路人可以分享，但一般不能带走。

(三)礼仪禁忌

满族人平时对狗精心豢养，狗死埋葬，最主要的禁忌是不打狗、杀狗，不吃狗肉，不用狗皮制品，忌讳戴狗皮帽或狗皮套袖的客人。满族人还崇鸦、鹊，认为鸦、鹊为吉祥之鸟。满族院内的索伦杆不得污秽，不许在神杆下拴马和喂家禽。

二、朝鲜族礼仪和禁忌

如图 2-2-2 所示。

图 2-2-2　朝鲜族人民

(一)风俗习惯

朝鲜族非常孝敬长辈，长子赡养父母，人们非常鄙视不孝不敬的人和行为。晚辈要为满 60 周岁的老人举行隆重的庆祝仪式，即回甲节。

朝鲜族喜穿素白衣服，被称为白衣民族，一般为短衣长裤。年轻女子往往穿着质地华贵、色彩艳丽的长衣裙；中年女子也一样身着漂亮的长筒裙，只是颜色以素色为主；儿童也着长裙，并在衣裙的袖口处配上七彩缎，色彩明亮。现在除节日或民族集会外，朝鲜族基本不穿民族服装，和汉族已无甚差别。

（二）饮食习惯

朝鲜族以食米饭为主，汤每餐必备，尤喜喝大酱汤。朝鲜族日常菜肴常见的是“八珍菜”和“酱木儿”（大酱菜汤）。朝鲜族的传统风味食品很多，其中最有名的是打糕、冷面、泡菜。狗肉是朝鲜族喜吃的肉食之一，但婚丧及节日不吃狗肉。

（三）礼仪禁忌

干活时，忌与人握手；忌在吃饭和午休时间访友；正月里忌剃头；招待客人菜肴忌单数，丧宴菜为单数，忌双数。婚丧、佳节期间，不杀狗、不食狗肉。不能在客人面前随意伸腿，更不能叉开双腿。

三、蒙古族礼仪和禁忌

如图 2-2-3 所示。

图 2-2-3　蒙古族人民

（一）风俗习惯

客来敬茶是一种高尚的蒙古族传统礼仪。斟酒敬客是蒙古族待客的传统方式。宾客应及时接住酒，接酒后用无名指蘸酒向天、地、火炉方向点一下，以示敬奉天、地、火神，不会喝酒也不要勉强，可沾唇示意，表示接受了主人纯洁的情谊。

（二）饮食习惯

蒙古族的饮食主要有肉食、奶食、粮食，日食三餐，每餐都离不开奶与肉。以奶为原料制成的食品，蒙古语称“查干伊得”，意为圣洁、纯净的食品，即“白食”；以肉类为原料制成的食品，蒙古语称“乌兰伊得”，意为“红食”。

（三）礼仪禁忌

蒙古族人骑马、驾车接近蒙古包时忌重骑快行，以免惊动畜群。客人不能坐西炕，因为西是供佛的方位；禁止在参观寺院经堂、供殿时吸烟、吐痰和乱摸法器、经典、佛像以及高声喧哗。蒙古族崇拜火、火神和灶神，不得跨越炉灶，或脚蹬炉灶，不得在炉灶上磕烟袋、摔东西、扔脏物。蒙古族认为水是纯洁的神灵，忌讳在河流中洗手或沐浴，更不许洗女人的脏衣物，或者将不干净的东西投入河中。

四、回族礼仪和禁忌

如图 2-2-4 所示。

图 2-2-4　回族人民

(一)风俗习惯

回族在见面相互问候同时还握手，致者说“色俩目”(平安，您好)，回答者则说“安色俩目”(平安，您也好)。回族人见到汉族等其他不信仰伊斯兰教民族同胞，只握手问好，不说“色俩目”。回族男女之间致“色俩目”时不握手。

(二)饮食习惯

回族的饮食主食中面食多于米食，甜食占有一定的地位。菜肴中牛羊肉菜比重很大。但是，回族分布较广，食俗也不完全一致。宁夏回族偏爱面食；甘肃、青海的回族则以小麦、玉米、青稞、马铃薯为日常主食。

(三)礼仪禁忌

回族人忌食猪肉、狗肉、马肉、驴肉和骡肉，不吃未经信仰伊斯兰教者宰杀的和自死的畜禽肉，不吃动物的血等。

五、维吾尔族礼仪和禁忌

如图 2-2-5 所示。

图 2-2-5　维吾尔族人民

(一)风俗习惯

维吾尔族一般不施握手礼，而是按照宗教的礼节，即把右手放在左胸前，点头、鞠躬并说："萨拉玛里坤。"(祝福平安的意思)妇女们见面时，一般点头，略弯腰鞠躬，并说："萨拉姆。"如果较长时间未见面，则要拥抱，左右面颊要挨一下，以示亲热。

(二)饮食习惯

维吾尔族以面食为主，喜食牛、羊肉。主食的种类有数十种，最常吃的有馕、羊肉抓饭、包子、面条等。烤羊肉串、手抓饭是维吾尔族人的特色饮食。

(三)礼仪禁忌

维吾尔族禁食猪肉、驴肉、狗肉、骡肉和自死的畜肉及一切动物的血。见到门上挂有红布条，表示妇女分娩或小孩出疹子，忌外人入内。禁止在住地附近、水源旁边、墓地、清真寺周围和果树下面大小便、吐痰或倒脏水。不得用自己的水桶或罐子在水井或涝坝内打水，要先用公用水桶打水，然后倒入自己的桶或罐内。

【相关实训】

1. 满族课堂活动

	课堂活动
活动内容	分组演示满族的见面礼、请安礼和告别礼
活动目的	掌握满族的社交礼节
活动形式	课堂演示
活动步骤	课堂讨论；课堂演示

2. 朝鲜族课堂活动

	课堂活动
活动内容	请学生查询资料，总结一下，朝鲜人一生当中要过哪些节日
活动目的	掌握朝鲜族的礼仪
活动形式	课堂讨论
活动步骤	分组讨论；教师最后总结

任务二 南方地区少数民族的礼仪与禁忌

【任务分析】

教师：

1. 准备一些有关南方地区民族礼仪和禁忌的案例。
2. 展示不同民族的图片，将南方不同民族的礼仪进行比较分析。
3. 指导学生分组分角色练习不同民族的见面和社交礼仪，并进行总结。

学生：

1. 查询资料，了解南方地区有哪些民族。

2. 通过比较，掌握南方地区主要民族的礼仪。

3. 分析文化背景和宗教信仰，理解南方地区主要民族的禁忌。

4. 分组模拟不同民族的见面和社交礼仪。

【相关知识】

一、藏族礼仪和禁忌

如图 2-2-6 所示。

图 2-2-6 藏族人民

(一)风俗习惯

藏族在迎接客人时除用手蘸酒弹三下外，还要在五谷斗里抓一点青稞，向空中抛撒三次。献哈达是藏族待客规格最高的一种礼仪，表示对客人热烈的欢迎和诚挚的敬意，它以白色为主，五彩哈达用于最高最隆重的仪式如佛事等。

(二)饮食习惯

绝大部分藏族以糌粑为主食，很少食用其他粮食制品；副食以牛、羊肉为主，猪肉次之。藏族以酥油茶为必需的饮料，普遍喜欢青稞酒。

(三)礼仪禁忌

接待客人时，无论是行走还是言谈，总是让客人或长者为先。客人进门时绝对不要踩踏门槛；忌随便触摸藏民的衣服；藏族人禁吃驴肉、马肉和狗肉，有些地区也不吃鱼肉；禁忌在别人后背吐唾沫，拍手掌；行路遇到寺院、玛尼堆、佛塔等宗教设施，必须从左往右绕行；不得跨越法器、火盆；经筒、经轮不得逆转；忌讳别人用手触摸头顶。

二、壮族礼仪和禁忌

如图 2-2-7 所示。

图 2-2-7 壮族人民

（一）风俗习惯

壮族人见面主要通过语言和表情来表达问候，一般不握手，也没有其他的表示。在路上遇到时，便相互问候。壮族人有敬老传统。

（二）饮食习惯

壮族人以大米、玉米为主食；副食有各种肉类和蔬菜。壮族人喜爱猎食烹调野味、昆虫，对三七的食疗颇有研究。壮族是稻作民族，十分爱护青蛙，壮族地区严禁捕杀青蛙。

（三）礼仪禁忌

壮族人忌讳农历正月初一这天杀牲；妇女生孩子的头三天（有的是头七天）忌讳外人入内；尤其怀孕妇女不能进入产妇家；壮族人忌讳生孩子尚未满月的妇女到家里串门；登上壮族人家的竹楼，一般都要脱鞋；到了壮家门外要放下农具，摘下斗笠、帽子。火塘、灶塘是壮族家庭最神圣的地方，禁止用脚踩踏火塘上的三脚架以及灶台；夜间行走忌吹口哨；忌坐门槛中间。

三、苗族礼仪和禁忌

如图 2-2-8 所示。

图 2-2-8 苗族人民

(一)风俗习惯

苗族人接物待人只依“长少”辈分施礼，不以“贫富”贵贱取人，是一个“有长少，无尊卑”的民族。苗族传统社会迷信鬼神，盛行巫术，对一些巨形或奇形的自然物，往往认为是一种灵性的体现，因而对其顶礼膜拜，酒肉祭供。苗族语言往往鬼神不分，或者两词并用。

(二)饮食习惯

大部分地区的苗族以大米为主食，以辣椒为主要调味品。肉食多来自家畜、家禽饲养。四川、云南等地的苗族喜吃狗肉，不过，有些地区的苗族人忌吃狗肉。在苗族人家做客，切记不能去夹鸡头吃。客人一般也不能夹鸡肝、鸡杂和鸡腿，鸡胆、鸡杂要敬老年妇女，鸡腿则是留给小孩的。

(三)礼仪禁忌

苗族人在山上饮生水忌直接饮用，须先打草标，以示杀死病鬼；忌跨小孩头顶，否则孩子长不高；不能坐苗家祖先神位的地方，火炕上三脚架不能用脚踩；不许在家或夜间吹口哨；遇门上悬挂草帽、树枝或婚丧祭日，不要进屋。

四、彝族礼仪和禁忌

如图 2-2-9 所示。

图 2-2-9　彝族人民

(一)风俗习惯

彝族民间有“打羊”、“打牛”迎宾待客之习。凡有客至，根据来客的身份、亲疏程度分别以牛、羊、猪、鸡等相待。在杀牲之前，要把活牲牵到客前，请客人过目后宰杀，以表示对客人的敬重。

(二)饮食习惯

彝族喜食酸、辣。大部分地区以玉米为主要食物，肉食以猪、羊、牛肉为主。大、小凉山及大部分彝族禁食狗肉，也不食马肉及蛙蛇之类的肉。

(三)礼仪禁忌

彝族在节日期间宰牲、祭祀只限于男人，一般女人是不能亲自动手的。一些村寨专祭山神的"龙山"里，也不许女人随意出入。禁平日反向推磨，认为它会给家庭带来灾难；禁止跨越火塘或踩踏锅庄石；忌讳影子被人踩踏，被踩者一定会为此报复。

五、傣族礼仪和禁忌

如图 2-2-10 所示。

图 2-2-10 傣族人民

(一)风俗习惯

傣族自古以来就是一个讲究礼仪的民族。客人到来之时，门口有傣家用银钵端着浸有花瓣的水，主人用树枝叶蘸水轻轻泼洒到客人身上。每户人家都备有几套干净被褥，供待客之用。有的傣族村寨，还在大路旁建有专用于接待客人的"萨拉房"。

(二)饮食习惯

傣族日食两餐，以大米和糯米为主食。德宏的傣族主食粳米；西双版纳的傣族则主食糯米。肉食有猪、牛、鸡、鸭，不食或少食羊肉，极喜鱼、虾、蟹、螺蛳、青苔等水产品。菜肴以酸味为主，喜欢用昆虫为原料制作各种风味菜肴和小吃。

(三)礼仪禁忌

进佛寺要脱鞋，忌讳摸小和尚的头、佛像、戈矛、旗幡等一系列佛家圣物；不能随便敲佛寺里的鼓；忌踩佛爷和和尚的影子；不能随便大声喧哗。

进入傣家竹楼，不能坐在火塘上方或跨过火塘，不能移动火塘上的三脚架，也不能用脚踏火。

【相关实训】

1. 苗族课堂活动

	课堂活动
活动内容	苗族服饰有 200 多种，以组为单位查询资料，看能找到多少种
活动目的	掌握苗族的服饰礼仪
活动形式	课堂实训
活动步骤	查询资料；分组讨论；上台讲演

2. 综合课堂活动

	课堂活动
活动内容	了解我国的少数民族中有哪些民族非常能歌善舞。以组为单位查询相关资料，经过整理总结，以 PPT 和视频的形式向同学们做一下汇报
活动目的	理解少数民族的文化
活动形式	课堂实训
活动步骤	查询资料；分组讨论；上台讲演

【思考讨论】

1. 我国少数民族有何特点？
2. 书中所列举的少数民族的礼仪和禁忌有哪些与汉族比较接近？

【项目测评】

姓名：　　小组名称：　　项目组长：　　日期：

测评内容	测评标准	标准分值	测评结果(✓通过、×未通过)
作业准备	查找和组织资料能力	10 分	
课堂实训	文字表述能力	10 分	
角色模拟	组织、协调能力	10 分	
角色扮演	合作能力	10 分	
实际演练	礼仪与服务技巧评价	15 分	
案例分析	知识掌握评价	15 分	
课堂讨论	技能掌握评价	15 分	
课堂组织	岗位应用评价	15 分	
自我评价：	小组评价：	教师评价：	总评：

模块小结

本模块共阐述了三个部分，分别阐述了我国主要客源国的礼仪和禁忌、宗教的礼仪和禁忌、我国少数民族的礼仪和禁忌 3 方面内容。

本模块主要是从知识的角度，介绍了不同地域、不同文化传统条件下人民的不同礼仪和禁忌。服务人民应该尊重不同服务对象的特殊礼仪和禁忌。

综合实训操练

广州地陪导游小王接了一个来自各国各地的旅游散客团，游客中有两个是英国人，两个是美国人，两个是法国人，两个是满族人，两个是回族人。

训练内容：

1. 安排旅游餐时有哪些要注意的地方？

2. 与游客交谈时，应注意哪些禁忌？

3. 安排房间时有哪些禁忌？

4. 如果要送一份礼物，小王应考虑哪些因素？

参考文献

1. 金正昆．社交礼仪[M]. 北京：北京大学出版社，2005

2. 金正昆．礼仪金说[M]. 西安：陕西师范大学出版社，2008

3. 王斌．会展礼仪实训教程[M]. 重庆：重庆大学出版社，2007

4. 王春林．旅游接待礼仪[M]. 上海：上海人民出版社，2002

5. 陆永庆，王春林，郑旭华．旅游交际礼仪[M]. 大连：东北财经大学出版社，2006

6. 王琦．旅游礼仪服务实训教程[M]. 北京：机械工业出版社，2009

7. 杨海清．现代商务礼仪[M]. 北京：科学出版社，2006

8. 李祝舜．旅游服务礼仪技能实训[M]. 北京：机械工业出版社，2008

9. 罗树宁．商务礼仪与实训[M]. 北京：化学工业出版社，2008

10. 邸卫民．旅游服务礼仪[M]. 北京：化学工业出版社，2007

11. 尹华光．旅游公共关系与礼仪[M]. 长沙：中南大学出版社，2005

12. 李欣．旅游礼仪教程[M]. 上海：上海交通大学出版社，2004

13. 黄英，苑丽红．旅游与酒店礼仪[M]. 广州：广东经济出版社，2008

14. 国家旅游局人事劳动教育司．旅游服务礼貌礼节[M]. 北京：旅游教育出版社，2004

15. 牟红，杨梅．旅游礼仪实务[M]. 北京：清华大学出版社，2007

16. 孙艳红．旅游礼宾原理与实务[M]. 郑州：郑州大学出版社，2004

17. 王明景．旅游服务礼仪[M]. 北京：科学出版社，2006

18. 鄢向荣．旅游服务礼仪[M]. 北京：清华大学出版社，北京交通大学出版社，2006

19. 张金霞．导游接待礼仪[M]. 北京：旅游教育出版社，2007

20. 张显春．会展旅游[M]. 重庆：重庆大学出版社，2007

21. 孙宗虎，肖书民．旅行社管理流程设计与工作标准[M]. 北京：人民邮电出版社，2008

22. 徐云松，左红丽．门市操作实务[M]. 北京：旅游教育出版社，2006

23. 魏星．导游语言艺术[M]. 北京：中国旅游出版社，2002

24. 张岩松．现代交际礼仪[M]. 北京：经济管理出版社，2002

25. 金正昆．商务礼仪[M]. 北京：北京大学出版社，2004

26. 李欣．旅游礼仪教程 [M]. 上海：上海交通大学出版社，2004

27. 张利民．旅游礼仪[M]. 北京：机械工业出版社，2004

28. 崔佳山．旅游接待礼仪[M]. 北京：科学出版社，2005

29. 薛群慧，邓永进，庄新成．现代旅游接待礼仪[M]. 北京：北京大学出版社，2006

30. 余春丽．商务礼仪[M]. 西安：西北大学出版社，2007

31. 滕新贤．新编礼仪教程[M]．北京：新华出版社，2009
32. 李爱卿，胡红玉．商务礼仪实务[M]．北京：机械工业出版社，2009
33. 王明景．旅游服务礼仪[M]．北京：科学出版社，2006
34. 胡碧芳，姜倩．旅游服务礼仪[M]．北京：中国林业出版社，北京大学出版社，2008
35. 王家贵．现代商务礼仪简明教程[M]．广州：暨南大学出版社，2009
36. 未来之舟．仪式礼仪手册[M]．北京：海洋出版社，2010
37. 金正昆．涉外礼仪教程[M]．北京：中国人民大学出版社，2005
38. 苏文．涉外礼仪 ABC[M]．南宁：广西科学技术出版社，2005
39. 金正昆．涉外交往礼仪[M]．北京：北京大学音像出版社，2009
40. 编委会．星级酒店饭店涉外礼仪员工培训实用手册[M]．北京：中国商务出版社，2009
41. 金正昆．人文奥运与涉外礼仪[M]．北京：首都经济贸易大学出版社，2008
42. 姚伟，孔玉芝．现代礼仪[M]．北京：北京航空航天大学出版社，2008
43. 张岩松．现代交际礼仪[M]．北京：经济管理出版社，2003
44. 孙玉梅．实用社交礼仪[M]．北京：中国文史出版社，2005
45. 吕维霞，刘彦波．现代商务礼仪(第二版)[M]．北京：对外经济贸易大学出版社，2006
46. 王箕裘．现代交际礼仪[M]．北京：中国财政经济出版社，2004
47. 陆永庆．现代旅游礼仪[M]．青岛：青岛出版社，2000
48. 崔佳山．旅游接待礼仪[M]．北京：科学出版社，2005
49. 李欣．旅游礼仪教程 [M]．上海：上海交通大学出版社，2004
50. 张利民．旅游礼仪[M]．北京：机械工业出版社，2004
51. 孙海芳．社交礼仪中的心理学[M]． 北京：机械工业出版社，2010
52. 杨军，陶犁．旅游公关礼仪[M]．昆明：云南大学出版社，2001
53. 周裕新．现代旅游礼仪[M]．上海：同济大学出版社，2006
54. 王丽华，吕欣．旅游服务礼仪[M]．北京：中国旅游出版社，2009
55. 谢彦君．旅游服务礼仪[M]．北京：中国旅游出版社，2009
56. 董保军．中外礼仪大全[M]．北京：民族出版社，2002
57. 杜培．现代礼仪学[M]．北京：中国工人出版社，1997
58. 冯兆军．饭店服务礼仪——学习手册[M]．北京：旅游教育出版社，2006
59. 杨宏建．酒店服务礼仪培训标准[M]．北京：中国纺织出版社，2006
60. 胡晓涓．商务礼仪[M]．北京：中国人民大学出版社，2005
61. 薛建红．旅游服务礼仪[M]．郑州：郑州大学出版社，2002
62. 李国茹，张立峰．旅游接待礼仪[M]．长春：东北师范大学出版社，2006
63. 谢苏．旅游社交礼仪[M]．武汉：武汉大学出版社，2006

教学支持说明

建设立体化精品教材，向高校师生提供系列化教学解决方案和教学资源，是北京师范大学出版集团“服务教育”的重要方式。为支持相应课程的教学，我们向采用本书作为教材的教师免费提供教学资源。

为保证该资源仅为教师获得，烦请授课教师填写如下开课情况证明，扫描后寄至下面地址或发送电子邮件到邮箱 shenwei@bnup.com.cn。

我们的联系方式：

地址：北京市海淀区新街口外大街 19 号北京师范大学出版社职教分社

邮编：100875　　　　电话：010-58804236

E-mail：shenwei@bnup.com.cn

证　　明

兹证明____________________大学(学院/学校)_______________系/院第_____学年开设的____________________________课程，采用北京师范大学出版社出版的____________________(书名和作者)作为本课程教材，授课教师为________________，学生________________个班共_______人。

授课教师需要与本书配套的教学课件为：____________________________

____

地　址：______________________________________

邮　编：______________________________________

电　话：______________________________________

E-mail：______________________________________

系/院主任_________(签字)

(系/院办公室盖章)

201____年____月____日